일러두기
- 저자가 인용한 책 중 한국에 번역서가 없는 경우에만 원서명을 병기했습니다.
- *로 표시된 내용은 옮긴이가 독자의 이해를 돕기 위해 주석을 단 것입니다.

마음 새로고침 365 (The Philosopher's Field Guide)

초판 1쇄 발행 2025년 12월 15일

지은이 라이언 부시(Ryan A. Bush) / **옮긴이** 김익성

펴낸이 조기흠
총괄 이수동 / **책임편집** 이지은 / **기획편집** 박의성, 최진, 유지윤
마케팅 박태규, 임은희, 김예인, 김선영 / **제작** 박성우, 김정우
편집 서진 / **디자인** 김서영

펴낸곳 한빛비즈(주) / **주소** 서울시 서대문구 연희로2길 76, 5층
전화 02-325-5506 / **팩스** 02-326-1566
등록 2008년 1월 14일 제25100-2017-000062호

ISBN 979-11-5784-842-3 (03100)

이 책에 대한 의견이나 오탈자 및 잘못된 내용은 출판사 홈페이지나 아래 이메일로 알려주십시오.
파본은 구매처에서 교환하실 수 있습니다. 책값은 뒤표지에 표시되어 있습니다.

🏠 hanbitbiz.com ✉ hanbitbiz@hanbit.co.kr ▫ facebook.com/hanbitbiz
Ⓝ blog.naver.com/hanbit_biz ▶ youtube.com/한빛비즈 Ⓘ instagram.com/hanbitbiz

The Philosopher's Field Guide
Copyright © 2025 Designing the Mind, LLC. All rights reserved.
Published by special arrangement with Designing the Mind, LLC in conjunction with their duly appointed agent 2 Seas Literary Agency and JM Contents Agency Co. (JMCA)

이 책의 한국어판 저작권은 JM Contents Agency(JMCA)를 통한 Designing the Mind, LLC사와의 독점계약으로 한빛비즈(주)가 소유합니다.
저작권법에 의하여 한국 내에서 보호를 받는 저작물이므로 무단전재 및 복재를 금합니다.

지금 하지 않으면 할 수 없는 일이 있습니다.
책으로 펴내고 싶은 아이디어나 원고를 메일(hanbitbiz@hanbit.co.kr)로 보내주세요.
한빛비즈는 여러분의 소중한 경험과 지식을 기다리고 있습니다.

마음 새로고침 365

부정적 감정을 끊어 내는 52가지 생각 설계 기술

라이언 부시 지음
김익성 옮김

머리말

"철학은 자신이 존재하고 살아온 방식을
전환하고 변형하는 일이자 지혜를 향한 탐구다."

— 피에르 아도, 《철학, 삶의 한 방식(Philosophy as a Way of Life)》

두려움 없이 사유의 모험을 떠나는 여러분을 환영한다. 스스로 발견했든 동료의 선물이든 아니면 온라인 서점을 검색하다가 추천받았든, 이 안내서가 여러분에게 가닿게 되어 기쁘다. 제대로만 활용하면 인생의 험난한 고비를 헤쳐 나가는 데 이상적인 동반자가 되어 줄 것이다.

그렇다면, 철학자의 실천 안내서란 정확히 무슨 말일까? 우선 '철학자'라는 부분부터 시작하자. 이 책에서의 철학은 본래 의미의 철학, 즉 정신적 변화를 추구하고 평온함과 번영을 목표로 삼았던 실천적 활동을 말한다. 서양의 헬레니즘 철학이든 동양적 전통의 관조적 철학이든 모두 철학을 단순한 분석을 넘어 삶의 문제를 해결하는 방법으로 여겼다.

만약 철학이 이론적 분석만 빼곡하고 일상 문제에는 아무 해답도 제시하지 못하는 분야라고 생각했다면 걱정 마라. 이 책은 그런 책이 아니다. 전문 철학자라면 심리치료사나 영적 가르침을 전하는 작가, 무엇보다 에인 랜드(러시아 출신의 미국 소설가이자 철학자로서, 자유방임주의적 자본주의를 옹호하고 집단주의와 이타주의를 비판했다. 미국의 정치와 경제사상에 큰 영향을 미쳤고, 극단적인 지지층과 반대층을 가진 논쟁적 사상가로 유명하다. — 옮긴이 주) 같은 사람의 통찰을 보고 비웃을지도 모른다. 하지만 이 책에 단 하나의 목적은, 여러분의 마음과 삶을 더 나은 상태로 만드는 것이다. 그래서 현실과 다른 가정을 하고 문장을 탐구하는 의미론적 분석 따위는 찾아볼 수 없을 것이다.

철학자 피에르 아도는 《철학, 삶의 한 방식》이라는 탁월한 책에서 이렇게 말한다.

철학은 무엇보다도 먼저 정념을 치료하는 수단이었다. 학파마다 제 나름의 치료법이 있었다. 하지만 모두 개인의 인식과 존재 방식을 바꿔 놓은 일과 연관시켰다. 영적 수행의 목적은 바로 이런 근본적 변형을 끌어내는 데 있다.

(…) 시각을 바탕부터 바꾸기는 쉽지 않으며, 바로 여기서 영적 수행이 중요한 역할을 한다. 이를 통해 우리 자아는 꼭 필요한 내면의 변화를 이루어 간다.

아도는 철학 본연의 정신을 빼어난 방식으로 포착하고 있다. 오늘날 이런 정신은 철학보다 심리치료나 자기계발 분야에서 더 흔히 발견된다. 인간은 누구나 살면서 여러 시련이나 비극을 겪는다. 하지만 누구나 그것을 어려움 없이 극복하게 해 줄 도구를 알지는 못한다. 철학의 도움을 받으면 삶이 훨씬 더 즐거워질 수 있지만 그런 통찰을 찾아내기까지 수십 년의 세월이 걸리기도 한다.

여기에서 다행인 점은 이 책이 철학적 통찰을 쉽게 전한다는 것이다. 이 책은 전통적인 의미의 '책'도 아니고 일상에서 벗어나 처음부터 끝까지 정독하고 곱씹어 보기 위한 것도 아니다. 근본적으로, 이 책은 약초 도감과 비슷하다. 약간 다른 점은 도감은 신체 질환에 대한 치료법을 상세히 설명하는 반면, 이 책의 각 항목은 신체 대신 **마음을 단련하는 아이디어**를 제시한다. 스스로에게 실험할 수 있는 일종의 자료집이다. 사용할 때마다, 여러분이 더 강해지고 현명해지며 행복해지는 데 도움이 될 것이다.

이 책의 목표는 여러분이 심리적 어려움에 대처할 수 있는 각종 해결책을 배우고, 실제에 적용해 학습함으로써 효율적으로 정신적 변화를 끌어내는 데 있다. 약에 설탕 코팅을 하는 것처럼 철학적으로 친숙한 일화로 약간의 감미료를 더했지만, 마냥 가벼운 내용은 아니다.

나는 변화를 이끄는 아이디어를 '마음 기술'이라고 부른다. 이는 고대 철학과 현대의 심리치료와 영적 전통 등에서 찾아낸 것이다. 사상가는 이런 도구와 그 힘을 일찍이 알아차렸던 최초의 선구자였다. 내 역할은 그런 도구를 한데 모아 보여 주고 의미를 밝히는 것이다.

마음 건축과 마음 기술

'마음 설계' 개념을 사용하는 첫 번째 책 《마음설계자》에서 나는 **마음 건축**이라는 말을 처음으로 만들었다. 이 용어는 자기 주도적인 심리적 변화, 즉 자신의 정신적 습관을 스스로 설계하고 수정하는 행위를 의미한다.

마음 건축은 우리의 심리적 패턴을 바라보고 거기에 접근하는 한 가지 방식이다. 이는 정신적 어려움을, 실제로 이해하고 구조화할 수 있는 시스템으로 다룬다. 마음 건축은 최고의 심리학적 방법을 적용한다. 이는 고대 철학과 현대의 임상 증거에 기반을 둔다. 또한 이런 메커니즘을 쉽게 이해할 수 있도록 기술적인 비유와 도식을 활용한다. 《마음설계자》에서 나는 이렇게 말했다.

바로 지금 외부의 다른 기술 없이도 누구나 곧바로 사용할 수 있는 여러 가지 도구가 있다. 우리는 이런 도구를 마음 기술이라고 부를 수 있을 것이다. 현시점에서 뇌를 향상시키는 가장 강력한 방법은 바로 그 소프트웨어, 즉 여러분의 생각과 행동을 통한 것이다.

마음 건축가는 정신적 적응 메커니즘을 한데 모으는 사람이자 심리 구조를 가다듬는 장인이다. 마음 건축가는 원하지 않는 부정적 감정을 자신의 설계에 발생한 비효율성으로 여긴다. 현명한 아이디어와 원칙은 하나하나 소스가 공개된 인지적 코드로 인식된다.

그렇다면, 실제로 이런 마음 기술은 어떤 모습일까?

1. 어떤 일이 일어난다. 예컨대, 당신이 정말로 들어가고 싶은 대학원 과정에 지원한다고 해 보자. 상황은 이렇게 나타난다.

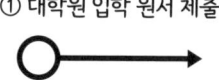

2. 당신의 뇌가 반응한다. 원서를 제출한 뒤 "혹시 떨어지면 어쩌지?"라는 생각이 사건의 오른쪽에 표시된다.

3. 생각은 결과를 낳는다. 이처럼 "만약에 ~라면"이라는 생각은 대개 걱정과 불안을 만든다. 이런 부정적 결과는 아래에 표시된다.

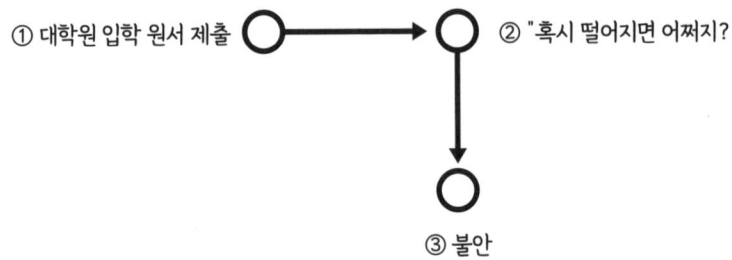

마음이 행복하거나 건강하지 않은 상태라면, 이런 불안이 남아서 잠재적으로 불안, 거듭되는 생각, 절망으로 이어지는 부정적 악순환의 굴레를 만들 수 있다. 반면, 마음이 행복하고 건강한 상태라면, 이런 최초의 생각이 떠오르자마자 자동으로 마음 기술을 작동시킨다. 점선은 우리가 새로 마음에 새길 수 있는 긍정적인 정신적 습관을 보여 준다.

4. 당신은 한 가지 마음 기술을 활용한다. 이 사례에서는 '걱정 떨쳐 내기'라는 일곱 번째 기술을 활용한다. 걱정해도 쓸모 없으며 지나치게 매달릴 필요가 없음을 알려 준다.

5. 긍정적인 결과가 나타난다. 그림과 같이, 최종적으로 평안함이 찾아든다.

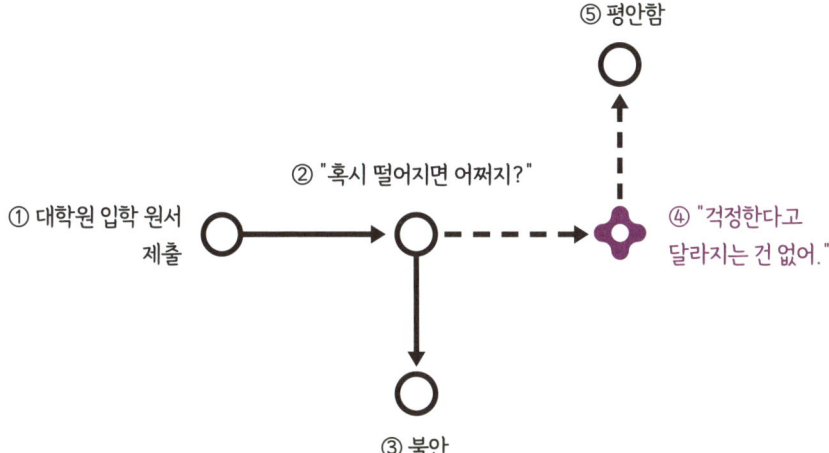

우리는 모두 어느 정도는 자기 행복이 내면적 습관에 달려 있음을 알고 있다. 만약 우리가 자신의 '심리적 소프트웨어'를 고쳐 쓸 수 있다면, 걱정하면서 굳이 치료받지 않을 것이다. 긍정심리학을 연구하는 이들은 우리의 '기본 행복 수준(복권에 당첨되거나 큰 사고를 당해도 시간이 지나면 원래의 행복 수준으로 서서히 돌아오게 되는데, 이때의 '원래 수준'을 말한다. 연구에 따르면, 기본 행복 수준은 유전적 영향이 크지만 긍정적 사고나 의미 있는 활동 등을 통해 어느 정도 변화시킬 수 있다고 한다. — 옮긴이 주)' 중 최소 40%가 쉽게 바꿀 수 있는 마음가짐에 따라 정해진다고 결론지었다.

하지만 나는 한 걸음 더 들어가 질문해 왔다. 어떤 개인이 더 나아질 때 마음속에서는 **정확히** 어떤 일이 일어날까? 왜 어떤 사람의 뇌는 대체로 그 사람에게 도움이 되는 방향으로 작동하는데, 다른 사람의 뇌는 종종 그 사람을 방해하는 방향으로 작동하는 걸까? 그 해답은 결국 당신이 품은 **특정한 생각 사이에 맺어진 관계**로 귀결된다.

만약 당신이 일상적으로 자기 파괴적인 생각과 감정과 행동을 경험한다면, 이는 정신적으로 올바른 습관을 아직 구축하지 못했다는 의미다. 감사나 회복탄력성, 평정심 같은 건강한 여러 특성 역시 마음속에서 자동으로 작동하는 생각 촉발 요인이라는 관점에서 이해할 수 있다. 하지만 스스로 행복하고 건강한 마음을 지녔다고 결론짓기 전에, 서로 연결된 수백 가지의 생각 촉발 요인에 최적화가 존재한다는 점을 고려해야 한다. 이미 몇몇 마음 기술을 갖추고 있겠지만, 모든 마음 기술을 갖추지는 못했을 것이다.

'마음 기술'이라는 말이 부정적인 느낌을 줄 수 있으리라는 점을 잘 알고 있다. 하지만 도구에 악의적 요소는 전혀 없으며, 오히려 그 반대이다. 마음 기술은 내면의 혁신, 즉 정신 건강을 돕는 정신적 도구다. 이들은 주의, 인지, 행동과 관련된 과정을 활용해 심리적 문제를 해결하거나 건강을 강화한다. 나는 미래학자 유비 이바노바가 제시한 '영혼을 다듬는 방법'이라는 더 간결한 정의도 무척 마음에 든다.

마음 기술은 스스로 심리적 알고리즘을 바탕으로 생각하거나 행동할 때 신뢰할 만하고 긍정적인 영향을 주는, 구체적인 사고의 변주다. 그런 기술은 마음속에서 특정한 인지나 감정 또는 행동의 경로를 바꾼다. 이런 도구가 더욱 단단히 통합될수록 점점 더 저절로 작동하게 된다.

증거는 명확하다. 기본적인 수면과 영양 이외에, 지금으로서는 이 책에서 다루는 마인드셋 혹은 **마음가짐이 여러분의 마음과 기분을 더 나은 상태로 만드는 가장 탄탄하고 믿을 만한 방법**이다. 나는 여러분이 그런 마음가짐을 배우고 적용하는 데 관심을 갖길 간절히 바란다.

마음 기술로 지혜를 습득하고 현실에 적용하기

우리는 지금 지혜의 암흑기를 살고 있다. 과거에는 생명체를 동물과 그 밖의 것으로 나누어 생각하던 시절이 있었다. 그때 칼 폰 린네가 자연을 체계적으로 분류하며 생명에 대한 소통과 교육, 연구를 혁명적으로 발전시켰다. 린네를 거울 삼아 나 역시 지혜를 체계적으로 정리하려 한다.

마음 기술을 단순한 '명언' 정도로만 여기는 현실을 바꾸고 싶다. 이 책에서 다루는 마음 기술은 지혜를 더 효과적으로 배우고 소통하며 확산시키는 하나의 시스템이다. 이를 위해 과거 자료에서 여러 개념을 수집해 용어를 표준화하고 시각화하는 방식을 사용했다. 이는 심리적 성장을 체계화하겠다는 오랜 야심이 빚어 낸 최신 성과기도 하다. 이 책을 읽는 모든 이가 마음 기술을 완전히 자신의 것으로 만들어 필요할 때마다 자유롭게 활용할 수 있기를 바란다.

우리에게는 이미 마인드폼이라는 열성적인 플랫폼(designingthemind.org/psychotech)이 있다. 커뮤니티 모임과 종합 프로그램을 비롯해 게임화된 각종 도구를 두루 갖추고 있다. 관심이 있다면 둘러보기를 권한다.

이 책의 활용법

1년은 52주이므로 매주 한 가지씩 익힐 수 있도록 52가지의 마음 기술을 담았다. 각 기술마다 일주일 미션이 담겨 있어 365일 동안 매일 조금씩 마음 근육을 단련할 수 있다.

1단계로 마음 기술의 이름과 정의를 살펴 어떤 상황에 쓰는 기술인지 익히고 기술 사용법을 확인하자.

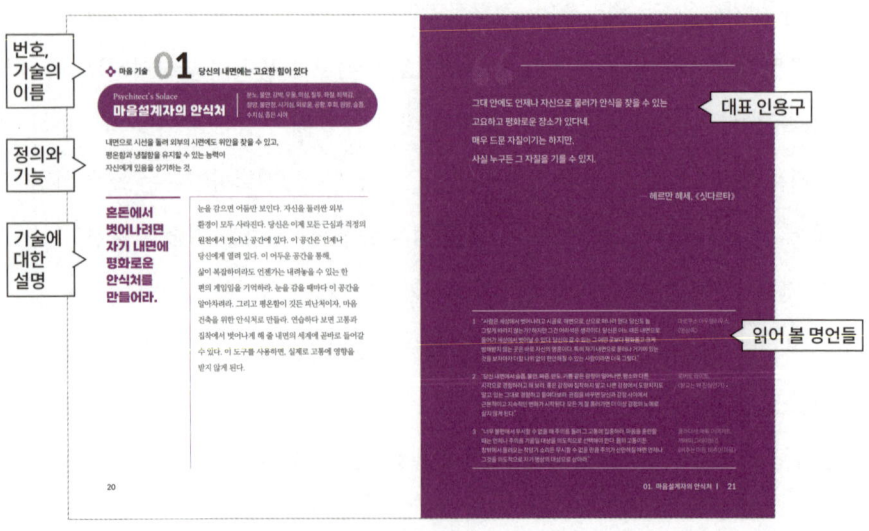

2단계로 대표 인용구와 아래의 명언 문장을 읽어 보자. 각 마음 기술의 배경이 되는 철학, 심리학 이론의 문장을 뽑아 정리했다. 그중 마음에 드는 문장이 있다면 마음에 새기거나 필사해 보자.

3단계는 마음 기술의 탄생 배경과 관련 일화를 읽고 생각의 뉴런을 새롭게 구조화하는 것이다. 부정적인 길로 흐르는 생각을 붙잡아 현실적이고 긍정적인 방향으로 나아가자.

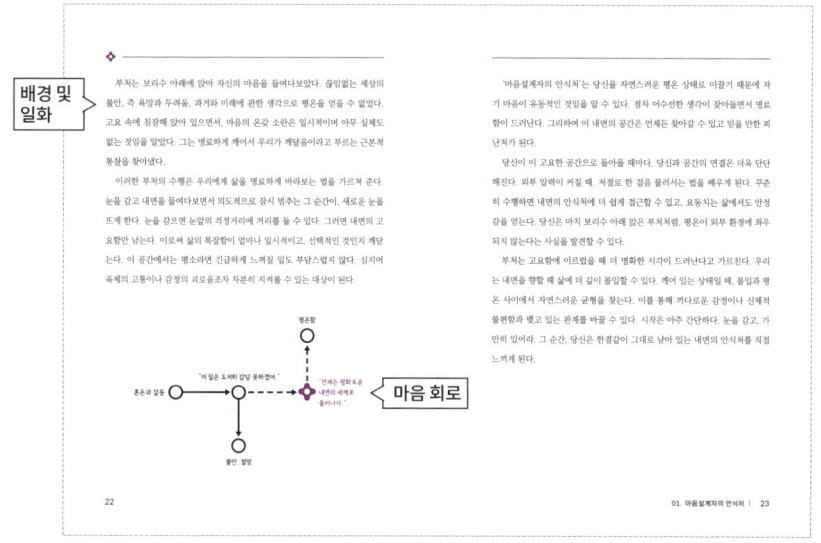

4단계는 각 마음 기술에 적응할 수 있도록 준비된 일일 실천 과제를 체크하고 익숙함 정도에 따라 이해도 체크리스의 원을 채우면 된다.

0. 모름 (기술에 대한 설명을 읽기만 해도 체크됨)
1. 연습 (마음 기술의 정의와 방법만 이해하는 상태)
2. 응용 (마음 기술을 어떤 상황에 써야 할지 이해하는 상태)
3. 안정 (마음 기술을 실제 상황에서 적용해 본 상태)

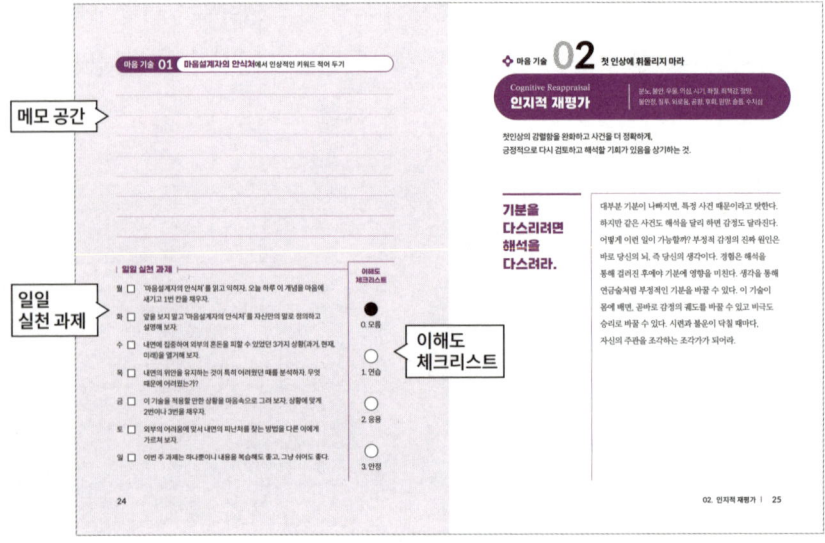

여러분의 목표는 매주 각 마음 기술의 안정 단계에 이르는 것이다. 그러면 일상에서 필요할 때마다 꺼내 쓸 수 있다. 매일 더 단단해질 수 있는 마음 습관을 연습해 보자.

차례

머리말 4
이 책의 활용법 12

01 당신의 내면에는 고요한 힘이 있다 20
   마음설계자의 안식처
02 첫 인상에 휘둘리지 마라 25
   인지적 재평가
03 겉모습에 속지 마라 30
   욕망 조절
04 언제나 최고의 이상을 추구하라 35
   덕목 시각화
05 동기가 부여되기를 기다리지 마라 40
   행동 활성화
06 있는 그대로를 받아들여라 45
   아모르 파티
07 걱정보다는 계획이 당신을 구한다 50
   걱정 떨쳐 내기
08 기존의 믿음을 의심하라 55
   정찰병 관점으로 바꿔 보기
09 현재에 집중하라 60
   현재에 머무르기
10 우주에서 보면 모두가 먼지와 같다 65
   위에서 바라보기

11 쾌락적 욕망에는 만족이 없다   70
    고통 편향 바로잡기

12 실패는 평정심을 키울 기회다   75
    마음설계자의 시련

13 고생은 사서도 한다   80
    의도적 불편함

14 증거를 근거로 생각하라   85
    소크라테스식 질문법

15 내 안의 잘못된 일반화를 인식하라   90
    일반화에서 벗어나기

16 신념을 지키되 틀릴 수 있음을 생각하라   95
    확신 내려놓기

17 외부 조건이 우리의 감정을 결정할 수 없다   100
    외부에 관심 끊기

18 자신의 삶을 전적으로 책임지는 자세   105
    철저한 책임

19 본능과 반대의 것을 의도적으로 선택하라   110
    역설적 의도

20 죽음을 두려워하지 말라   115
    죽음 내려놓기

21 타인의 실수에는 의도가 없다   120
    핸런의 면도날

22 욕망을 줄이면 만족감은 커진다   125
    욕망 최소화

23 비난하고 싶은 충동을 이해하려는 욕구로 바꿔라   130
    비웃음에서 호기심으로

24 스스로 한계를 두지 마라   135
    성장 마인드셋

25	스스로 불완전한 존재임을 인지하라　140
	무아(無我)
26	자신의 결정을 긍정하라　145
	놓침의 기쁨
27	부정적인 생각이 들면 일단 미뤄 두어라　150
	고통 미루기
28	내 자리에 타인을 앉혀라　155
	시점 바꾸기
29	문제가 될 욕망은 다른 욕망으로 상쇄하라　160
	욕망 상쇄하기
30	새로운 증거를 업데이트하라　165
	베이즈식 갱신
31	내가 가진 모든 것은 빌린 것이다　170
	빌리고 되갚기
32	하얀 거짓말도 거짓말이다　175
	철저한 정직함
33	대부분 문제의 원인은 개인이 아니다　180
	개인화 피하기
34	당신은 당신의 생각보다 강하다　185
	역량 재구성
35	복수에 집착하지 마라　190
	복수에서 벗어나기
36	흑백 논리에서 벗어나라　195
	이분법에서 탈피하기
37	고통을 피할 수는 없지만 선택할 수는 있다　200
	화살 내려놓기
38	삶은 내 인격 수양을 위한 게임이다　205
	팩맨 원칙

39 우리는 유한한 존재임을 기억하라   210
    메멘토 모리

40 긍정적인 기회를 습관적으로 찾아라   215
    긍정적 측면 키우기

41 사랑하는 것을 소유하려 하지 마라   220
    비소유

42 증거만이 신념의 근거가 될 수 있다   225
    이념에서 거리 두기

43 불편한 존재에게까지 연민을 확장하라   230
    자비심 확장하기

44 감정과 현실을 분리하라   235
    감정-사실의 분리

45 첫 약속에 집중하라   240
    사전 약속

46 모든 것은 변한다   245
    무상(無常)

47 의무에 집중할수록 분노는 커진다   250
    당위에서 벗어나기

48 자신만의 고유한 가치를 찾아라   255
    차별화

49 일부러 실패할 필요가 있다   260
    의도적 불완전함

50 계획대로 되지 않는다고 자기 연민에 빠지지 마라   265
    자기 연민 끊기

51 현실과 현실에 대한 인식 사이에는 차이가 있다   270
    불이(不二)

52 고민은 당신을 더 건강하게 만든다   275
    안티프래질리티

강인한 멘털을
만들어 주는
52가지
마음 기술

◆ 마음 기술 **01** 당신의 내면에는 고요한 힘이 있다

Psychitect's Solace
마음설계자의 안식처

분노, 불안, 강박, 우울, 의심, 질투, 좌절, 죄책감, 절망, 불안정, 시기심, 외로움, 공황, 후회, 원망, 슬픔, 수치심, 좁은 시야

내면으로 시선을 돌려 외부의 시련에도 위안을 찾을 수 있고,
평온함과 냉철함을 유지할 수 있는 능력이
자신에게 있음을 상기하는 것.

혼돈에서 벗어나려면 자기 내면에 평화로운 안식처를 만들어라.

눈을 감으면 어둠만 보인다. 자신을 둘러싼 외부 환경이 모두 사라진다. 당신은 이제 모든 근심과 걱정의 원천에서 벗어난 공간에 있다. 이 공간은 언제나 당신에게 열려 있다. 이 어두운 공간을 통해, 삶이 복잡하더라도 언젠가는 내려놓을 수 있는 한 편의 게임임을 기억하라. 눈을 감을 때마다 이 공간을 알아차려라. 그리고 평온함이 깃든 피난처이자, 마음 건축을 위한 안식처로 만들라. 연습하다 보면 고통과 집착에서 벗어나게 해 줄 내면의 세계에 곧바로 들어갈 수 있다. 이 도구를 사용하면, 실제로 고통에 영향을 받지 않게 된다.

"

그대 안에도 언제나 자신으로 물러가 안식을 찾을 수 있는
고요하고 평화로운 장소가 있다네.
매우 드문 자질이기는 하지만,
사실 누구든 그 자질을 기를 수 있지.

— 헤르만 헤세, 《싯다르타》

1. "사람은 세상에서 벗어나려고 시골로, 해변으로, 산으로 떠나려 한다. 당신도 늘 그렇게 바라지 않는가? 하지만 그건 어리석은 생각이다. 당신은 어느 때든 내면으로 들어가 세상에서 벗어날 수 있다. 당신이 갈 수 있는 그 어떤 곳보다 평화롭고 크게 방해받지 않는 곳은 바로 자신의 영혼이다. 특히 자기 내면으로 물러나 거기에 있는 것을 보자마자 더할 나위 없이 편안해질 수 있는 사람이라면 더욱 그렇다." — 마르쿠스 아우렐리우스, 《명상록》

2. "당신 내면에서 슬픔, 불안, 짜증, 안도, 기쁨 같은 감정이 일어나면, 평소와 다른 시각으로 경험하려고 해 보라. 좋은 감정에 집착하지 말고, 나쁜 감정에서 도망치지도 말고, 있는 그대로 경험하고 들여다보라. 관점을 바꾸면 당신과 감정 사이에서 근본적이고 지속적인 변화가 시작된다. 모든 게 잘 흘러가면 더 이상 감정의 노예로 살지 않게 된다." — 로버트 라이트, 《불교는 왜 진실인가》

3. "너무 불편해서 무시할 수 없을 때 주의를 돌려 그 고통에 집중하라. 마음을 훈련할 때는 언제나 주의를 기울일 대상을 의도적으로 선택해야 한다. 몸의 고통이든 창밖에서 들려오는 착암기 소리든 무시할 수 없을 만큼 주의가 산만해질 때면 언제나 그것을 의도적으로 자기 명상의 대상으로 삼아라." — 쿨라다사, 매튜 이머거트, 제레미 그레이브즈 《비추는 마음, 비추인 마음》

부처는 보리수 아래에 앉아 자신의 마음을 들여다보았다. 끊임없는 세상의 불안, 즉 욕망과 두려움, 과거와 미래에 관한 생각으로 평온을 얻을 수 없었다. 고요 속에 침잠해 앉아 있으면서, 마음의 온갖 소란은 일시적이며 아무 실체도 없는 것임을 알았다. 그는 명료하게 깨어서 우리가 깨달음이라고 부르는 근본적 통찰을 찾아냈다.

이러한 부처의 수행은 우리에게 삶을 명료하게 바라보는 법을 가르쳐 준다. 눈을 감고 내면을 들여다보면서 의도적으로 잠시 멈추는 그 순간이, 새로운 눈을 뜨게 한다. 눈을 감으면 눈앞의 걱정거리에 거리를 둘 수 있다. 그러면 내면의 고요함만 남는다. 이로써 삶의 복잡함이 얼마나 일시적이고, 선택적인 것인지 깨닫는다. 이 공간에서는 평소라면 긴급하게 느껴질 일도 부담스럽지 않다. 심지어 육체의 고통이나 감정의 괴로움조차 차분히 지켜볼 수 있는 대상이 된다.

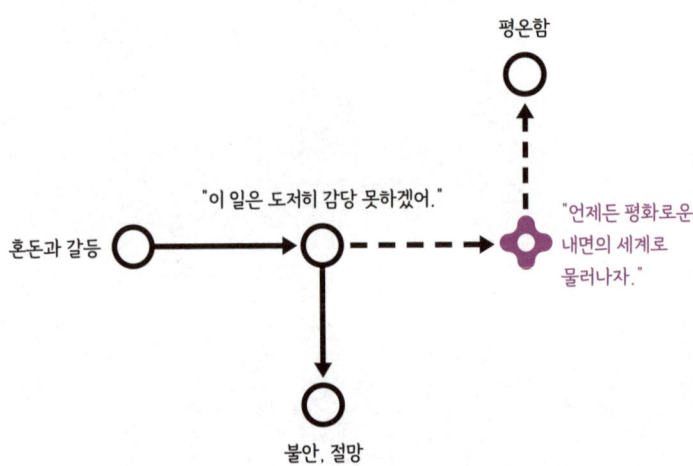

'마음설계자의 안식처'는 당신을 자연스러운 평온 상태로 이끌기 때문에 자기 마음이 유동적인 것임을 알 수 있다. 점차 어수선한 생각이 잦아들면서 명료함이 드러난다. 그리하여 이 내면의 공간은 언제든 찾아갈 수 있고 믿을 만한 피난처가 된다.

당신이 이 고요한 공간으로 돌아올 때마다, 당신과 공간의 연결은 더욱 단단해진다. 외부 압력이 커질 때, 저절로 한 걸음 물러서는 법을 배우게 된다. 꾸준히 수행하면 내면의 안식처에 더 쉽게 접근할 수 있고, 요동치는 삶에서도 안정감을 얻는다. 당신은 마치 보리수 아래 앉은 부처처럼, 평온이 외부 환경에 좌우되지 않는다는 사실을 발견할 수 있다.

부처는 고요함에 이르렀을 때 더 명확한 시각이 드러난다고 가르친다. 우리는 내면을 향할 때 삶에 더 깊이 몰입할 수 있다. 깨어 있는 상태일 때, 몰입과 평온 사이에서 자연스러운 균형을 찾는다. 이를 통해 까다로운 감정이나 신체적 불편함과 맺고 있는 관계를 바꿀 수 있다. 시작은 아주 간단하다. 눈을 감고, 가만히 있어라. 그 순간, 당신은 한결같이 그대로 남아 있는 내면의 안식처를 직접 느끼게 된다.

| 마음 기술 01 | **마음설계자의 안식처**에서 인상적인 키워드 적어 두기 |

일일 실천 과제

월	☐	'마음설계자의 안식처'를 읽고 익히자. 오늘 하루 이 개념을 마음에 새기고 1번 칸을 채우자.
화	☐	앞을 보지 말고 '마음설계자의 안식처'를 자신만의 말로 정의하고 설명해 보자.
수	☐	내면에 집중하여 외부의 혼돈을 피할 수 있었던 3가지 상황(과거, 현재, 미래)을 열거해 보자.
목	☐	내면의 위안을 유지하는 것이 특히 어려웠던 때를 분석하자. 무엇 때문에 어려웠는가?
금	☐	이 기술을 적용할 만한 상황을 마음속으로 그려 보자. 상황에 맞게 2번이나 3번을 채우자.
토	☐	외부의 어려움에 맞서 내면의 피난처를 찾는 방법을 다른 이에게 가르쳐 보자.
일	☐	이번 주 과제는 하나뿐이니 내용을 복습해도 좋고, 그냥 쉬어도 좋다.

이해도 체크리스트

● 0. 모름
○ 1. 연습
○ 2. 응용
○ 3. 안정

◆ 마음 기술 **02** 첫 인상에 휘둘리지 마라

Cognitive Reappraisal
인지적 재평가

분노, 불안, 우울, 의심, 시기, 좌절, 죄책감, 절망, 불안정, 질투, 외로움, 공황, 후회, 원망, 슬픔, 수치심

첫인상의 강렬함을 완화하고 사건을 더 정확하게,
긍정적으로 다시 검토하고 해석할 기회가 있음을 상기하는 것.

기분을 다스리려면 해석을 다스려라.

대부분 기분이 나빠지면, 특정 사건 때문이라고 탓한다. 하지만 같은 사건도 해석을 달리 하면 감정도 달라진다. 어떻게 이런 일이 가능할까? 부정적 감정의 진짜 원인은 바로 당신의 뇌, 즉 당신의 생각이다. 경험은 해석을 통해 걸러진 후에야 기분에 영향을 미친다. 생각을 통해 연금술처럼 부정적인 기분을 바꿀 수 있다. 이 기술이 몸에 배면, 곧바로 감정의 궤도를 바꿀 수 있고 비극도 승리로 바꿀 수 있다. 시련과 불운이 닥칠 때마다, 자신의 주관을 조각하는 조각가가 되어라.

"
어떤 인상에 처음 사로잡혔을 때,
그 힘에 휘둘려서는 안 된다.
그저 이렇게 말하라.
'잠깐만, 너는 누구고, 무엇을 말하려는 것인가.
내가 너를 시험해 보겠다.'

— 에픽테토스, 《엥케이리디온》

1	"선이나 악이란 본래 존재하지 않는다. 다만 생각이 그렇게 만들 뿐."	윌리엄 셰익스피어, 《햄릿》
2	"내가 두려워했던 모든 것과 나를 두려워했던 모든 것 안에는 선도 악도 없다. 그저 내 마음이 그것의 영향을 받을 때 선이나 악이 되었을 뿐이다."	바뤼흐 스피노자, 《에티카》
3	"당신이 동의하지 않는 한, 누구도 당신이 열등하다고 느끼게 만들 수 없다."	엘리너 루스벨트*
4	"의식에는 감정에 혼란을 일으키고 사고를 흐리게 만들어 도움을 청하게 만드는 여러 요소가 있다고 가정하자. 나아가 환자가 적절한 지도를 받으면, 의식 속에서 그 요소를 다루는 데 사용할 수 있으며, 자기 뜻대로 다룰 수 있는 다양한 합리적 기법을 갖추게 된다고 말이다."	아론 벡, 《인지치료와 정서장애》

* 미국의 정치인, 외교관, 인권 운동가. 프랭클린 D. 루스벨트 대통령의 부인이자, 미국 역대 최장 기간(1933~1945) 동안 영부인 자리를 지켰다.

로마 제국이 성세를 누리던 시절, 어린 에픽테토스는 에파프로디토스라는, 잔인한 주인 밑에서 노예 생활을 했다. 어느 날, 에파프로디토스가 화가 나서 소년 에픽테토스의 다리를 비틀자, 에픽테토스는 침착하게 말했다. "곧 부러질 겁니다." 그러다가 정말 뼈가 부러지자 덧붙였다. "보셨죠? 그럴 거라고 말씀드렸잖아요."

이런 반응은 스토아 철학의 정수를 보여 준다. 에픽테토스는 자기 몸은 해를 입을지언정 마음만은 여전히 자기 뜻대로 할 수 있다는 사실을 알았다. 그는 고통과 억압을 어떻게 해석할지 선택했다. 이런 통찰은 훗날 그의 가르침의 토대가 되었다. 즉, 우리가 가진 힘은 사건을 좌우하는 것이 아니라 그 사건에 어떻게 반응할지에 있다.

'인지적 재평가'는 이런 고대의 통찰에 바탕을 둔다. 에픽테토스에 따르면, 우

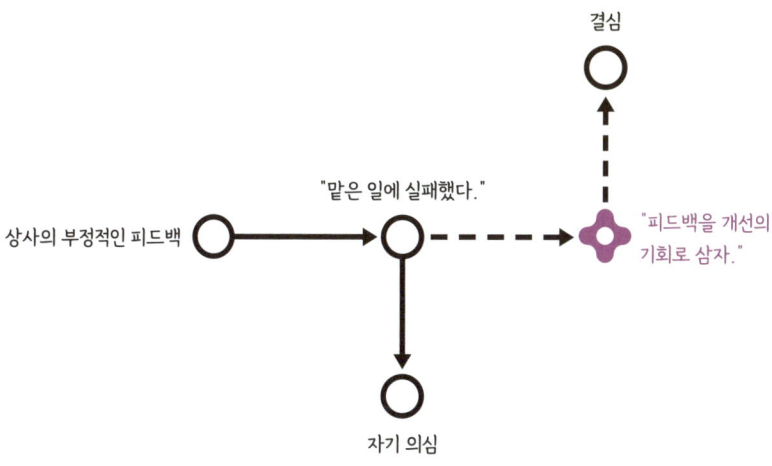

리가 겪는 고통은 사건 자체가 아니라 어떻게 판단할지에서 비롯된다. 어려움에 맞닥뜨리면, 보통 곧바로 분노나 슬픔, 절망 같은 감정을 드러내게 된다. 그러나 다른 관점을 고려해야 한다. 그래야 벌어진 일과 자신의 반응 사이에서 의식적으로 상황을 재해석할 여유를 확보하는 법을 배운다.

'인지적 재평가'는 현실을 인정하면서 건설적인 해석을 추구한다. 에픽테토스는 부러진 자기 다리를 보고, 그 가혹함에 굴복하는 대신 정신의 자유로움을 드러낼 기회로 보았다. 덕분에 에픽테토스는 노예의 삶을 견디고 나중에 다른 이들에게 개인의 주체성을 가르칠 수 있었다. 이 시대의 우리에게도 똑같은 원칙이 적용된다. 좌절은 성장의 기회가 되고, 갈등은 발전 가능성을 드러낸다.

여러 연구는 이런 실천에 여전히 가치가 있다고 말한다. 어려운 상황을 다른 관점에서 바라보면 감정이 그 상황에 미치는 영향이 줄어들면서 시간이 지날수록 회복탄력성이 커진다. 우리는 사건에 대한 해석을 다시 살펴서 자기 마음에 더 큰 통제력을 발휘할 수 있다. 현대 인지치료는 이런 이해를 바탕으로, 어떤 생각이 감정에 고통을 일으키는지 찾아내 생각을 바꾸는 법을 가르친다.

'인지적 재평가'를 통해 다른 방식으로 삶의 짐을 짊어지는 법을 배운다. 매 순간은 사건을 달리 해석할 새로운 기회이며, 첫인상의 힘을 누그러뜨리고 더 큰 힘을 부여하는 관점을 발견할 수 있게 한다.

마음 기술 02 　**인지적 재평가**에서 인상적인 키워드 적어 두기

| 일일 실천 과제 |

월	☐	'인지적 재평가'를 읽고 충분히 익히자. 오늘 하루 이 개념을 마음에 새기고 1번 칸을 채우자.
화	☐	앞을 보지 않고 '인지적 재평가'를 자신만의 말로 정의해 보자.
수	☐	재평가 없이 감정적으로 반응했던 3가지 상황(과거, 현재, 미래)을 열거해 보자.
목	☐	상황에 대한 첫인상이 그 해석에 어떤 편향을 일으키는지 보자. 어떤 패턴이 보이는가?
금	☐	이 기술을 적용할 만한 상황을 마음속으로 그려 보자. 상황에 맞게 2번이나 3번을 채우자.
토	☐	파트너와 함께 '다른 관점으로 보기 게임'을 하며, 서로 상황을 설명하고 어떻게 재평가할 수 있을지 이야기하자.
일	☐	이름만 보고 지금까지의 마음 기술들에 대한 내용을 기억해서 정리하고 복습하자.

이해도 체크리스트

● 0. 모름

○ 1. 연습

○ 2. 응용

○ 3. 안정

◆ 마음 기술 **03** 겉모습에 속지 마라

Desire Modulation
욕망 조절

무관심, 갈망, 시기, 좌절, 감사하지 않음, 게으름, 외로움, 슬픔

욕망이 인지 편향을 초래하거나, 원치 않는 감정을 일으키거나, 달갑지 않은 행동을 유발하는 정도를 완화하기 위해 욕망을 조절하는 것. 기존의 욕망은 냉정함을 유지하면서 거리를 두고 평가하여 줄이는 한편, 특정한 욕망은 가까이 두고 중요하게 평가함으로써 키우는 것.

> **상황이 아니라 욕망을 바꿔라.**

잘만 통제하면, 욕망은 여러분을 위대한 일로 이끌 수 있다. 반대로 통제하지 못하면, 욕망은 신념을 왜곡하고 후회할 행동을 하도록 부추기며 고통을 겪게 만들 수 있다. 특정 자극 관련 반응에 따라 그 자극에 대한 욕망의 크기가 결정된다. 따라서 욕망을 조절하는 일은 강력한 치료 수단이 될 수 있다. 건강한 습관, 일, 교육 등 자신에게 도움이 되는 일에 별다른 욕망을 느끼지 못한다면 생각을 활용해 그런 욕망을 키울 수 있다. 반대로 음식, 성, 오락 등 자신에게 도움 되지 않는 일을 갈망하거나 삶, 사랑, 명예 등에 지나치게 집착할 때 생각으로 그런 욕망을 줄일 수 있다.

욕망을 키우려면, 원하는 자극의 긍정적인 측면과 매력적인 세부 사항에 온전히 집중하라. 욕망을 줄이려면, 원하는 자극에서 주의를 돌리거나 그 자극에 객관적으로 거리를 두고 부정적인 측면도 바라보라. 욕망을 따르는 감정에 집착하지 말고 그것을 인식하라. 자기 욕망의 수위를 조절하여 욕망이 자신의 가치관이나 목표, 현재 상황에 일치하게 하라.

"

매우 귀히 여겨질 만한 것들이 있다면,
그것을 낱낱이 드러내어 그 하찮음을 들여다보고,
치켜세우는 온갖 말을 벗겨 내야 한다.
사물의 겉모습에는 이성(理性)을 현혹하는 놀라운 힘이 있으니,
우리가 다루는 것이 정말로 애쓸 만한 가치가 있다고 확신하면,
바로 그 순간이야말로 가장 크게 속기 쉬운 때다.

— 마르쿠스 아우렐리우스, 《명상록》

1 [욕망 조절해서 키우기]
"화덕에서 구운 빵의 윗부분이 터져서 갈라진 틈은 그저 빵을 굽는 과정의 부산물이지만 어쩐지 식욕을 돋운다. 잘 익은 무화과가 터지는 모습, 곧 떨어질 듯한 올리브, 그 안에 살짝 스며든 부패의 그림자가 오히려 독특한 아름다움을 더한다. 자신의 무게에 휘어진 밀 이삭, 사자의 주름진 이마, 멧돼지 입가에 맺힌 거품 자국 등은 따로 보면 아름다울 게 없지만 자연을 풍요롭게 하고 우리를 끌어당긴다. 자연의 이치를 잘 아는, 감수성 깊은 사람이라면 이 모든 것에서 기쁨을 느낀다. 심지어 우연히 생긴 것조차 그렇다. 그는 살아 있는 동물의 턱을 그림이나 조각상만큼 아름답게 보고, 고유한 노년의 아름다움, 아이들의 사랑스러움도 차분하게 바라볼 것이다. 이 밖에도 남이 알아채지 못하는 것들이 끊임없이 그에게 다가올 것이다."

마르쿠스 아우렐리우스,
《명상록》

2 [욕망을 조절해 낮추기]
"부정관(不淨觀)은 욕망의 흐름을 되돌리기 위해 그 발판이 되는 지각을 걷어 낸다. 주로 자기 몸을 대상으로 하는데, 초보 수행자가 다른 사람의 몸을 대상으로 삼으면 원하는 결과를 얻지 못할 수 있기 때문이다. 시각적 상상을 보조하여, 몸을 이루는 여러 요소를 하나하나 마음속으로 해부하고 그 본질이 혐오스러운 것임을 드러낸다. (…) 이 수행의 목적은 혐오나 역겨움을 일으키는 것이 아니라, 집착을 끊는 데 있다. 연료를 치움으로써 욕망의 불길을 꺼뜨리는 것이다."

비구 보디,
《팔정도》

1960년대, 심리학자 월터 미셸은 자기통제 분야의 전설적 실험 하나를 진행했다. 이른바 '마시멜로 실험'에서 그는 아이 앞에 마시멜로 1개를 두고 제안했다. 지금 바로 먹을 수도 있지만, 먹지 않고 15분만 기다리면 보상으로 2개를 받을 수 있다는 것. 겉으로는 단순해 보이지만 이 실험은 욕망과 지연된 만족에 관해 깊은 통찰을 보여 준다. 유혹을 이겨 낸 아이는 학업 성취도와 정서적 안정감이 뛰어났으며 건강한 인간관계를 맺고 있었다.

그런데, 무엇 때문에 어떤 아이는 유혹을 이겼고 어떤 아이는 그러지 못했던 걸까? 미셸은 성공한 아이가 만족을 지연시키려고 다양한 전략을 썼다는 사실을 알아냈다. 어떤 아이는 마시멜로에서 눈을 돌리거나 노래를 부르며 시간을 보내는 등 자신의 주의를 다른 데로 돌렸다. 또 다른 아이는 머릿속에서 마시멜로를 구름이나 푹신한 베개처럼 그다지 매력적이지 않은 것으로 바꿔 상상하기도 했

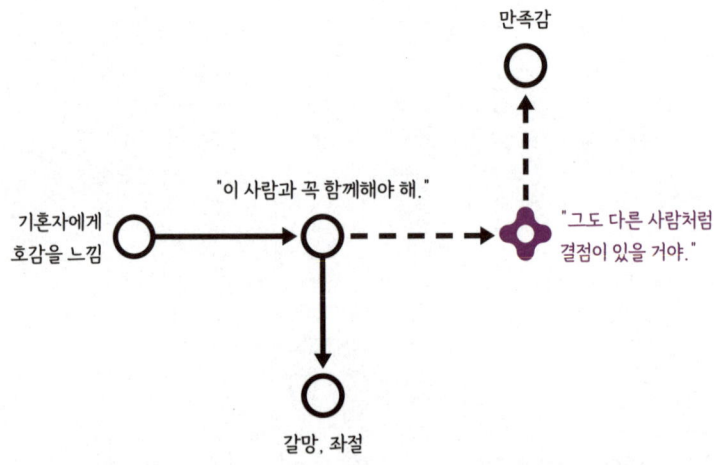

다. 의식적이든 아니든, 덕분에 아이는 마시멜로에 쏠리는 자기 욕망의 지배력을 약화시켜 더 큰 보상을 더 쉽게 기다릴 수 있었다.

세 번째 마음 기술인 '욕망 조절'은 욕망에 대한 관점을 재구성해 조절한다는 원리에 바탕을 둔다. 마시멜로 실험은 욕망이란 올바른 정신적 도구를 활용하면 얼마든지 다듬고 방향을 바꾸고 약화시킬 수 있음을 보여 준다. 이 마음 기술은 마치 마시멜로가 그다지 유혹적인 것이 아니라고 상상한 아이처럼, 당신에게 자신의 갈망을 의식적으로 조절할 수 있게 한다. 마음속에서 원하는 대상을 보는 방식을 바꾸면, 욕망을 행동으로 옮기는 데에 더 큰 통제력을 발휘하게 된다.

특정한 갈망이 당신을 잘못된 방향으로 이끌고 있다면, 실험에 참여한 아이가 욕망의 대상을 외면하거나 다르게 상상했던 것처럼, 갈망의 부정적 결과에 집중함으로써 강도를 낮출 수 있다. 마찬가지로 의미 있는 무언가를 추구해야 한다면 보상에 집중하여 욕망을 증폭시킬 수 있다.

'욕망 조절'은 충동을 통제하고 유혹을 약화하거나 동기를 강화하는 정신적 유연성을 제공한다. 이런 기술을 통해 당신도 자기통제력을 기를 수 있으며, 일상에서 욕망을 다루는 방식을 근본적으로 바꿀 수 있다.

| 마음 기술 03 | **욕망 조절**에서 인상적인 키워드 적어 두기 |

일일 실천 과제

- **월** ☐ '욕망 조절'을 읽고 충분히 익히자. 오늘 하루 이 개념을 마음에 새기고 1번 칸을 채우자.
- **화** ☐ 앞을 보지 말고 '욕망 조절'을 자신만의 말로 정의해 보자.
- **수** ☐ 욕망의 강도를 조절하여 더 나은 경험을 하는 상황을 적어 보자.
- **목** ☐ 욕망의 강도가 어떻게 변화하는지 따라가 보자. 어떤 욕망이 스스로를 가장 강하게 지배하는가?
- **금** ☐ 이 기술을 적용할 만한 상황을 마음속으로 그려 보자. 상황에 맞게 2번이나 3번을 채우자.
- **토** ☐ 정신적 거리 두기와 몰입을 통해 다양한 욕구를 약화 또는 강화하는 연습을 해 보자.
- **일** ☐ 이름만 보고 지금까지의 마음 기술들에 대한 내용을 기억해서 정리하고 복습하자.

이해도 체크리스트

- ● 0. 모름
- ○ 1. 연습
- ○ 2. 응용
- ○ 3. 안정

마음 기술 04 언제나 최고의 이상을 추구하라

Virtue Visualization
덕목 시각화

무관심, 자기만족, 우울, 의심, 질투, 죄책감, 절망, 불안정, 게으름, 수치심, 침체

결정을 내리거나 자기 행동을 평가할 때, 습관처럼 가장 높은 이상을 마음에 떠올리는 것. 시각화하는 연습을 통해 자신의 가치를 구체화하고 그에 자신을 맞추려고 노력하는 것.

> **유혹이 자기 이상을 위협할 때, 그 이상을 마음속에 그려라.**

자기 결정을 확신하지 못하거나 목표를 향해 나아가지 못하거나 행동에 자부심을 느끼지 못하는 순간은 반드시 찾아온다. 우리는 중요한 것을 망각하고 강한 충동에 굴복하기 쉽다. 눈앞의 만족을 우선하는 유혹이 다가오면, 자신이 생각하는 최고의 가치를 떠올려야 한다. 이상적 자아라면 현재 상황에서 어떻게 행동할지 스스로 질문하자. 상상 속 관객이 당신의 행동을 지켜보고 있다고 상상하자. 아니면 존경하는 멘토로 구성된 마음속 자문단에게 조언을 구할 수도 있다. 욕망이 아무리 강하더라도, 미덕이야말로 진정한 행복의 열쇠다. 끊임없이 미덕을 머리에 떠올리고 몸에 익히자.

"

어떤 일을 할 때마다 온 세상이 너를 지켜보고 있다면
어떻게 행동할지 스스로 물어보고, 그에 따라 행동하거라.
네가 가진 모든 선한 성향을 북돋우고,
기회가 닿을 때마다 그런 성향을 실천하라.
그러면 운동으로 팔다리가 강해지듯,
선한 성향도 실천을 통해 더욱 강한 습관이 된다는 것을 의심치 말거라.

— 토머스 제퍼슨, 《피터 카에게 보내는 편지(Letter to Peter Care)》

---

1 "네가 지금껏 존경해 온 것들을 펼쳐 보면 너 자신이 중요하게 생각하는 근본적인 법칙이 드러날 수 있다. 그것들 중 하나가 어떻게 다른 하나를 완성하고, 넓히고, 초월하고, 설명하는지 살펴보자. 네가 참된 자아를 찾겠다고 지금껏 올라온 그 사다리는 어떻게 만들었는가? 참된 자아는 내면 깊숙이 숨어 있는 것이 아니다. 그것은 무한히 높은 곳에, 적어도 스스로 평소의 당신이라고 생각하는 것보다 훨씬 위에 있다." — 프리드리히 니체, 《비극의 탄생·반시대적 고찰》

2 "지혜롭고 덕 있는 사람들 곁에서 그들의 삶을 본보기 삼는 것만으로도 충분하다. 그런 본보기를 살아 있는 이들 중에서 고르든, 이미 세상을 떠난 이들 중에서 고르든 상관없다. (…) 이런 생각을 모아 유혹에 맞서면, 당신은 거기에 휩쓸리지 않게 된다." — 에픽테토스, 《담화록(Discourses)》

3 "우리는 자기 행동의 관찰자가 되어, 우리 행동이 우리에게 어떤 영향을 미칠지 상상하려고 애쓴다. 이는 타인의 눈으로 자기 행동이 적절한지를 세심히 살펴볼 수 있는 유일한 거울이다." — 애덤 스미스, 《도덕감정론》

18세기에 벤저민 프랭클린은 자신의 도덕적 품성을 함양하기 위해 개인적으로 '덕목 프로젝트'라 불리는 방법을 만들었다. 절제, 겸손, 근면처럼 자신이 숙달하고자 하는 13가지 덕목을 고른 뒤 매일 각각의 덕목을 얼마나 잘 실천했는지 기록하는 차트를 만들었다. 특히 매주 한 가지 덕목에 집중하면서 나머지 다른 덕목도 꾸준히 유지하려고 노력했으며, 습관처럼 자기 행동을 반성하다 보면 점차 이상적 자아가 되리라 믿었다. 프랭클린은 결코 도덕적으로 완벽한 일관성을 갖춘 사람이 되지는 못했다. 하지만 평생을 실천한 덕분에 더 나은 사람이 될 수 있었다고 했다.

프랭클린이 이렇게 의도적으로 만들어 낸 자기 수양 방법은 '덕목 시각화'와 잘 들어맞는다. 그의 일일 덕목 차트처럼, 개인이 주기적으로 자신에게 가장 중요한 가치에 초점을 맞추게 하면서, 시각화하는 연습을 통해 덕목을 구체적이

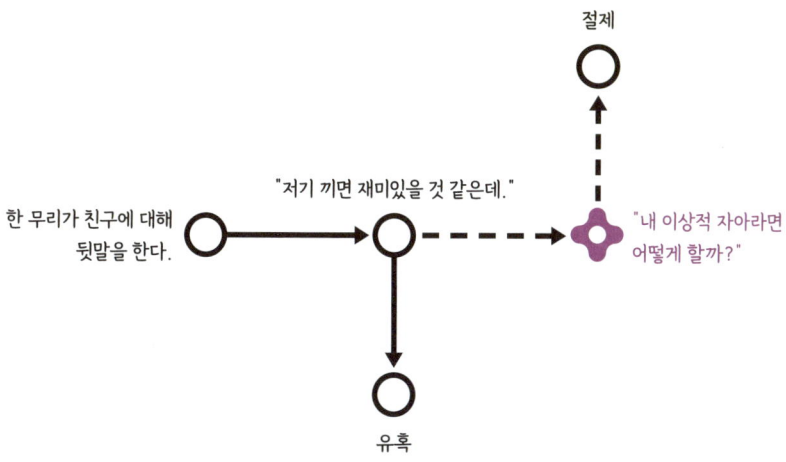

고 실천 가능한 것으로 만든다. '덕목 시각화'는 어려운 순간에 정직, 인내, 용기 같은 가치가 저절로 나타나기를 수동적으로 바라지 않는다. 실제 상황에서 그런 덕목을 어떻게 구현할지 마음속에서 미리 연습하면서 능동적으로 강화한다. 어려운 상황에 맞닥뜨렸을 때, 선택한 덕목에 맞춰 행동하는 자기 모습을 시뮬레이션한다. 예컨대 끈기가 없어서 문제라면, 좌절을 겪더라도 차분하게 상황을 이해하는 모습을 시각적으로 상상하는 노력을 통해 현실에서도 실천할 수 있는 능력을 강화한다.

프랭클린의 접근법과 '덕목 시각화'에서 얻을 핵심적 통찰은, 덕목이 타고나거나 저절로 생기는 게 아니라는 점이다. 덕목을 얻으려면 끊임없이 노력하고 연습해야 한다. 프랭클린은 13가지 덕목을 얻으려고 노력하는 과정에서 완전하지 않아도 자신의 인격이 드높아진다는 사실을 깨달았다. 이와 비슷하게 '덕목 시각화'를 실천해 개인은 진실한 행동 습관을 갖추고, 점차 자기 행동을 이상에 맞춰 갈 수 있다. 이것이 습관이 되면 감정적으로 힘들거나 유혹을 받을 때에도 자신의 가치를 충실히 지키기가 훨씬 쉬워진다. '덕목 시각화'는 의도적인 자기 수양 방법이며 자신의 이상향에 한 걸음 다가갈 수 있는 강력한 방법이다.

마음 기술 04 — **덕목 시각화**에서 인상적인 키워드 적어 두기

일일 실천 과제

월	☐	'덕목 시각화'를 읽고 충분히 익히자. 오늘 하루 이 개념을 마음에 새기고 1번 칸을 채우자.
화	☐	앞을 보지 말고 '덕목 시각화'를 자신만의 말로 정의해 보자.
수	☐	최고의 이상을 마음속에 그리면 더 나은 선택으로 할 수 있는 3가지 상황(과거, 현재, 미래)을 열거해 보자.
목	☐	다양한 상황에서 어떤 가치가 자연스럽게 떠오르는지 주의를 기울이자. 어떤 가치를 가장 자주 또는 가장 적게 참고하는가?
금	☐	이 기술을 적용할 만한 상황을 마음속으로 그려 보자. 상황에 맞게 2번이나 3번을 채우자.
토	☐	가장 중요한 도덕적 덕목을 골라 생생하게 상상하고, 선택할 때마다 마음속에 떠올리도록 연습하자.
일	☐	이름만 보고 지금까지의 마음 기술들에 대한 내용을 기억해서 정리하고 복습하자.

이해도 체크리스트

● 0. 모름
○ 1. 연습
○ 2. 응용
○ 3. 안정

마음 기술 05 동기가 부여되기를 기다리지 마라

Behavioral Activation
행동 활성화

무관심, 지루함, 갈망, 우울, 의심, 좌절, 절망, 불안정, 게으름, 무기력함, 외로움, 슬픔, 수치심

현재 느끼는 감정과 상관없이, 자신이 경험하고 싶은 감정을 만들기 위해 행동하는 습관. 동기가 있어서 행동하기보다는 행동함으로써 기쁨과 성취감, 자부심 같은 감정을 스스로 불러일으키는 것.

행동하고 싶어질 때까지 기다리지 말라. 행동으로 감정을 만들어라.

아무 동기도 느끼지 못할 때는 동기가 생길 때까지 기다리는 게 자연스럽다고 생각한다. 하지만 이는 큰 실수다. 인생에서 가장 보람 있는 일은 행동을 해야 비로소 시작된다. 당신의 뇌는 당신의 행동을 관찰하면서 당신이 어떤 사람인지 배운다. 당신의 매일을 존경할 만한 활동으로 채우면, 뇌 또한 당신을 존경하는 법을 배운다. 갈망이 아니라 행동 중 혹은 후에 얻게 될 보상을 생각하라. "지금은 하고 싶지 않아"라는 생각이 들 때마다, 중요한 건 현재가 아니라 나중에 느끼게 될 감정임을 떠올려라. 기쁨, 성취감, 자부심을 느끼고 싶다면 먼저 행동하라. 자기 의심, 무관심, 수치심 같은 감정을 없애고 싶을 때도 역시 행동이 먼저다. 원하는 감정을 기다리지 말고 행동으로 그 감정을 만들어라.

"

어떻게 하면 자신을 알 수 있을까?
관찰이 아니라 행동이 말해 준다.
자신의 의무를 다하라.
그러면 곧 자신이 어떤 사람인지 알게 된다.

— 요한 볼프강 폰 괴테

1	"행동이 감정에 뒤따르는 것 같지만 실제로 행동과 감정은 함께 움직인다. 그리고 행동은 의지로 직접 통제할 수 있기에, 통제가 어려운 감정도 행동을 통해 간접적으로나마 조절할 수 있다."	윌리엄 제임스
2	"동기와 행동 중 무엇이 먼저일까? 동기라고 답했다면, 아주 훌륭한 논리적 답을 고른 셈이다. 하지만 안타깝게도 동기보다 행동이 먼저다. 먼저 펌프에 마중물을 부어야 한다. 그러면 점차 동기가 생기고, 물이 자연스럽게 흘러나온다."	데이비드 번즈, 《필링 굿》
3	"당신은 뇌 안에 있는 시스템을 통해 투쟁-도피 반응과 잘못된 경보를 무시할 수 있다. 좌측 전전두엽과 해마가 함께 작용하여 편도체를 진정시키고, 시상하부-뇌하수체-부신(HPA) 축의 작동을 멈출 수 있다. 건설적인 행동을 하면, 우측 전두엽의 과도한 반응으로 생기는 격렬한 감정을 진정시킬 수 있다."	존 아덴, 《당신의 뇌를 리셋하라!》

심리학자 피터 르윈손은 사람이 그럴 만한 기분이 들어야 행동한다는 속설에 의문을 품었다. 1970년대부터 시작된 그의 연구는, 동기부여가 될 때까지 기다리다가 오히려 아무 행동도 못하는 악순환이 흔하다는 사실을 밝혀냈다. 르윈손은 행동이 먼저 온다고 주장했다. 즉, 목적과 보람 있는 일에 참여하면 처음에는 없던 동기와 긍정적인 감정이 생겨난다는 것이다. 이런 통찰은 '행동 활성화'의 기반이 되었다. 특히 우울증이나 무기력에 시달리는 개인이 무력감, 타성에서 벗어나는 데 도움이 된다.

르윈손의 통찰은 실제로 우울증 치료에 효과가 있었다. 당시에는 감정이 나아져야 일상생활로 복귀할 수 있다는 생각이 널리 퍼져 있었다. 하지만 그의 연구를 통해 산책, 식사 준비, 대화처럼 작고 쉽게 할 수 있는 활동을 꾸준히 하면 환자가 성취감을 느낀다는 사실이 밝혀졌다. 시간이 지나면서 환자의 기분은 나

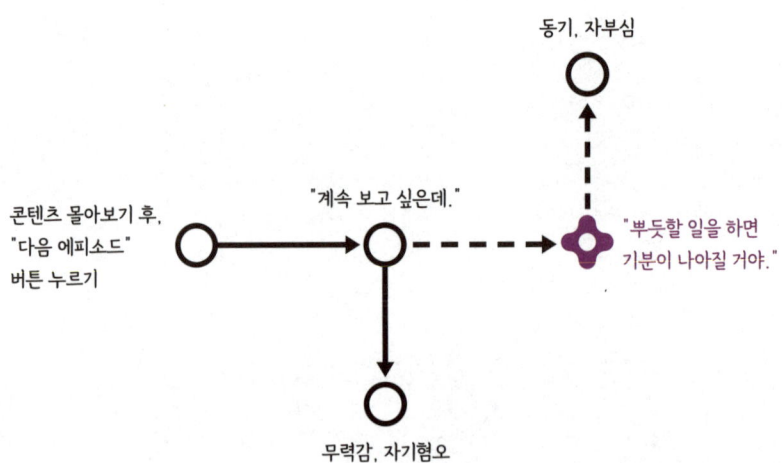

아지기 시작했다. 처음부터 좋은 기분이어서가 아니라 행동으로 긍정적인 감정이 생길 수 있는 조건을 만들었기 때문이다.

이 원리는 고대 철학, 특히 아리스토텔레스의 가르침과 깊이 맞닿아 있다. 아리스토텔레스는 용기나 절제와 같은 덕목이 행동을 거듭하면서 길러진다고 강조했다. 우리가 저절로 덕이 있는 사람이 되는 게 아니라, 실천하면서 그런 존재가 된다는 점을 일깨운다. 미국의 저명한 역사학자이자 철학자인 월 듀런트는 "우리는 반복적 행동의 총합"이라고 아리스토텔레스의 철학을 요약했다. 르윈손의 '행동 활성화'처럼, 아리스토텔레스 역시 행동이 이상적 인간의 출발점이라고 보았다.

현대 심리학과 고전 철학은 행동이 변화를 이끈다고 생각한다는 점에서 일맥상통한다. 보람찬 활동을 계획하고 참여하면서 성취감과 자부심 같은 감정과 결부시키도록 우리 뇌를 훈련한다. 그러다 보면 점차 우리의 감정적 기준선이 행동에 따라 바뀐다.

사람은 대부분 영감이 떠오를 때까지 기다렸다가 목표를 향해 움직인다. 하지만 '행동 활성화'는 이런 생각을 거꾸로 뒤집는다. 글 한 단락 쓰기, 침대 정리, 친구에게 전화하기 등 아주 작은 행동으로도 삶을 살아가는 방식을 재편할 수 있다는 사실을 보여 준다.

| 마음 기술 05 | **행동 활성화**에서 인상적인 키워드 적어 두기 |

| 일일 실천 과제 |

월 ☐ 반복적으로 떠오르는 걱정거리를 1위부터 5위까지 적고, 그것이 실제로 해결할 수 있는 것인지 생각해 보자.

화 ☐ 10분 동안 의도적으로 걱정하고 난 다음에, 곧바로 생산적인 일로 관심을 옮기자.

수 ☐ 목록의 걱정거리 중 1개를 고른 뒤, 그 문제를 해결할 사소한 행동 1개를 실천해 보자.

목 ☐ 자신이 걱정에 빠져 있음을 알아차리는 연습을 하고, 그것이 무의미함을 조용히 생각하자.

금 ☐ "이것이 나에게 무엇을 가르쳐 줄 수 있을까?"라고 질문하면서 걱정을 배움의 기회로 바꾸자.

토 ☐ 명상이나 마음 챙김에 시간을 들이자. 자기 영향력 밖에 있는 대상에 집착하는 태도를 내려놓는 데 집중하자.

일 ☐ 한 주간의 진행 상황을 되돌아보고 일상에서 걱정이 무의미함을 깨닫는 연습을 계속 해 보자.

이해도 체크리스트

● 0. 모름
○ 1. 연습
○ 2. 응용
○ 3. 안정

◆ 마음 기술 **06** 있는 그대로를 받아들여라

Amor Fati
아모르 파티

분노, 불안, 우울, 의심, 질투, 좌절, 죄책감, 절망, 불안정, 시기심, 외로움, 공황, 후회, 원망, 슬픔, 수치심

현실을 있는 그대로 아무 조건 없이 받아들이는 자세.
겉보기에 바람직하지 않은 일이 일어났을 때,
그 일을 부정적으로 대하지 않고 평온함과 활력, 설렘 같은 감정으로 바꾸는 것.

아무것도 거부하지 말고, 현실을 조건 없이 받아들여라.

삶이 생각대로 흘러갈 때 가장 좋은 사람이 된다. 하지만 삶은 대체로 자신은 물론이고 우리가 세운 계획도 신경 쓰지 않는다. 우리를 불쾌하거나 비극적인 상황에 몰아넣고, 아무리 요구나 불평을 늘어놓아도 절대 흔들리지 않는다. 누군가 온 우주에 그 책임을 묻기 전까지, 우리가 할 수 있는 최선은 현실에 적응하는 일이다. 아모르 파티(amor fati), 즉 '운명애(運命愛)' 정신은 변화를 거부하는 본능을 뒤집는다. 부정적으로 보이는 것을 사랑할 방법을 찾아보자. 모든 상황에서 되도록 빨리 아름다움을 찾아내려고 노력하자. 있는 그대로를 받아들이자. 이런 사고 방식을 연습하면 회복탄력성과 평정심이 커진다. 그리고 내면화하면 변화와 불운 앞에서도 흔들리지 않는 사람이 된다.

"

내게 인간이라는 존재의 위대함을 한마디로 말하라 한다면,
그것은 바로 아모르 파티다.
그것은 미래에 대해서도, 과거에 대해서도,
영원토록 다른 것을 원치 않는 것이다.
필연적인 것을 단지 견디기만 하는 것이 아니라 더더욱 감추지 않으며
―모든 이상주의는 필연적인 것 앞에서는 허위에 불과하다―
오히려 그것을 사랑하는 것이다.

― 프리드리히 니체, 《이 사람을 보라(Ecce Homo)》

1	"혓간이 불타고 나니, 달이 보인다."	미즈타 마사히데*
2	"원하는 대로 일이 일어나기를 바라지 말고, 원래 일이 일어나야 하는 대로 그렇게 일어나기를 바라라. 그러면 언제나 평안할 것이다."	에픽테토스, 《엥케이리디온》
3	"그러나 오직 영원하고 무한한 대상을 향한 사랑만이 정신을 모든 고통에서 벗어난 기쁨으로 채워 준다. (…) 최고의 선은 정신이 자연 전체와 하나임을 아는 데 있다."	바뤼흐 스피노자, 《윤리학》
4	"전체적인 관점에서 볼 때, 모든 필연적인 것은 그 자체로 똑같이 유용하다. 우리는 필연적인 것을 견뎌 내야 할 뿐만 아니라 사랑해야 한다. (…) 아모르 파티(운명애), 이것이 바로 가장 깊은 나의 본질이다."	프리드리히 니체, 《바그너의 경우》

* 일본 에도 시대 초기의 의사이자 하이쿠(俳句) 시인이다.

만성적인 질병을 앓고 직업적으로 고립되어 있던 와중에 프리드리히 니체는 이렇게 썼다. "내게 인간이라는 존재의 위대함을 한마디로 말하라 한다면, 그것은 바로 아모르 파티다. 그것은 미래에 대해서도, 과거에 대해서도, 영원토록 다른 것을 원치 않는 것이다."

이 말은 주어진 삶을 그대로 받아들이라는 권유가 아니다. 오히려 삶의 모든 면, 특히 고난까지도 사랑하라는 일종의 선언이다. 니체는 진정한 위대함에 이르는 길은, 인생에 따르는 모든 면을 저항하거나 후회하지 않고 그대로 끌어안는 데 있다고 믿었다. 니체가 겪은 고통 자체가 이 철학을 증명하는 완벽한 무대가 되었다. 자신이 겪는 고난을 없애려 하기보다 성장하는 데 필수적인 것으로, 피해야 할 게 아니라 오히려 사랑해야 할 것으로 여겼다.

아모르 파티, 즉 '운명애'는 니체 철학의 핵심이 되었다. 이를 실천한다는 것

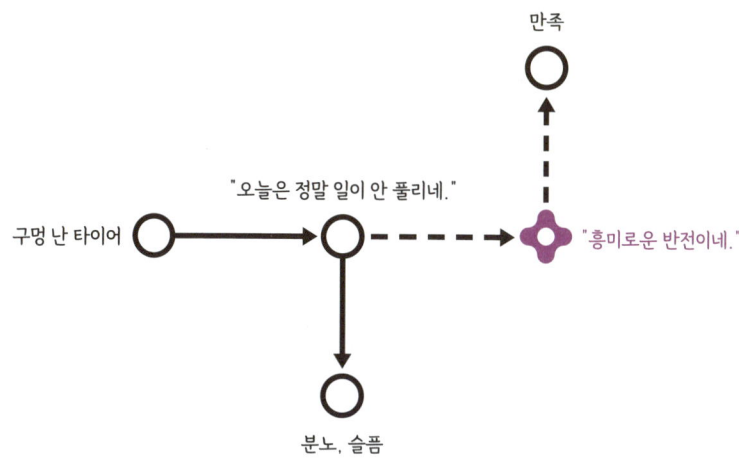

은 단순히 모든 일을 받아들이는 것이 아니다. 괴로움을 더 크고 의미 있는 전체의 한 부분으로 소중히 여긴다는 뜻이다. 니체의 삶은 육체적 고통과 고립으로 가득했다. 이런 삶이라면 누구라도 쉽게 비관에 빠져들 것이다. 그러나 니체가 생각한 위대함은 고통을 힘으로 바꾸는 능력에 있었다. 삶이 주는 시련은 원망의 대상이 아니라, 개인의 성장을 위해 반드시 포용해야 하는 것이라고 믿었다.

이 철학은 여섯 번째 마음 기술인 '아모르 파티'의 토대가 된다. 이 기술은 삶이 우리에게 주는 역경을 거부하지 말고, 각각의 고난이 우리를 가르치고 변화시킬 가능성을 가지고 있음을 인식하면서 기꺼이 받아들일 것을 요구한다. 이 마음 기술은 수동적으로 견디라고 말하지 않는다. 오히려 운명의 모든 곡절을 적극적으로 사랑하고, 각각의 좌절을 자신이 더 강해질 기회로 여기라고 한다. 우리가 있는 그대로 삶을 받아들이기 시작하면, 우리 내면에서 어떤 역경 앞에서도 흔들리지 않는 회복력이 자라난다. 니체의 통찰은 우리가 자기 운명을 사랑할 때 비로소 후회에서 벗어나 위대함을 향해 나아갈 수 있음을 일깨운다.

마음 기술 06 **아모르 파티**에서 인상적인 키워드 적어 두기

| 일일 실천 과제 |

월	☐	'아모르 파티'를 읽고 충분히 익히자. 오늘 하루 이 개념을 마음에 새기고 1번 칸을 채우자.
화	☐	앞을 보지 말고 '아모르 파티'를 자신만의 말로 정의해 보자.
수	☐	상황을 그대로 받아들이고 포용할 수 있는 3가지 상황(과거, 현재, 미래)을 열거해 보자.
목	☐	원치 않는 상황이 오면 반사적으로 거부하지 않는지 살펴보자. 가장 격렬하게 거부한 상황은 무엇인가?
금	☐	이 기술을 적용할 만한 상황을 마음속으로 그려 보자. 상황에 맞게 2번이나 3번을 채우자.
토	☐	처음에는 거부감이 생기는 상황에서 진심으로 감사하는 마음을 느끼도록 연습하자.
일	☐	이름만 보고 지금까지의 마음 기술들에 대한 내용을 기억해서 정리하고 복습하자.

이해도 체크리스트

● 0. 모름

○ 1. 연습

○ 2. 응용

○ 3. 안정

◆ 마음 기술 **07** 걱정보다는 계획이 당신을 구한다

Worry Futilization
걱정 떨쳐 내기

불안, 두려움, 불안정, 공황, 스트레스, 걱정

걱정은 쓸모 없고 집착할 필요도 없는 것임을 상기하는 것.
걱정을 놓아주고, 걱정할 만한 일이니까 걱정한다며 정당화하지 않는 것.

계획은 도움이 되지만, 걱정은 방해만 된다.

당신이 겪는 고통은 대부분 그릇되고 해로운 자신만의 메타 인지적 신념 때문에 지속된다. 당신은 걱정이 동기부여에 도움이 된다고 생각한다. 걱정이 곧 계획을 세우거나 문제를 해결하는 것과 같다고 여긴다. 어떤 면에서는 걱정해야 더 괜찮은 사람이 된다고도 여긴다. 하지만 여러 데이터에 따르면, 걱정은 좋은 동기부여 수단이 아니다. 걱정은 계획이나 문제 해결, 배려와는 전혀 다르다. 오히려 역효과를 낳고 문제를 더 악화시킬 수 있다. 걱정은 쓸모 없이 반복적으로 메아리치는 정신적 소음일 뿐이다. 어떤 문제를 자신이 통제할 수 있는지와 무관하게 걱정은 누구에게도 도움이 되지 않으며 아무것도 해결하지 못한다. 걱정에 매달리지 말라. 지나가도록 두고 그냥 흘려 버려라. 걱정이 아무짝에도 쓸모 없음을 받아들여라. 불안이 사라져도 삶이 여전히 흘러가는 것을 지켜보라.

"

만약 해결할 수 있는 일이라면 무엇 때문에 걱정하는가?

만약 해결할 수 없는 일이라면 걱정한들 무슨 소용이 있는가?

— 샨티데바, 《입보살행론》

1	"만약 걱정에 정말로 중요하고 유용한 정보가 담겨 있다면, 그런 걱정을 더 반길 수도 있겠다. 하지만 걱정은 대체로 정확성 측면에서 성적이 형편없다. 당신의 걱정이 아주 조금이라도 쓸모가 있었다면, 아마 이 책을 읽고 있지 않을 것이다! 걱정은 실제 가능성에 근거해 어떤 일을 예측하지 않는다. 그저 그런 일이 일어난다면 정말 끔찍하겠다는 생각에 근거할 뿐이다. 즉, 확률이 아니라 두려움에 근거할 뿐이라는 말이다."	데이비드 카보넬, 《나는 왜 걱정이 많을까》
2	"필요할 때가 오기도 전에 미리 고통을 겪는 사람은, 꼭 겪어야 할 고통보다 더 많은 고통을 겪는 셈이다."	세네카, 《스토아 철학자의 편지》
3	"당신은 어쩌면 잘못된 정보를 모으고, 잘못된 것에 집중하며, 실제 상황을 확인해 보기도 전에 모든 것이 위험하다고 짐작하는지도 모른다. 어쩌면 걱정이 너무 많아서 아예 상황 확인 시도조차 못할 수도 있다. 걱정 때문에 동기부여가 되기보다는 멈춰서 정말 중요한 일들을 미루게 된다. 사실, 당신의 걱정은 '해결책'처럼 보이지만 실제로는 문제일 수 있다. 세상이 더 불확실하게 보이게 될 뿐이다. 걱정은 감정에 도움이 되기보다는 더 두렵고 혼란스럽게 만든다. 문제를 해결하기보다 해결해야 할 문제만 더 많이 만든다."	로버트 리히, 《걱정 활용법》

위대한 스토아 철학자 세네카는 "필요할 때가 오기도 전에 미리 고통을 겪는 사람은, 꼭 겪어야 할 고통보다 더 많은 고통을 겪는 셈이다"라고 썼다. 이 간명한 통찰은 '걱정 떨쳐 내기', 즉 걱정은 우리의 고통을 증폭시킬 뿐 아무것도 이루지 못한다는 생각의 토대가 된다. 세네카는 걱정하는 일의 대부분이 실제로는 일어나지 않는다는 사실을 꿰뚫어 보았다. 두려워지면 가능한 최악의 결과를 그려 보고, 설령 그 일이 일어나더라도 우리가 상상한 것만큼 파괴적인 경우는 드물다는 점을 깨달으라고 자주 조언했다.

세네카는 사람들이 일어나지도 않은 가상 속 재난을 떠올리면서 자신을 끊임없이 괴롭힌다고 말했다. 예컨대, 어느 상인은 들이닥치지도 않을 폭풍에 조바심을 내며 배가 난파되어 자기 짐을 잃지는 않을지 걱정한다. 그는 불안에 사로잡혀 지금의 평화와 번영을 제대로 누리지 못한다. 세네카가 보기에, 이런 걱정

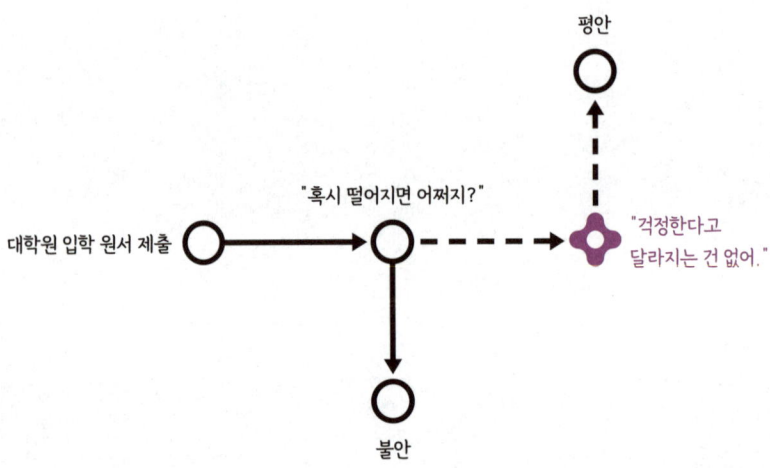

은 비합리적이고 쓸데없는 것이었다. 이 상인의 고통은 오로지 그의 마음속에만 존재한다. 아직 일어나지 않은, 어쩌면 앞으로도 일어나지 않을 손해로 미리 괴로움을 겪고 있는 셈이다. 세네카는 이를 불필요한 고통이자 아무 쓸모도 없이 우리를 짓누르며 자신을 학대하는 짐이라고 보았다. 일곱 번째 마음 기술인 '걱정 떨쳐 내기'는 곧바로 이런 스토아 철학의 통찰력에서 비롯된다. 통제 가능 여부를 떠나 걱정은 아무 소용도 없다. 걱정만 하다가 아무것도 하지 못하고 의미 있는 일은 더더욱 하기 어려워지는 경우가 흔하다. 걱정이란 쓸모 없고 덧없다는 것을 받아들이고 두려움의 덫에 가두는 끝없는 불안의 굴레에서 스스로 벗어나라.

'걱정 떨쳐 내기'를 연습한다고 해서 무모함을 부추기는 것은 아니다. 이는 오히려 생산적인 계획과 쓸데없는 망상을 구분하도록 도와준다. 걱정이 준비와 다르다는 사실을 깨달으면, 진짜 문제를 해결하는 데 자유롭게 집중할 수 있다. 또한 오로지 생각 속에만 존재하는 상상의 문제는 놓아 버릴 수 있다. 세네카의 말은 불필요한 고통을 피하는 가장 좋은 방법이 고통을 미리 겪지 않는 것임을 일깨워 준다.

| 마음 기술 07 | **걱정 떨쳐 내기**에서 인상적인 키워드 적어 두기 |

_____
_____
_____
_____
_____
_____
_____

| 일일 실천 과제 |

- 월 ☐ '걱정 떨쳐 내기'를 충분히 익히자. 오늘 하루 이 개념을 마음에 새기고 1번 칸을 채우자.
- 화 ☐ 앞을 보지 말고 '걱정 떨쳐 내기'를 자신만의 말로 정의하고 설명해 보자.
- 수 ☐ 불필요한 걱정을 놓아 버리는 3가지 상황(과거, 현재, 미래)을 열거해 보자.
- 목 ☐ 어떤 유형의 걱정이 가장 끈질기게 들러붙어 있는지 살펴보자. 무엇이 그것을 놓기 힘들게 하는가?
- 금 ☐ 이 기술을 적용할 만한 상황을 마음속으로 그려 보자. 상황에 맞게 2번이나 3번을 채우자.
- 토 ☐ 걱정거리가 생기면 그것을 마땅하게 여기지 말고, 곧바로 확인하고 놓는 연습을 하자.
- 일 ☐ 이름만 보고 지금까지의 마음 기술들에 대한 내용을 기억해서 정리하고 복습하자.

이해도 체크리스트

● 0. 모름
○ 1. 연습
○ 2. 응용
○ 3. 안정

◆ 마음 기술 **08** 기존의 믿음을 의심하라

Scout Shift
정찰병 관점으로 바꿔 보기

취약성, 동기화된 편향, 자기 제한적 믿음, 집단주의

기존의 믿음만 고집하는 사고 방식에서 벗어나 사물을 명확하게 보려는 사고 방식으로 전환하는 것.
자신의 세계관과 대처 체계를 단단하게 만들어 편향, 왜곡, 혼란에 대비하는 것.

> **자신의 세계관을 검증하려고 애쓰지 말고, 업그레이드 하려고 애써라.**

기본적으로 우리에게는 자기 신념을 정당화하고, 자기 소속 집단에 동화되고, 그런 신념이 옳다는 사실을 증명하려는 동기가 있다. 하지만 이런 방향으로 기울어진 태도에는 늘 대가가 따른다. 세상과 자신에 대한 신념을 왜곡하고, 현실이 자신만의 탑을 무너뜨릴 때 고통과 혼란에 빠진다. 반면 자기 신념과 관계를 맺는 또 다른 방법이 있다. 이는 단기적으로는 힘들지만, 장기적으로는 엄청난 보상을 준다. 특정한 신념에 집착하거나 그 신념을 자신과 동일시한다면, 한번 정찰병의 관점으로 바꿔 보자. 그리고 증거가 어디로 이끌든지 자부심을 느끼면서 따라가자.

매일 자기 세계관을 살피는 사고의 소프트웨어를 반복적으로 개선, 확장하며 업그레이드할 기회로 삼아라. 자신의 세계관을 떠받치는 가정을 드러내고 의문을 던지며, 새로운 개념적 모형을 실험해서 낡은 모형은 과감히 던져 버려라. 삼키기 힘든 알약처럼 인정하기 힘든 진실을 받아들이고 나면, 그런 진실이 주는 활력을 누릴 수 있다.

"
자신이 틀렸다는 사실을 발견하는 것은
실패가 아니라 '업데이트'다.
우리의 세계관은 수정되기 위해 존재하는
살아 있는 문서다.

— 줄리아 갈렙, 《스카우트 마인드셋》

1	"알지 못함을 아는 것이 가장 높다. 알지 못하면서 안다고 여기면 병이다. 병이 있음을 병으로 알면 병이 없다. 성인(聖人)은 병이 없으니, 병을 병으로 알기 때문이다."	노자, 《도덕경》
2	"열정적으로 주장되는 의견은 대부분 근거가 없다. 오히려 그런 열정은 그 의견을 가진 사람에게 이성적인 확신이 얼마나 부족한지를 고스란히 보여 준다. 정치나 종교에서 의견은 거의 언제나 열정적으로 주장된다."	버트런드 러셀, 《회의적 에세이 (Skeptical Essays)》
3	"진실은 당혹스러울 수도 있고 이해하는 데 노력이 필요할 수도 있다. 우리의 직관에 어긋날 수도 있고 오랫동안 품어 온 편견과 모순될 수도 있다. 진실은 우리가 진실이기를 간절히 바라 온 바와 일치하지 않을 수도 있다. 하지만 우리의 바람이, 무엇이 진실인지를 결정하지는 않는다."	칼 세이건, 〈경이로움과 회의주의 (Wonder and Skepticism)〉
4	"한 인간 정신의 강도는 그가 얼마나 많은 진실을 감당할 수 있는지 (…) 혹은 얼마나 진실이 희석되고 위장되고 감미로워져야 하는지에 따라 측정될 수 있다."	프리드리히 니체, 《선악의 저편》

줄리아 갈렙은 자신의 책에서 '전투병 관점(soldier mindset)'과 '정찰병 관점(scout mindset)'의 차이를 설명한다. 전투병은 경직되어, 자신의 견해를 방어하고 반대 견해를 공격하는 데 집중한다. 반면, 정찰병은 방어나 정복이 아니라 불편한 진실과 마주하더라도 현실을 가능한 한 분명하게 살핀다. 세상을 자신의 바람대로가 아니라 기꺼이 있는 그대로 받아들이려는 정찰병 관점의 사고방식은 지적이고 정서적인 성장의 핵심이다. 갈렙의 생각은 고대의 사유 방식에 뿌리를 두고 있으며, '정찰병 관점으로 바꿔 보기'에 완벽하게 맞아떨어진다.

병사의 관점일 때 우리는 방어 태세에 빠져서 자기 신념에 어긋나는 관점을 거부하는 데 온 힘을 쏟는다. 이는 인간이라면 누구에게나 나타날 법한 자연스러운 경향이지만 새로운 정보를 제한해 배우는 능력을 떨어뜨린다. 반면, 정찰병은 명확함에 더 큰 가치를 둔다. 정찰병은 "어떤 게 진짜 진실일까?"라고 묻지

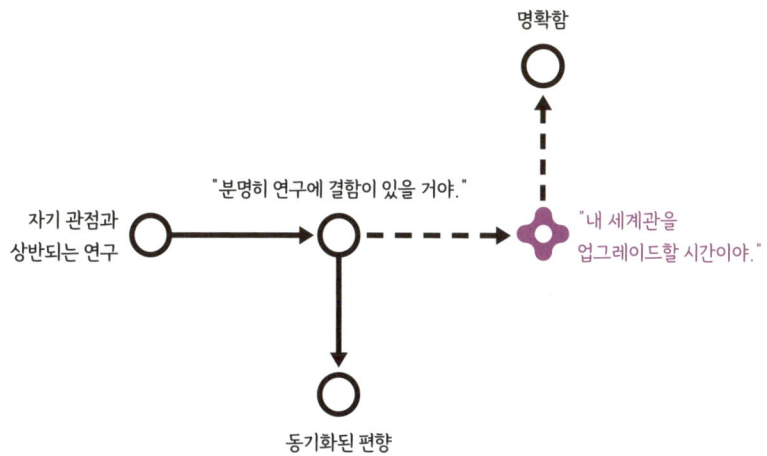

"어떻게 하면 기존의 내 신념을 지킬 수 있을까?"라고 묻지 않는다. 그래서 이들은 불편한 현실에 맞닥뜨릴 수밖에 없지만 동시에 더 깊은 이해로 향하는 문을 열게 된다.

'정찰병 관점으로 바꿔 보기'는 이렇게 미묘하지만 강력한 사고 방식의 전환을 뜻한다. 자기 관점을 방어하기보다 정찰병처럼 호기심을 가지고, 설령 새로운 진실이 기존의 가정을 흔들더라도 그런 진실을 적극적으로 찾아내 끌어안는 것이다. 이런 전환을 통해 우리는 더 나은 학습자가 되고, 틀릴지도 모른다는 두려움을 이겨 내게 된다.

'정찰병 관점으로 바꿔 보기'는 우리에게 자아보다 진실에 더 큰 가치를 두라고 요구한다. 일상에서 "잘 모르겠어"라고 솔직하게 말하고, 새로운 증거가 제시되면 자기 신념을 기꺼이 바꿔라. 이는 겸손과 탐구, 끊임없는 성장의 습관이다. 이렇게 관점을 바꿔 보면, 우리는 자신의 정신적 영토를 지키는 데 매달리지 않게 된다. 이해의 새로운 풍경을 지도처럼 그리기 시작할수록 그 결과 상황에 더 쉽게 적응하고 회복탄력성이 큰 사람이 된다.

| 마음 기술 08 | **정찰병 관점으로 바꿔 보기**에서 인상적인 키워드 적어 두기 |

_____
_____
_____
_____
_____
_____
_____
_____

일일 실천 과제

월	☐ '정찰병 관점으로 바꿔 보기'를 읽고 충분히 익히자. 오늘 하루 이 개념을 마음에 새기고 1번 칸을 채우자.
화	☐ 앞을 보지 말고 '정찰병 관점으로 바꿔 보기'를 자신만의 말로 정의하고 설명해 보자.
수	☐ 기존 사실의 확증에서 새로운 진실 추구로 관점을 바꿀 수 있는 3가지 상황(과거, 현재, 미래)을 열거해 보자.
목	☐ 언제 자기 신념을 지켜야 한다는 생각이 들었는지 살펴보자. 가장 강력한 확증 편향을 유발한 것은 어떤 주제인가?
금	☐ 이 기술을 적용할 만한 상황을 마음속으로 그려 보자. 상황에 맞게 2번이나 3번을 채우자.
토	☐ 호기심을 갖고 기존 신념에 문제를 제기하는 증거를 살펴보자.
일	☐ 이름만 보고 지금까지의 마음 기술들에 대한 내용을 기억해서 정리하고 복습하자.

이해도 체크리스트

● 0. 모름
○ 1. 연습
○ 2. 응용
○ 3. 안정

마음 기술 09 현재에 집중하라

Present Isolation
현재에 머무르기

분노, 불안, 우울, 의심, 질투, 좌절, 죄책감, 절망, 불안정, 시기, 외로움, 공황, 후회, 원망, 슬픔, 수치심

우리가 살아가거나 견뎌야 할 순간은 언제나 단 하나뿐임을 기억하기.
과거의 후회, 미래에 대한 걱정, 그리고 우리가 처리해야 할 온갖 문제에 짓눌리는 감정까지 모두 없애는 것.

현실은 지금 일어난다. 과거와 미래를 놓아줘라.

우리는 과거를 돌아보거나 미래를 예상하면서 대부분을 보낸다. 하지만 과거와 미래의 모든 순간에 일일이 신경 쓰면서 보내기란 매우 벅차다. 더 단순한 방법은 단 한 순간에만 집중하는 것이다. 다행히도, 우리가 신경 써야 할 순간은 언제나 단 하나뿐이다. 우리는 오직 현재 순간에만 존재한다. 지금 당장 무엇을 할지 결정하기만 하면 된다. 언제나 이 순간의 문제만 견디면 된다. 과거와 미래는 바로 지금 우리에게 닿을 수 없으므로, 과거와 미래에 집착하거나 걱정할 필요가 없다. 우리가 해결해야 할 문제가 아무리 많더라도 그에 짓눌리지 않고, 과거에 대한 후회와 미래 걱정을 없애려면 시선을 지금에 맞추면 된다. 죄책감, 불안함, 불편함으로 가득할 때, 진짜 존재하는 유일한 순간은 바로 지금뿐임을 기억하면서 마음의 짐을 덜어라.

"

인생의 현실은 언제나 지금이다.
그리고 이것을 깨닫는 것이 해방이라는 사실을 알게 될 것이다.
사실, 이 세상에서 행복하기를 바란다면
이것보다 중요한 깨달음은 없다.

— 샘 해리스, 《나는 착각일 뿐이다》

1   "우리는 시간이라는 환상에 완전히 사로잡힌 문화 속에 살고 있다. 이런 문화에서는   앨런 와츠,
     이른바 현재라는 순간이, 전능한 원인인 과거와 모든 것을 빨아들일 듯 중요한 미래   《배고프면 먹고 피곤하면
     사이에 그어진 지극히 가느다란 선 한 가닥처럼 느껴진다. 우리에게는 현재가 없다.   잠자라》
     우리 의식은 거의 기억과 기대에 사로잡혀 있다. 우리는 현재의 경험 말고는 과거에도,
     지금도, 그리고 앞으로도 어떤 경험도 존재하지 않는다는 사실을 깨닫지 못한다."

2   "만약 더 이상 자신과 타인에게 고통을 안기고 싶지 않다면, 그리고 당신 안에 남아   에크하르트 톨레,
     있는 과거 고통의 잔재를 더 이상 쌓고 싶지 않다면, 시간을 내지 말라. 아니면 적어도   《지금 이 순간을 살아라》
     당신 삶의 실제를 다루는 데 필요한 것 이상 시간을 내지 말라. 어떻게 하면 될까? 이
     순간만이 당신이 가진 전부임을 깊이 깨닫고, 지금을 당신 삶에서 가장 우선 집중해야
     할 대상으로 삼아라."

3   "지금 여기 머문다는 것은 과거를 외면하거나 책임감 있게 미래를 계획하지 않는다는   틱낫한,
     말이 아니다. 그저 과거를 후회하거나 미래를 걱정하다가 정작 자신을 잃어서는 안   《힘》
     된다는 말이다."

에크하르트 톨레는 《지금 이 순간을 살아라》에서 인생의 깨달음을 맞이한 순간을 묘사한다. 당시 29세였던 톨레는 불안과 우울에 끊임없이 시달렸다. 어느 날 밤, 톨레는 더 이상 버티기 힘든 한계에 다다랐다. 과거와 미래에 관한 생각이 끊이지 않아 체력이 완전히 소진되어 더는 견디기 힘든 지경이었다. 그 절망의 순간에, 톨레는 "내가 함께 살 수 없는 이 자아는 대체 누구인가?"라고 스스로에게 물었다. 이 질문으로 그의 현실 인식은 산산이 부서졌고, 이어 깊은 내면의 평화를 경험하게 되었다. 톨레는 자기가 겪은 고통의 근원이 과거에 대한 후회와 미래를 향한 불안을 자신과 동일시하는 데 있음을 깨달았다. 덕분에 그는 자신의 주의를 온전히 현재로 옮길 수 있었다.

　톨레의 경험에서 배울 수 있는 교훈은 '현재에 머무르기'의 핵심이다. 우리의 감정적 혼란은 대부분 현재가 아닌 다른 곳에 머물기 때문에 일어난다. 과거를

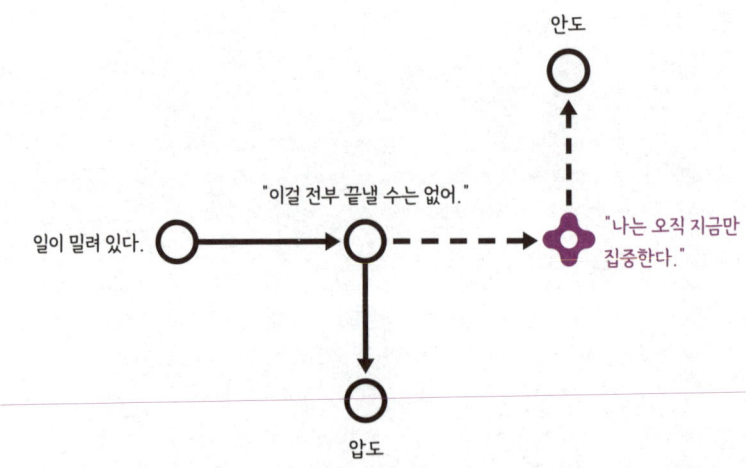

곱씹으며 실수나 후회, 놓쳐 버린 기회를 반복해서 떠올리거나 미래에 대한 우려로 미리 달려가 일이 잘못될 온갖 상황을 상상한다.

마음은 이렇게 시간 감옥을 만들어 되돌아보고 걱정하기를 반복하는 악순환 속에 우리를 가둔다. 하지만 우리가 현재에 머물 때 과거와 미래의 짐은 저절로 사라지며 두려움, 희망에 근거한 것이 아니라 있는 그대로 상황을 바라볼 수 있는 명료함이 오롯이 남게 된다.

톨레가 깨달았던 것처럼 '현재에 머무르기'란 지금으로 돌아오는 연습이다. 적극적으로 현재에 집중하면 시간의 무게에서 벗어날 수 있다. 이는 과거를 무시하거나 미래를 등한시하라는 말이 아니라, 지금이라는 순간에는 과거도 미래도 없음을 깨달으라는 것이다. 오로지 지금만이 존재하며, 우리는 지금에 반응하여 행동하고 존재할 힘을 갖게 된다.

실제로, 이 기술은 자신을 과거나 미래로 끌어들이는 생각의 흐름을 주기적으로 끊고 자기 경험을 현재의 경험으로 돌려준다. 숨소리든 몸의 감각이든 주변 환경이든, 현재에 집중하면 정신적 여유를 되찾고 시간 여행에서 벗어날 수 있다. '현재에 머무르기'는 정신의 자유로 나아가는 길이 된다.

마음 기술 09 — 현재에 머무르기에서 인상적인 키워드 적어 두기

일일 실천 과제

- 월 ☐ '현재에 머무르기'를 읽고 충분히 익혀라. 오늘 하루 이 개념을 마음에 새기고 1번 칸을 채우자.
- 화 ☐ 앞을 보지 말고 '현재에 머무르기'를 자신만의 말로 정의하고 설명해 보자.
- 수 ☐ 지금에 집중하여 안도감을 얻을 수 있는 3가지 상황(과거, 현재, 미래)을 열거해 보자.
- 목 ☐ 여러 순간을 한꺼번에 떠올리고 있지는 않은지 관찰하자. 무엇이 과거나 미래의 문제를 떠올리게 만들었는가?
- 금 ☐ 이 기술을 적용할 만한 상황을 마음속으로 그려 보자. 상황에 맞게 2번이나 3번을 채우자.
- 토 ☐ 실제로 일어나고 있는 어려움에서 후회나 앞선 걱정을 분리해서 바라보는 연습을 하자.
- 일 ☐ 이름만 보고 지금까지의 마음 기술들에 대한 내용을 기억해서 정리하고 복습하자.

이해도 체크리스트

- 0. 모름
- 1. 연습
- 2. 응용
- 3. 안정

◆ 마음 기술 **10** 우주에서 보면 모두가 먼지와 같다

View From Above
위에서 바라보기

분노, 불안, 의심, 질투, 좌절, 죄책감, 절망, 불안정, 시기, 외로움, 후회, 원망, 슬픔, 수치심, 좁은 시야

시간과 공간의 가장 광대한 관점에서 자신이 놓인 상황을 바라보는 것.
욕망을 줄이고 모든 고난이 우주와 영원에 비하면 얼마나 사소한 것인지 깨닫는 것.

줌아웃 관점을 활용해 자기 걱정을 줄여라.

우리가 겪는 문제는 항상 차고 넘치며 개인적이고 영원한 것처럼 느껴진다. 집중할수록 문제도 덩달아 커진다. 산이 없으면 작은 흙더미도 산처럼 보인다. 이렇게 확장된 지각을 바꾸려면, 자기 삶과 장애물을 바라보는 기준을 바꿔야 한다. 줌아웃하여 우주의 광대함을 떠올리면, 일상적 고민이 상대적으로 얼마나 작은지 깨닫는다. 자신이 겪고 있는 고난에서 1,000광년 떨어진 장소나 1,000년 지난 시점에서 바라본다면 얼마나 사소하게 느껴질지 생각해 보자. 마치 은하계 바깥에서 내려다보듯 고난을 바라보자. 이 방법은 삶에 심하게 집착할 때, 특히 삶이 불안정해질 때, 자신의 욕망을 한 번에 줄이는 데 쓸 수 있다. 문제와 욕망이 사그라들수록 평온함은 점점 커진다.

"그것들을 위에서 바라보라. 수많은 짐승 무리, 의례, 잔잔하거나 폭풍우 치는 바다 위를 항해하는 일, 우리가 이 세상에 들어와 다른 이와 서로 부대끼며 살다가 떠나는 다양한 방식, 이 모든 것을 위에서 바라보라. 오래 전 다른 사람이 살았던 삶, 당신 이후 다른 사람이 살게 될 삶, 지금도 낯선 이국 땅에서 살고 있는 삶을 생각하라. 당신의 이름조차 알지 못하는 이가 얼마나 많은가.

알았다 한들 얼마나 많은 이가 곧 당신 이름을 잊을 것인가.

지금이야 당신에게 찬사를 보내지만 어쩌면 내일이 되어 경멸을 보낼 사람은 또 얼마나 많은가."

— 마르쿠스 아우렐리우스, 《명상록》

1	"저 점을 다시 보라. 이곳(지구)이다. 우리 고향이다. 저 점이 바로 우리다. 당신이 사랑했던 모든 이들, 당신이 아는 모든 이들, 당신이 한 번이라도 들어 봤던 모든 이들, 지금껏 존재했던 모든 인류가 저 점 위에서 살았다. 우리의 기쁨과 고통, 신앙, 이데올로기, 경제 정책, 모든 사냥꾼과 약탈자, 모든 영웅과 비겁자, 모든 문명의 창조자와 파괴자, 모든 왕과 소작인, 사랑에 빠진 모든 젊은 연인, 모든 어머니와 아버지, 희망에 찬 아이들, 발명가와 탐험가, 모든 도덕적 스승, 모든 부패한 정치인, 모든 '슈퍼스타', 모든 '최고 지도자', 우리 인간이라는 종의 역사에 등장했던 모든 성자와 천벌 받을 모든 죄인이 저 햇살에 떠 있는 한 점 티끌 위에 살았다."	칼 세이건, 《창백한 푸른 점》
2	"아시아와 유럽은 우주의 먼 구석 후미진 곳에 지나지 않는다. 대양은 물 한 방울에 불과하다. 산은 작은 흙더미일 뿐이다. 현재는 영원 속의 한순간이다. 모두 지극히 작고, 덧없으며, 하찮다."	마르쿠스 아우렐리우스, 《명상록》
3	"뭇별의 움직임을 마치 그 별과 함께 궤도를 도는 것처럼 바라보고, 여러 원소가 서로 변하는 것을 늘 마음에 두고 새겨라. 이런 생각이 이 땅 위에 살면서 묻은 더러운 때를 씻어 줄 것이다. (…) 지상의 것들을 마치 높은 곳에서 내려다보듯 그렇게 바라보라."	마르쿠스 아우렐리우스, 《명상록》

로마 황제이자 스토아 철학자였던 마르쿠스 아우렐리우스는 제국을 다스린다는 중압감 속에서도 세상을 넓은 관점에서 보려고 애썼다. 그가 쓴 일기는 훗날 《명상록》으로 남았다. 이 일기에서 그는 큰 시각에서 사태를 바라보라고 자신을 늘 다그치면서 광대한 시간 속에서 자신이 차지하는 시간이 얼마나 보잘것없는 점에 불과한지 되새겼다. 세상에서 가장 강력한 사람이었지만 아우렐리우스는 자신이 광대한 우주에서 얼마나 미미한 존재인지 계속해서 되뇌었다. 그는 눈앞의 문제가 아니라 영원의 관점, 즉 우주의 광대하고 광막한 시야에서 자기 삶을 바라보았다. 이런 연습을 통해 매일 겪는 압박감 속에서도 지도자의 명료함과 감정적 회복력을 유지할 수 있었다.

이렇게 자기 삶을 우주에서 지구를 보듯 거리를 두고 바라보는 것이 이 마음 기술의 핵심이다. 우리는 종종 일상의 문제에 압도당하지만, 이 기술을 통해 그

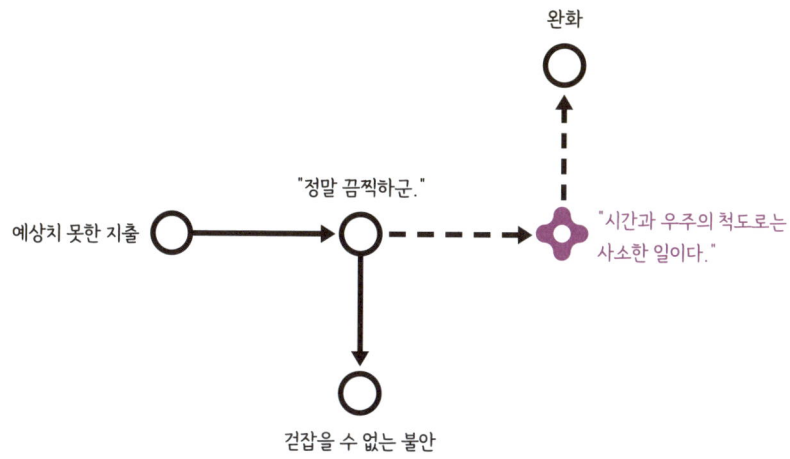

런 문제에서 멀리 물러설 수 있다. 마르쿠스 아우렐리우스처럼 우리도 끊임없이 장애물과 마주친다. 일에서 받는 압박이든, 인간관계든, 타인과의 갈등이든 개인적인 실패든 마찬가지다. 하지만 관점을 바꿔 자기 삶을 위에서 내려다보면 문제는 점점 작아진다. 더 넓은 시간과 공간이라는 맥락에서 보면 정말 작고 덧없는 것임을 깨닫게 된다.

이처럼 더 넓은 시각으로 바라보면, 분노나 당혹감, 압박감을 느끼는 순간이 갑자기 사소해진다. 잠시 전까지만 해도 도저히 넘을 수 없는 장애물처럼 느꼈던 일조차 이제는 인생이라는 광대한 여정에서 잠깐 스쳐 지나가는 찰나의 상황이 된다. 마르쿠스 아우렐리우스는 이런 방법을 활용해 스토아 철학의 평정심을 굳건히 지켰다. 즉, 우리를 괴롭히는 문제 대부분이, 평생 혹은 우주 전체의 관점에서 볼 때 얼마나 사소한 것인지를 깨달은 것이다.

'위에서 바라보기'는 우리의 감정적 반응을 조정하는 데 도움을 준다. 압도당한다고 느낄 때 한 발짝 물러서라. 먼저 새의 눈으로, 그다음에는 사는 도시, 태어난 나라, 끝으로 우주의 관점에서 자신을 바라보라. 이렇게 관점을 바꾸면, 긴박하게 여겨졌던 문제 대부분이 해소되고 마르쿠스 아우렐리우스처럼 침착하고 명료하며 회복력 있는 자세로 삶에 다가가게 된다.

| 마음 기술 10 | **위에서 바라보기**에서 인상적인 키워드 적어 두기 |

_____
_____
_____
_____
_____
_____
_____

일일 실천 과제

- 월 ☐ '위에서 바라보기'를 읽고 충분히 익혀라. 오늘 하루 이 개념을 마음에 새기고 1번 칸을 채우자.
- 화 ☐ 앞을 보지 말고 '위에서 바라보기'를 자신만의 말로 정의하고 설명해 보자.
- 수 ☐ 우주적 관점을 취하면 고통이나 불안이 줄어드는 3가지 상황(과거, 현재, 미래)을 생각해 보자.
- 목 ☐ 가까이에서 보면 크지만 위에서 보면 아주 작게 여겨지는 문제가 무엇인지 살펴보자. 어떤 공통점이 보이는가?
- 금 ☐ 이 기술을 적용할 만한 상황을 마음속으로 그려 보자. 상황에 맞게 2번이나 3번을 채우자.
- 토 ☐ 겉보기에 커 보이는 문제에 만났을 때, 우주적 차원으로 넓혀 바라보는 연습을 하자.
- 일 ☐ 이름만 보고 지금까지의 마음 기술들에 대한 내용을 기억해서 정리하고 복습하자.

이해도 체크리스트

● 0. 모름
○ 1. 연습
○ 2. 응용
○ 3. 안정

10. 위에서 바라보기 | 69

마음 기술 11 쾌락적 욕망에는 만족이 없다

Dukkha Debiasing
고통 편향 바로잡기

분노, 불안, 갈망, 우울, 의심, 질투, 좌절, 어리석음, 죄책감, 절망, 불안정, 시기, 외로움, 공황, 후회, 원망, 슬픔, 수치심

욕망이 충족되면 깊은 만족을 얻을 수 있다는 왜곡된 믿음을 차근히 제거하기.
향락적인 즐거움과 욕망이 행복을 가져온다는 약속이 거짓임을 상기하기.

욕망의 거짓된 약속을 꿰뚫는 법을 배워라.

우리 마음은 상반된 온갖 욕구와 욕망으로 가득 차 있다. 이는 각각 깊은 만족감을 준다고 약속한다. 하지만 실제로 욕망이 충족되면, 남은 건 찰나의 짜릿함과 더 강렬한 새로운 욕망뿐이라는 사실을 곧 깨닫는다. 불교에서는 이를 '고(苦)' 또는 '불만족'의 핵심으로 본다. 더 문제는, 우리가 이를 금세 잊고 또다시 욕망의 덫에 빠진다는 점이다. 욕망을 진정한 행복의 열쇠로 착각하는 이유는 진화 때문이다. 그러나 이런 편향을 직접 마주하고 주기적으로 상기하면, 욕망의 마법에서 벗어날 수 있다. 진정한 충족감을 얻으려면 욕구가 만족 여부를 알려 주는 유효한 지표가 아니라는 사실을 알아야 한다. 특정한 욕망에 깊이 이끌릴 때면 그런 욕망을 어떻게 이용할 수 있는지 스스로 질문해 보라. 욕망을 의식적으로, 교란을 일으키는 미끼처럼 바라보는 습관을 길러라. 그러면 더 현명하게 선택하고 갈망은 더 잘 다스릴 수 있게 되며 고통은 점점 줄어들 것이다.

"

인간은 목표를 달성하고 나서 실제로 얻게 될 만족감보다
더 크고 지속적인 만족감을 기대하는 경향이 있다.
이런 착각과 거기에서 비롯된, 끊임없이 무언가를 열망하는 마음가짐은
자연 선택의 산물로는 이해할 만하지만,
딱히 평생을 행복하게 살아가는 데 도움이 되는 비결은 아니다.

— 로버트 라이트, 《불교는 왜 진실인가》

1	"고(苦): 삶은 불만족스럽다. 물질세계의 쾌락은 덧없다. 고통이 뒤따르는 것은 필연이다. 따라서 우리가 경험하는 그 어떤 것도 깊은 만족을 주지 못한다. 변화 속에서 쉴 곳은 없다."	디팩 초프라, 《붓다》
2	"우리를 얽매는 것은 외부의 대상이 아니다. 내면의 집착이다."	라마 수르야 다스, 《내 마음 속 부처 깨우기》
3	"우리의 생화학적 기제는 수없이 많은 세대를 거쳐 오면서 생존과 번식의 기회를 늘리기 위해 적응했을 뿐, 행복을 위해 적응하지 않았다. 우리의 생화학적 기제는 생존과 번식에 도움이 되는 행동을 유쾌한 감각으로 보상한다. 하지만 이러한 감각은 얄팍한 상술일 뿐이다."	유발 하라리, 《호모 데우스》
4	"기도하며 간절히 바라던 것이 이루어진 뒤에, 그것에 만족한 이가 한 번이라도 있었는가?"	세네카

부처는 사성제(四聖諦. 부처가 깨달음을 얻은 후 처음 설파한 핵심 교리. 모든 괴로움과 그 원인, 그것을 벗어나는 길을 4가지 진리로 설명한다. 불교의 가장 기본적이고 중요한 가르침이다. — 옮긴이 주)로 알려진 최초의 가르침에서, 인간이 겪는 고통, 즉 '고(苦)'의 본질을 밝혔다. 부처는 삶이 불만족으로 가득 차 있다고 설명했다. 물질적이든 정신적이든 우리가 얻으려고 애쓰는 모든 건 찰나의 만족만 주고, 곧 실망이나 다른 갈망이 찾아온다. 하지만 그 이유에 대한 부처의 이해에서 더 깊은 통찰이 나온다. 왜곡된 생각이 부추긴 욕망은 고통의 뿌리다. 삶에는 고통이 있기 마련이라거나 좋은 것은 덧없다는 사실만이 문제가 아니다. 우리의 욕망이 충족되면 영원한 만족이 올 것이라는 잘못된 믿음에 빠져 불필요한 고통을 자초한다는 점이 더 큰 문제다.

부처는 목마름으로 이런 현상을 설명했다. 우리는 부, 쾌락, 인정 등의 욕망

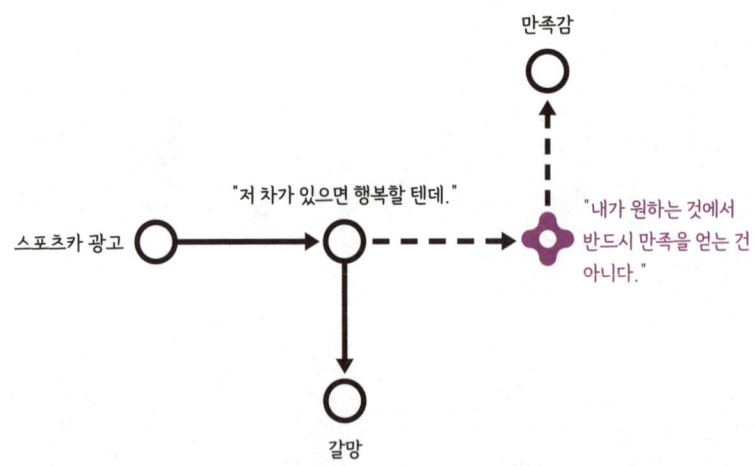

이 우리의 목마름을 씻어 주리라 믿지만, 결국에는 더 큰 목마름만 남는다. 이런 '고'는 외적으로 무엇을 잃거나 원하는 목표에 이르지 못해서 겪는 고통만이 아니다. 이는 결코 완전히 충족될 수 없는 욕망이라는 엔진에 끝없이 내몰리며 겪게 되는 내면의 좌절이기도 하다.

여기서 바로 '고통 편향 바로잡기', 즉 욕망을 행복으로 착각하는 우리 마음 편향을 체계적으로 없애는 과정이 중요해진다. 부처는 욕망이 우리를 유혹해 결국 지속적인 만족이 없는 길로 우리를 이끈다고 가르친다. 덮어놓고 욕망을 좇기보다는 잠시 멈춰 자신에게 이렇게 물을 수 있다. "이것이 내게 정말 평화를 가져다 줄까, 아니면 또 다른 환상일 뿐일까?"

'고통 편향 바로잡기'는 무언가를 갈망하는 순간을 포착해 마음이 얼마나 빨리 다른 욕망으로 옮겨 가는지를 지켜본다. 부처가 보리수 아래에서 얻었던 깨달음처럼, 욕망은 덧없고 약속은 허망할 뿐임을 이해하면 우리는 욕망의 손아귀에서 벗어날 수 있다.

당신에게 다음 것만 성취하면 만족할 거라고 말하는 편향을 하나씩 해체하면서, 더 깊은 만족감을 경험하라. 욕망을 완전히 버리라는 말이 아니다. 욕망이란 일시적으로 우리 마음을 흔들어 내면에서 얻을 수 있는 평화로부터 멀어지게 하는 것임을 직시하라는 것이다.

| 마음 기술 11 | **고통 편향 바로잡기**에서 인상적인 키워드 적어 두기

| 일일 실천 과제 |

- 월 ☐ '고통 편향 바로잡기'를 읽고 충분히 익히자. 오늘 하루 이 개념을 마음에 새기고 1번 칸을 채우자.
- 화 ☐ 앞을 다시 보지 말고, '고통 편향 바로잡기'를 자신만의 말로 정의하고 설명해 보자.
- 수 ☐ 당신의 욕망이 거짓 충족을 약속하기 쉬운 3가지 상황(과거, 현재, 미래)을 열거해 보자.
- 목 ☐ 언제 쾌락이 지속적인 행복을 가져온다고 주장하는가? 어떤 공통점이 보이는가?
- 금 ☐ 이 기술을 적용할 만한 상황을 마음속으로 그려 보자. 상황에 맞게 2번이나 3번을 채우자.
- 토 ☐ 향락적 쾌락과 욕망이 주는 거짓 약속을 꿰뚫어 보는 연습을 하자.
- 일 ☐ 이름만 보고 지금까지의 마음 기술들에 대한 내용을 기억해서 정리하고 복습하자.

이해도 체크리스트

- ● 0. 모름
- ○ 1. 연습
- ○ 2. 응용
- ○ 3. 안정

◆ 마음 기술 **12** 실패는 평정심을 키울 기회다

Psychitect's Trial
마음설계자의 시련

분노, 좌절, 조급함, 슬픔, 수치심

실패나 역경을 자기통제력 훈련 기회로 보기.
원래 부정적인 상황은 인내와 평정심을 키우는 계기라고 바꿔 생각하는 것.

역경을 자기통제력의 시험대로 바꿔라.

어려운 상황을 두고 목표를 가로막는 장애물로 해석하는 것은 지극히 자연스럽다. 하지만 이런 상황을 훨씬 선뜻 받아들일 수 있는 또 다른 방법이 있다. 바로 자신이 심리적으로 얼마나 강인한지 시험해 볼 기회로 삼는 것이다. 일정 지연에 짜증이 나고, 뼈아픈 모욕을 받고, 심지어 큰 상실을 겪을 때라도, 이를 기꺼이 자기통제력을 훈련할 기회로 받아들이는 법을 배워야 한다. 이런 어려움을 진심으로 즐길 수도 있다. 그런 어려움은 회복력과 평정심을 훈련할 수 있는 귀한 훈련장이 되어 주기 때문이다. 마음속에서 좌절감, 실망, 수치심이 생길 때마다, 지금이야말로 자기 힘을 시험할 기회라고 생각하자. 이런 습관을 쌓다 보면, 불운에 맞서 자신을 더욱 단단하게 만들 수 있고, 그 과정에서 당신의 인내심은 타인에게 깊은 인상을 남기게 된다.

"

어려운 시기는 결단력과 내면의 힘을 길러 준다.
또한 시련을 통해 분노의 유용함도 깨달을 수 있다.
화를 내는 대신, 문제를 일으키는 사람을 향해 깊은 보살핌과 존중을 키워
나가라.
그들이 힘든 상황을 만들어 주어서 우리는 인내와 관용을 갈고 닦을 소중한
기회를 얻기 때문이다.

— 14대 달라이라마, 《달라이라마 삶을 이야기하다》

---

1 "현자는 환경이나 인간의 공격을 피하기는커녕, 심지어 해악조차 유익하다고 생각하는데, 이는 그 해악을 통해 자신을 시험하고 덕을 시험할 방법을 찾기 때문이다."   세네카, 《현자의 확고부동함에 관하여(On Firmness)》

2 "누군가 현자에게 해를 끼치려 한다면, 현자는 오히려 그 시도를 반길 수도 있다. 그 상처가 그를 해치는 것이 아니라 오히려 도움이 될 수도 있기 때문이다. (…) 나는 내가 스토아 철학에 맞는 방식으로 모욕에 맞설 수 있을지 확인하고 싶다. 마찬가지로 내 용기와 의지를 시험하려고 일부러 그런 상황에 뛰어든 적도 있다. 내가 시험을 잘 통과할 수 있는지 알아보고 싶었기 때문이었다."   윌리엄 어빈, 《좋은 삶을 위한 안내서》

세네카는 이렇게 쓴 적이 있다. "현자는 환경이나 인간의 공격을 피하기는커녕 해악조차 유익하다고 생각하는데, 그것을 통해 자신과 덕을 시험할 방법을 찾기 때문이다." 스토아 철학의 이런 통찰은 어려움을 장애물이 아니라 내면의 강함을 시험하기 위해 꼭 필요한 기회로 보는 태도를 고스란히 드러낸다. 세네카는 인생의 역경에 더 많이 단련될수록, 인격을 증명하고 성장시킬 더 큰 기회를 얻게 되리라 믿었다. 이런 원칙이 '마음설계자의 시련'의 핵심이다. 즉, 모든 좌절, 모욕, 불만은 장애물이 아니라 성장을 위한 소중한 기회가 된다는 것이다.

개인적인 실패든 목표 달성 지연이든 고통스러운 상실을 겪든, 힘든 상황을 마주했을 때, 저항하거나 불평하거나 압박감에 무너지는 게 우리 본능이다. 하지만 오히려 고통만 더 커질 뿐이다. 대신에, 만약 세네카의 말처럼 이런 시련을 기꺼이 받아들이면 어떻게 될까? 역경이 닥치면, 자기통제력을 연마할 궁극적인

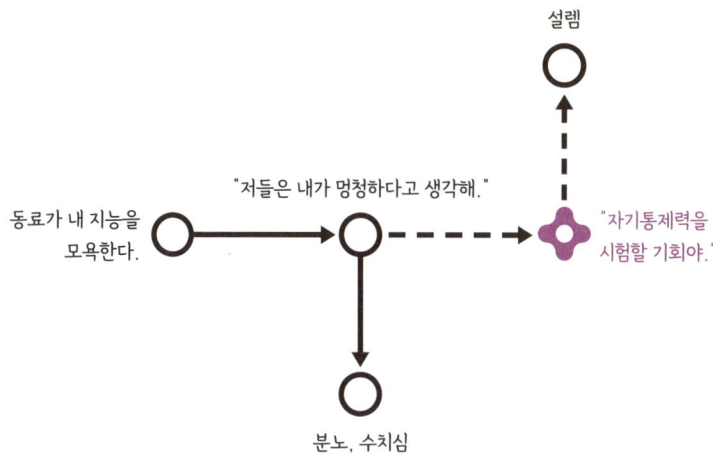

훈련으로 여길 수 있다. 각각의 어려움은 인내, 회복력, 평정심을 보여 줄 기회가 된다. "왜 이런 일이 내게 일어나는가?"라고 묻지 말고 "어떻게 해야 이 시험이 나를 더 강하게 만들 수 있을까?"라고 스스로 질문하자.

　세네카는 어떤 시련의 가치란 우리가 그 시련에 어떻게 반응하느냐에 달려 있다는 것을 일깨운다. 품위를 지키며 침착하게 시험을 맞이하면, 자신에 대한 더 깊은 통제력을 얻는다. 실천의 관점에서 보면, 이는 부정적인 감정이 생겨날 때마다 생각의 방향을 전환하는 것을 뜻한다. 좌절이나 실망, 분노가 떠오르면 곧장 평정심과 회복력이라는 덕목을 연마할 기회로 인식할 수 있다. 시간이 흐르면서, 이런 마음가짐은 우리가 불운에 더욱 굳건히 맞서게 하고 역경을 내면의 성장을 위한 원동력으로 바꿔 준다.

| 마음 기술 12 | **마음설계자의 시련**에서 인상적인 키워드 적어 두기 |

일일 실천 과제

- 월 ☐ '마음설계자의 시련'을 읽고 오늘 하루 이 개념을 마음에 새긴 뒤 1번 칸을 채우자.
- 화 ☐ 앞을 보지 말고 '마음설계자의 시련'을 자신만의 말로 정의하고 설명하자.
- 수 ☐ 좌절이나 실패가 자기통제력을 시험할 기회가 될 수 있는 3가지 상황 (과거, 현재, 미래)을 열거해 보자.
- 목 ☐ 어려움 속에 숨겨진 훈련의 기회를 찾아보자. 평소에 어떤 기회를 놓치고 있는가?
- 금 ☐ 이 기술을 적용할 만한 상황을 마음속으로 그려 보자. 상황에 맞게 2번이나 3번을 채우자.
- 토 ☐ 어려운 상황을 인내와 평정심을 연습할 기회로 바꿔 생각해 보자.
- 일 ☐ 이름만 보고 지금까지의 마음 기술들에 대한 내용을 기억해서 정리하고 복습하자.

이해도 체크리스트

- ● 0. 모름
- ○ 1. 연습
- ○ 2. 응용
- ○ 3. 안정

마음 기술 13 고생은 사서도 한다

Deliberate Discomfort
의도적 불편함

불안, 자기만족, 두려움, 감사 부족, 게으름, 공황, 걱정

자발적으로 불편한 경험을 찾아 나서라고 독려하는 것.
자기만족, 불안, 불편함에 대한 과민함을 줄이기 위해 불편함을 적극적으로 마주하는 것.

> **불편함에 익숙해지고, 익숙함에 불편함을 느껴라.**

편안한 삶을 누구나 바라는 긍정적 목표로 여긴다. 하지만 생활이 극도로 편안해지면 몇 가지 흥미로운 일이 나타난다. 편안함에 의존하면, 최적 상태에서 조금만 벗어나도 극도의 불편함을 느낀다. 자기만족에 빠져서 힘들어도 삶을 보람 있게 만드는 일을 할 의지를 잃는다. 불안해하고 위험을 회피하면서, 편안함을 주는 피신처에 안주한다. 편안한 영역은 점점 줄어들고, 바깥 세상을 두려워하게 된다. 이코노미석을 견디지 못하거나, 캠핑 같은 야외 활동을 즐기지 못하거나, 온도 조절기가 원하는 온도에 정확히 맞춰지지 않을 때 불편하다면, 당신은 이미 편안함에 지나치게 기대게 된 것이다. 이럴 때는 의도적이고 주기적으로 고통이나 불편함을 감수하는 것이 좋다. 하룻밤쯤 맨바닥에서 자거나, 맨발로 자갈길을 걷거나, 끼니를 잠시 끊거나, 배낭여행을 떠나면서 자신이 편안함과 맺고 있는 관계를 새롭게 설정해 보라. 그러다 보면, 삶의 위험은 점점 작게 보이고 그만큼 당신은 성장하게 된다.

"

사람은 선택에 따라 안전을 향해 뒤로 물러설 수도 있고,
성장을 향해 앞으로 나아갈 수도 있다.
성장은 반복해서 선택해야 하며, 두려움도 반복해서 극복해야 한다.

― 에이브러햄 매슬로, 《과학의 심리학(The Psychology of Science)》

1	"나는 자네의 마음이 얼마나 변함없는지 시험해 보겠다고 굳게 마음먹었으니, 위대한 현인의 가르침에 기대어 자네에게도 한 가지 교훈을 전하고자 하네. 며칠 동안 가장 검소하고 값싼 음식에 만족하고, 거칠고 누추한 옷을 입으면서 스스로에게 이렇게 말해 보게나. '내가 두려워했던 것이 바로 이런 상태였던가?'"	세네카, 《스토아 철학자의 편지》
2	"삶은 우리가 편안함을 느끼는 영역이 끝나는 곳에서 비로소 시작된다."	닐 도널드 월시
3	"고통, 큰 고통의 훈련, 너희는 이 훈련만이 지금까지 인간이 이룩한 모든 위대함을 만들었음을 모르는가? 불행 속에서 영혼이 긴장되고, 거기서 에너지를 얻으며, 파멸과 몰락을 눈앞에 두고 몸서리치며, 불행을 겪고, 견디고, 해석하고, 이용하는 데서 발명을 낳고 용기를 얻는다. 영혼에 부여된 깊이, 신비, 가면, 정신, 기교, 위대함, 이 모든 것은 고통을 통해 주어진 것이 아니었던가?"	프리드리히 니체, 《선악을 넘어서》

상좌부 불교(부처님의 초기 가르침을 보존하고, 개인의 수행과 해탈을 중시하는 남방 불교의 대표적 흐름. 스리랑카, 태국 등 동남아시아 지역에서 널리 믿는다. — 옮긴이 주)의 전통, 특히 태국의 숲속 사원에서는, 승려가 극도의 금욕을 실천하며 불편함을 의도적인 영적 성장의 수단으로 받아들인다.

태국 상좌부 불교의 대표적 승려로 큰 영향력을 발휘했던 아잔 차는 많은 이들이 당연하게 여기는 편안함을 내려놓는 수행자 공동체를 이끌었다. 그들은 때때로 거친 날씨에 노출된 작은 오두막이나 동굴에서 자고, 식사는 정오가 되기 전에 한 끼만 먹는다. 이들의 일상은 주로 긴 시간 명상에 몰두하고 밤도 흔하게 새운다. 이런 실천은 편안함과 쾌락에 의존하는 마음에서 벗어나려는, 고도로 계산된 노력이다. 아잔 차는 이런 불편함이 고통을 견디는 것이 아니라 집착과 갈망을 끊어 내는 방법이라고 가르쳤다. 이는 불교 철학의 핵심이기도 하다. 그

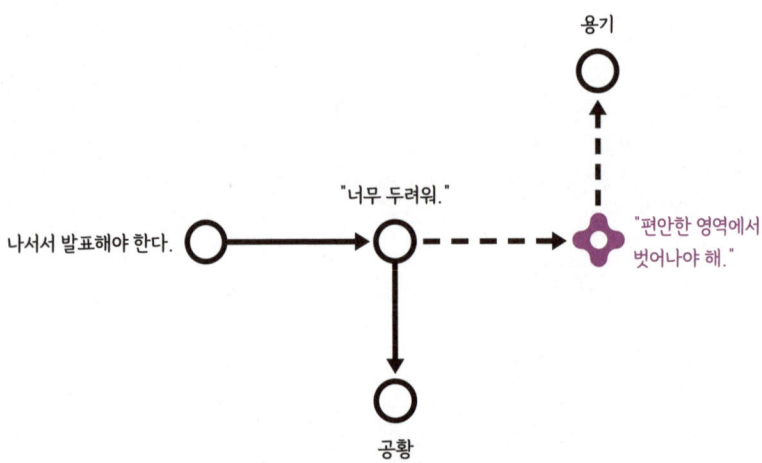

는 마음이 외부 환경에 휘둘려 쾌락을 좇고 고통을 피하려 하지만 오히려 이는 더 큰 괴로움으로 이어질 뿐이라고 말했다. 승려는 스스로 불편함을 견디는 수행을 통해 이런 악순환을 끊는 법을 배운다. 진정한 자유란 내면에서 비롯되며, 몸의 상태가 어떻든 마음의 평온을 얻을 수 있음을 깨닫게 된다.

이런 수행 방법을 '투동(tudong)'이라 하는데, '떨쳐 내는 수단'이라는 뜻으로, 항상 야외에서 지내고 절대 눕지 않는 등 여러 금욕적 수행이 포함된다. 이런 불편함을 겪는 목적은 외부 세계의 변화무쌍한 조건에도 흔들리지 않고 깊은 내면의 평온과 회복력을 기르는 데 있다. 이런 마음가짐을 통해 통제된 환경뿐만 아니라 정신 없는 일상에서도 평온을 유지할 수 있다.

이렇게 의도적으로 불편함을 받아들이는 수행이 주는 교훈은 출가 수행자의 생활에 국한되지 않는다. 이는 피할 수 없는 인생의 역경조차 품위 있게 다룰 수 있도록 설계된 마음 기술이다. 단식이나 침묵 명상, 찬물 샤워 등 자발적으로 불편함을 감수하는 행위는 스트레스 때문에 공황 상태에 빠지는 일이 없도록 뇌를 재구성한다. 이 마음 기술을 더 많이 연습할수록, 당신의 회복탄력성은 점점 더 강해지며, 삶의 어려움은 당신을 뒤흔들 힘을 점점 잃게 된다.

| 마음 기술 13 | **의도적 불편함**에서 인상적인 키워드 적어 두기 |

| 일일 실천 과제 |

월 ☐ '의도적 불편함'을 읽고 충분히 익히자. 오늘 하루 이 개념을 마음에 새기고 1번 칸을 채우자.

화 ☐ 앞을 보지 말고 '의도적 불편함'을 자신만의 말로 정의하고 설명하자.

수 ☐ 자발적으로 불편함을 마주하여 자기 성장에 도움을 얻을 수 있는 3가지 상황(과거, 현재, 미래)을 열거하자.

목 ☐ 어디까지를 편안하게 느끼는지 경계를 그려 보자. 가장 피하려는 것은 구체적으로 어떤 경험인가?

금 ☐ 이 기술을 적용할 만한 상황을 마음속으로 그려 보자. 상황에 맞게 2번이나 3번을 채우자.

토 ☐ 의도적으로 자신을 약간 불편한 상황에 놓고, 어떤 느낌인지 온전히 느껴 보라.

일 ☐ 이름만 보고 지금까지의 마음 기술들에 대한 내용을 기억해서 정리하고 복습하자.

이해도 체크리스트

● 0. 모름
○ 1. 연습
○ 2. 응용
○ 3. 안정

◆ 마음 기술 **14** 증거를 근거로 생각하라

Socratic Questioning
소크라테스식 질문법

| 분노, 불안, 우울, 의심, 시기, 취약함, 좌절, 죄책감, 절망, 불안정, 질투, 외로움, 동기 편향, 공황, 후회, 원망, 슬픔, 자기 제한적 신념, 수치심, 집단주의

저절로 떠오르는 생각에 질문을 던지고 의심하며 증거를 찾아보는 것.
왜곡된 부정적 신념에 맞서기 위해 증거를 평가하고
그 믿음을 균형 잡힌 다른 신념으로 바꾸는 것.

자신의 가정에 질문을 던지고, 증거를 저울질하라.

우리는 자기 생각과 믿음을 진실로 받아들이는 데 익숙하다. 그래서 마치 토론 상대방인 양 그 생각이나 믿음을 꼬치꼬치 캐묻는 일이 어색할 수도 있다. 하지만 당신의 생각은 당신을 속인다. 기분에 따라, 당신의 생각은 자신이 안전한데도 위험하다거나 죄가 있는데도 없다거나 사랑받고 있는데도 그렇지 않다고 말할 수 있다. 이럴 땐 질문을 던져 그런 왜곡 속으로 파고들고 증거를 들어 문제를 제기하여 대안적 관점으로 바꿔야 한다. 자기 생각을 그냥 받아들이지 말고, 생각을 뒷받침하는 증거와 반대 증거를 모으는 습관을 들여라. 저절로 떠오른 생각에 의심이 들 때까지 그 모순점을 찾아라. 자기 생각이라고 무조건 믿지 않게 되면, 그런 생각은 더 신뢰할 만해지고 시야가 맑아지면서 안 좋은 기분도 함께 사라진다.

"

좋은 질문을 던지고 답할 때마다 이해는 조금씩 깊어진다.
상대의 입장을 더 잘 이해하게 되고 자신의 약점 또한 더 잘 알게 된다.
문제가 훨씬 복잡하다는 사실도 깨닫게 된다.
당신이 소크라테스식 관점을 취할수록, 이 모든 과정을 즐기게 된다.

— 워드 판즈워스, 《소크라테스식 대화법》

---

1. "우리는 명백한 것은 좀처럼 질문하지 않는다. 소크라테스는 이런 간과가 실수라고 생각했다. 명백해 보이는 문제일수록 더 시급하게 물어야 한다."

   에릭 와이너, 《소크라테스 익스프레스》

2. "뜨거운 생각*을 가설이나 추정이라고 생각하면 좋다. 뜨거운 생각이 참이라는 확신을 보류하면, 자신의 결론을 지지하는 증거와 반대하는 증거를 더 쉽게 찾아낼 수 있다."

   크리스틴 페데스키, 데니스 그린버거, 《기분 다스리기》

3. "투박하기는 하지만, 소크라테스의 대화법을 설명하자면 이렇다. 누군가 참과 거짓이나 선과 악에 관해 어떤 주장을 하면, 그 주장에 관해 물음을 던져라. 그 주장이 무슨 의미인지, 그 주장을 하는 사람이 어떤 것을 믿고 있는지 묻고 그들 사이의 긴장을 찾아내라. 질문을 통해 그 주장이 어떤 면에서는 그렇게 주장한 본인에게도 만족스럽지 않다는 점을 보여주는 것이다. 사실, 토론 상대방의 말을 부정하는 셈이지만, 이런 부정은 교묘하게 이뤄진다. 제대로만 하면, 논쟁처럼 들리지도 않는다. 상대방은 더 가다듬은 주장을 내놓게 되고, 당신은 이제 같은 과정을 반복한다."

   워드 판즈워스, 《소크라테스식 대화법(The Socratic Method)》

*특정 상황에서 우리 감정을 강하게 유발하거나 증폭시키는 자동적인 생각을 말한다.

소크라테스는 아테네의 거리를 거닐며, 자기 신념에 대해 기꺼이 질문을 받을 마음이 있는 사람이라면 그 누구와든 대화를 나눴다. 그는 잡담에 관심이 있었던 게 아니라, 진리를 추구했으며 그 방식은 급진적이었다. 소크라테스는 정치가든 장인이든 누구에게나 그들이 안다고 생각하는 것이 무엇인지 설명해 달라면서 "용기란 무엇인가?" 혹은 "무엇이 지도자를 정의롭게 만드는가?"라고 물었다. 처음에는 쉽게 답을 했다. 하지만 소크라테스가 핵심을 찌르는 질문을 몇 개만 던져도 상대의 확신은 금세 무너졌다. 이내 그들은 자기가 알고 있는 지식의 한계를 마주하게 되었다.

소크라테스에게 대화는 지적으로 누가 우월한지를 겨루는 게임이 아니었다. 자기 성찰을 엄격하게 실천하는 일이었고, 그를 통해 지혜에 이를 수 있다고 믿었다. 소크라테스는 사람이 얼마나 쉽게 증거 없는 억측에 매달리는지, 우리 삶

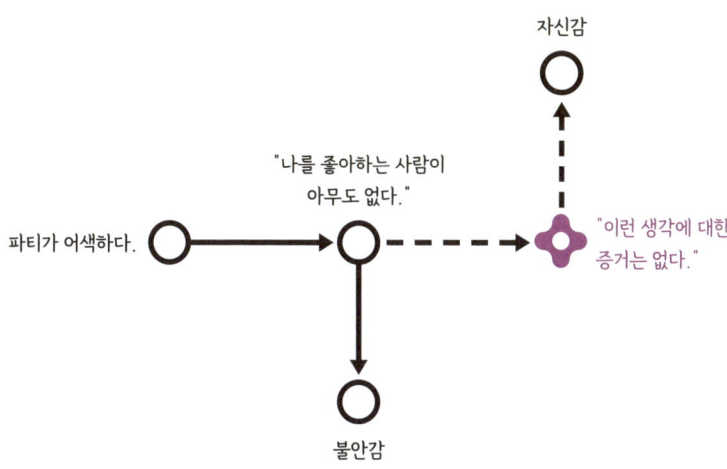

14. 소크라테스식 질문법

을 떠받치고 있는 생각을 의심하는 일이 얼마나 드문지 드문냈다. 소크라테스에게 질문의 가치는 최종 답에 도달하는 데 있는 것이 아니라 우리와 세계에 대해 분명히 이해하지 못하게 가로막는 경직된 신념을 흔들어 유연하게 만드는 데 있었다.

'소크라테스식 질문법'을 실천하는 일은 우리 삶을 바꿔 놓을 마음 기술이 될 수 있다. "나는 이 일을 맡기에는 부족해"라거나 "아무도 내게 진심으로 신경 쓰지 않아"처럼 당신이 가지고 있는 무의식적인 믿음을 떠올려 보라. '소크라테스식 질문법'을 자기 마음에 적용해 보면, 이런 생각이 얼마나 허술한지 보인다. "정말 그래?"라고 묻는 데서 시작해 보라. 그다음에 "이 생각을 뒷받침할 증거는?", "내가 놓쳤을지 모르는 증거는?"이라고 질문을 이어 가라. 이 과정은 단순히 잘못된 믿음을 무너뜨리는 데 그치지 않는다. 오히려 당신의 생각 자체를 재구성해서 호기심을 가지고 자기 마음을 탐구하라고 가르친다.

소크라테스는 아테네 거리에서 여러 해 동안 이런 습관을 가다듬었다. 마찬가지로 우리도 자기 일상에서 이를 실천할 수 있다. 자기 믿음과 억측에 질문을 던짐으로써 자기 성장에 한계를 긋는 확신을 넘어서 정신적 자유에 한 걸음 더 가까이 다가선다. 소크라테스가 말했듯, "성찰하지 않는 삶은 살 가치가 없다." 이 마음 기술을 통해 그런 성찰을 시작할 수 있다.

마음 기술 14 **소크라테스식 질문법**에서 인상적인 키워드 적어 두기

_____
_____
_____
_____
_____
_____
_____

일일 실천 과제

월 ☐	'소크라테스식 질문법'을 읽고 충분히 익히자. 오늘 하루 이 개념을 마음에 새기고 1번 칸을 채우자.
화 ☐	앞을 보지 말고 '소크라테스식 질문법'을 자신만의 말로 정의하고 설명해 보자.
수 ☐	자기 생각에 물음을 던졌을 때 왜곡이 드러날 수 있는 3가지 상황(과거, 현재, 미래)을 열거해 보자.
목 ☐	자신이 강하게 믿고 있는 신념에 스스로 질문을 던지고 처음에 떠오르는 답변을 넘어 더 깊은 이해에 도달하도록 노력해 보자.
금 ☐	이 기술을 적용할 만한 상황을 마음속으로 그려 보자. 상황에 맞게 2번이나 3번을 채우자.
토 ☐	다른 사람이 자기 가정에 질문을 던질 수 있도록 이끌어, 이들이 새로운 관점을 찾을 수 있도록 도와주자.
일 ☐	이름만 보고 지금까지의 마음 기술들에 대한 내용을 기억해서 정리하고 복습하자.

이해도 체크리스트

● 0. 모름
○ 1. 연습
○ 2. 응용
○ 3. 안정

◆ 마음 기술 **15** 내 안의 잘못된 일반화를 인식하라

Degeneralization
일반화에서 벗어나기

분노, 왜곡된 생각, 우울, 의심, 취약함, 좌절, 절망, 불안정, 동기 편향, 슬픔, 자기 제한적 신념, 수치심

마음속에 대상을 잘못 일반화하는 성향이 있음을 깨닫고
실제 상황과 사람은 복잡하다는 사실을 직시하려 노력하는 것.
자기 비판적인 생각 속에 오류가 있음을 인정하고 정서적 고통을 완화하려는 것.

> '항상'이나 '절대'라는 극단적 믿음에 주도면밀하게 대응하라.

때로는 일반화, 즉 특정한 사례에서 일반적 주장을 끌어내는 경향이 유용하게 쓰이기도 한다. 하지만 이는 근거 없는 억측, 잘못된 판단, 고통스러운 감정으로 이어지기 쉽다. 부정적인 심리 상태일 때 사람은 상실이나 실패, 패배나 고통을 끝없이 이어지는 패턴의 일부라고 해석하기 쉽다. 하지만 이런 가정을 좀 더 면밀하게 보면, 실제 가능성은 거의 없음을 알게 된다. 누구나 살면서 성공하기도 하고 실패하기도 한다. 하지만 우울에 빠지면 마치 자신만이 잔인한 농담의 대상이 된 양 착각한다. 이러한 왜곡된 사고 방식과 거기에서 오는 고통은 없앨 수 있다. 자신이나 자기 능력에 대해서 생각할 때 '항상', '절대' 같은 단어가 떠오른다는 사실을 알아차리게 될 때, 즉시 그런 일반화에서 벗어나야 한다. 일반적 규칙은 '항상' 반복되기가 얼마나 어려운지 기억하고 수많은 예외가 있음을 유념하라. 일반화를 의심하는 태도를 습관화하면 점차 그런 생각을 하지 않게 되며, 동시에 절망감도 사라진다.

"

우리는 좋은 것보다 나쁜 것을 더 쉽게 일반화한다.
나쁜 것이 더 강력하고 전염성이 크다.

— 에릭 호퍼*

* 미국의 사회철학자이자 저술가. 정규 교육을 받은 적 없지만 깊이 있는 사유와 독특한 사회적 통찰로 미국의 대표 사상가 반열에 올랐다. '길 위의 철학자'라고 불리기도 한다.

1 "지나친 일반화에 빠지면 한 번 일어난 일이 되풀이될 거라고 제멋대로 결론을 내린다. 게다가 그 일들은 예외 없이 불쾌한 것이기 때문에 기분이 엉망이 된다." — 데이비드 번즈, 《필링 굿》

2 "여러 내적 신호가 환자에게 강한 영향을 미치고 있다고 해도, 환자는 이런 신호에 거의 주의를 기울이지 않았다. 환자는 끊임없이 사건을 해석(또는 오해)하고 자기 행동을 살피고 예측하고 자신을 일반화하면서 자신에게 신호를 보내거나 계속 소통하고 있다. 다만 자신의 자동적 사고를 충분히 의식하지 못하거나, 특별히 조사할 필요가 있다는 사실 자체를 깨닫지 못한다. 이런 생각에 주목하라고 언질을 받았을 때만, 그 생각을 보고할 가능성이 크다." — 아론 벡, 《인지치료와 정서장애》

3 "조잡한 분류와 잘못된 일반화는 조직된 삶에 내린 저주다." — 조지 버나드 쇼

4 "남에게 거부당했을 때 느끼는 고통은 대부분 지나친 일반화 때문이다. 그렇지 않으면 개인적으로 모욕을 당하더라도 잠시 실망할 수는 있겠지만 심각한 상태에 빠질 일은 없다." — 데이비드 번즈, 《필링 굿》

한 영업사원이 자기 차로 걸어가다가 앞 유리에 새똥이 묻어 있는 것을 발견했다. 그는 어떻게 반응할까? "내 팔자도 딱 이 꼴이군, 저놈들은 언제나 내 창문에만 똥을 싼단 말이야!" 단 한 번 벌어진 일로, 그는 부정성이라는 그물을 자기 삶 전체에 덮어씌웠다. 그가 생각하기에, 이 일은 그저 한 번 일어난 성가신 일이 아니라 오랫동안 불운이 계속되고 있음을 확인해 주는 사건이었다. 하지만 그의 심리치료를 맡고 있던 데이비드 번즈는 이 일을 기회로 삼았다. 번즈는 그에게 진지하게 다시 생각해 보라고 말했다. "항상이요? 이런 일이 실제로 얼마나 자주 일어나죠?" 이 영업사원은 잠시 생각하더니 20년 동안 차를 몰고 전국을 돌아다녔지만 이런 일이 또 언제 있었는지 기억하지 못하겠다고 말했다. 그러니까 이 일은 '항상'이 아니라 어쩌다 한 번 일어난 불편한 일일 뿐이었다.

이는 전형적인 지나친 일반화로, 부정적 사건이 한 번 일어나면 마치 실패나

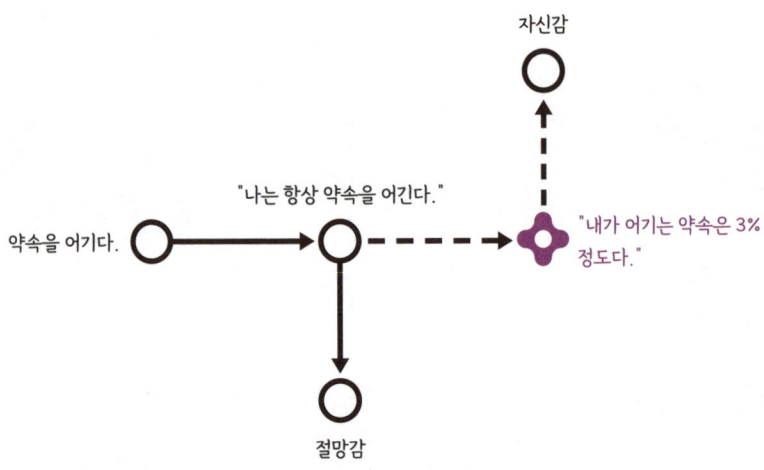

불운이 지속되는 것처럼 과장하여 해석하는 인지적 왜곡이다. 하지만 번즈는 '일반화에서 벗어나기'를 적용해 상대가 잘못된 생각에서 벗어나도록 도왔다. 덕분에 영업사원은 구체적인 사건에 집중하여 성가시지만 드물게 일어나는 일회성 사건임을 깨달았다.

'일반화에서 벗어나기'는 "나는 실수투성이야" 혹은 "되는 일이 하나도 없어" 같은 생각에 의문을 갖게 한다. 새가 자동차에 똥을 싸거나 직장에서 일으킨 작은 실수처럼 구체적인 사건에 집중하면 자기 마음이 만들어 내는 과장된 이야기를 걷어 낼 수 있다. 다음에 무언가가 잘못되면 스스로에게 물어라. "이 일이 정말 지속되는 패턴일까, 아니면 그저 한 번 일어나는 일에 불과할까?" 이런 질문 하나만으로도 자기 사고 방식의 틀이 달라지고 삶에 찾아오는 여러 좌절을 대하는 감정적 무게가 줄어든다.

번즈가 자기 내담자가 새똥 사건 이면에 놓인 진실을 보도록 도왔던 것처럼, '일반화에서 벗어나기'는 우리가 겪지 않아도 될 고통을 만들어 내는 가짜 이야기를 꿰뚫어 보게 도와준다. 구체적인 사실로 나가면 막연하고 포괄적인 판단의 진실을 되찾을 수 있다.

마음 기술 15 | **일반화에서 벗어나기**에서 인상적인 키워드 적어 두기

| 일일 실천 과제 |

월	☐	'일반화에서 벗어나기'를 충분히 익히자. 오늘 하루 이 개념을 마음에 새기고 1번 칸을 채우자.
화	☐	앞을 보지 말고 '일반화에서 벗어나기'를 자신만의 말로 정의하고 설명하라.
수	☐	자신이나 다른 사람을 지나치게 일반화했던 3가지 상황(과거, 현재, 미래)을 열거하자.
목	☐	자신에 대해 자주 하는 일반화 중 실제로는 해당하지 않는 구체적인 예외를 적어 보자.
금	☐	이 기술을 적용할 만한 상황을 마음속으로 그려 보자. 상황에 맞게 2번이나 3번을 채우자.
토	☐	광범위한 일반화를 세부적인 구성 요소로 나누고, 각 요소가 정확한지 살펴보자.
일	☐	이름만 보고 지금까지의 마음 기술들에 대한 내용을 기억해서 정리하고 복습하자.

이해도 체크리스트

- ● 0. 모름
- ○ 1. 연습
- ○ 2. 응용
- ○ 3. 안정

마음 기술 16 — 신념을 지키되 틀릴 수 있음을 생각하라

Certainty Suspension
확신 내려놓기

취약함, 동기 편향, 자기 제한적 신념, 집단주의

자기 신념을 확신의 연속선 위에 놓고 평가하는 것.
자기 신념과 예측의 정확성을 높이기 위해 그런 신념과 예측에 확률을 부여하는 것.

확실하다는 모든 환상을 버려라.

가지고 있는 신념을 들여다보자. 단순히 사실이라고 믿는 대상과 거짓이라고 믿는 대상을 찾을 수 있다. 심지어 그중 일부에게는 강한 감정을 느끼며 자신과 동일시할 수도 있다. 하지만 이렇게 접근하는 태도는 원초적이며 불안정하다. 확신은 실제 가능성에 근거한 게 아니라 자신감이라는 감정이 만들어 낸 것으로, 오류를 범하기 쉽다. 무언가를 진실이라고 확신할 때, 아주 작은 확률이라도 실수했을 가능성은 없는지 스스로 묻자. 증거가 아무리 많아도 확신을 무한히 정당화할 수는 없다. 확신을 버릴 수 있다면 곧바로 더 강력한 사고력을 갖추게 된다. 완전한 확신을 내려놓음으로써 사고의 질은 극적으로 향상된다.

"

나는 이 사람보다 약간이나마 더 지혜로운 것 같습니다.
아마 우리 둘 다 아무것도 진정으로 알지 못할 것입니다.
그런데도 이 사람은 자기가 뭔가를 알고 있다고 생각하지만,
나는 내가 알지 못하는 것을 안다고 생각하지 않습니다.
그러니 내가 이 사람보다는 약간이나마 더 지혜로운 것 같습니다.

— 플라톤, 《소크라테스의 변명》

1 "확신은 단순하고 편하다. 우리가 똑똑하고 유능하다고 느끼게 만든다. 정찰병인 당신의 강점은 바로 그런 유혹을 이기고 처음 내린 판단을 뛰어넘어 흑백이 아닌 회색 스펙트럼으로 생각하는 능력에 있다. '95% 확신'과 '75% 확신', '55% 확신'을 구분할 수 있는 것이다." — 줄리아 갈렙, 《스카우트 마인드셋》

2 "'절대적 확신' 즉, 어떤 일이 99.9999% 확실하다면, 이는 당신이 1년 이상 백만 번이나 똑같이 강력하고 독립적인 주장을 연속해서 하고, 평균적으로 그중 한 번 정도만 틀릴 것이라고 생각한다는 의미다. 이것만으로도 충분히 놀랄 만하다. 그러니 인간의 뇌로 100% 확률에 도달할 수 있다 생각하는 것 자체가 얼마나 터무니없는지 알게 된다. 100% 확률이란 단순한 확신이 아니라 무한한 확신이다." — 엘리저 유드코프스키, 《적게 틀리는 법 (Less Wrong)》

3 "확신은 의식적인 선택이나 사고 과정이 아니다. 확신 혹은 '안다'라는 생각은 사랑이나 분노처럼 이성과 무관하게 작동하는 무의식적인 뇌의 메커니즘에서 비롯된다." — 로버트 버튼, 《생각의 한계》

선구적인 물리학자 닐스 보어는 "예측은 어렵다. 특히 미래를 예측하는 일은 더욱 그렇다"라고 말했다. 실재의 본질을 이해하는 데 평생을 바친 보어는 우리가 확실히 알 수 있는 것이 얼마나 적은지 잘 알고 있었다. 이런 태도는 보어가 아인슈타인과 벌였던 논쟁에서 특히 두드러졌다. 이 논쟁에서 아인슈타인은 "신은 우주를 가지고 주사위 놀이를 하지 않소"라는 유명한 말을 남겼다. 보어는 이 말에 이렇게 응수했다. "신에게 이래라저래라하지 마시길."

불확실성을 기꺼이 받아들였기에 보어는 실재의 본질이 결정론보다 확률론을 따른다는 분야인 양자역학에서 앞으로 나아갈 수 있었다. 자연법칙에서 절대적 확실성을 확신했던 아인슈타인과 달리, 보어는 확실성에 매달리지 않았다. 신념을 보류하고 언제든 갱신할 수 있도록 열린 태도를 유지하는 능력이야말로 보어가 이룬 혁신적 발견의 열쇠였다. 예측할 수 있는 명확한 패턴을 따르지 않

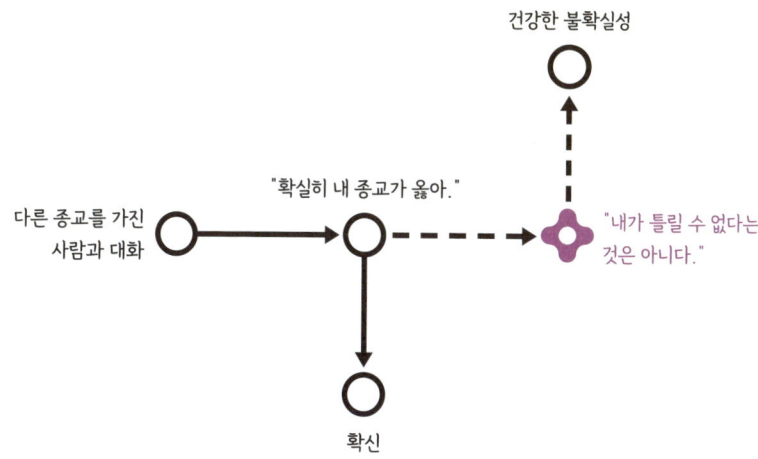

는 소립자의 세계에서 보이는 확률로 사고할 수 있었다.

우리가 '확신 내려놓기'라고 부르는 마음 기술은 절대적인 믿음을 내려놓으라고 권한다. 확신은 편안함을 주지만, 경직된 사고의 함정에 빠뜨려 성장을 방해할 수도 있다. 보어가 양자역학을 탐구하기 위해 결정론적 확실성을 내려놓아야 했던 것처럼, 우리도 명확히 사고하기 위해서는 확신에 매달리지 말아야 한다. 이는 신념이란 이분법적 사실이 아니라 확률의 스펙트럼상에 존재한다는 점을 인식하라는 말이다.

"이 일은 분명히 잘못될 거야"라고 생각하고 있는 자신을 발견한다면, 잠시 멈춰 스스로 이렇게 묻자. "혹시 80% 정도만 확실한 거면 어떡하지?" 확신의 수준을 낮추면, 더 많은 가능성에 마음을 열 수 있고 최악의 상황을 예상하느라 느끼는 마음의 짐도 줄일 수 있다. 보어처럼, 당신도 유연하게 탐구하는 마음가짐으로 복잡다단한 인생을 헤쳐 나가는 법을 배우게 된다.

| 마음 기술 16 | **확신 내려놓기**에서 인상적인 키워드 적어 두기 |

_____
_____
_____
_____
_____
_____
_____

| 일일 실천 과제 |

| 이해도 체크리스트 |

월 ☐ '확신 내려놓기'를 읽고 충분히 익혀라. 오늘 하루 이 개념을 마음에 새기고 1번 칸을 채우자.

화 ☐ 앞을 보지 말고 '확신 내려놓기'를 자신만의 말로 정의하고 설명하자.

수 ☐ 비이성적일 만큼 확신했던 3가지 상황(과거, 현재, 미래)을 열거해 보자.

목 ☐ 자신의 의견 10가지에 대한 믿음의 정도를 구체적인 확률(%)로 표현해 보자.

금 ☐ 이 기술을 적용할 만한 상황을 마음속으로 그려 보자. 상황에 맞게 2번이나 3번을 채우자.

토 ☐ 자신의 여러 신념을 얼마나 확신하는지 평가하고 어떤 증거가 있어야 평가를 바꿀지 생각해 보자.

일 ☐ 이름만 보고 지금까지의 마음 기술들에 대한 내용을 기억해서 정리하고 복습하자.

● 0. 모름
○ 1. 연습
○ 2. 응용
○ 3. 안정

◆ 마음 기술 **17** 외부 조건이 우리의 감정을 결정할 수 없다

External Indifference
외부에 관심 끊기

분노, 불안, 의심, 시기, 어리석음, 좌절, 죄책감, 절망, 불안정, 질투, 외로움, 후회, 원망, 슬픔, 수치심

외부 환경이 성품을 바꾸거나 행복을 느끼게 하지 못한다는 사실을 직시하는 것. 우리 밖에 있는 것이 우리 감정 상태를 결정하지 않는다는 사실을 기억하여 평정심을 키우는 것.

환경이 아니라 성품에서 행복을 찾아라.

외부 실패나 위험에 직면하면, 우선은 후회나 걱정이 들게 마련이다. 하지만 계속 번민하는 상태에 머물 필요는 없다. 외부 세계에서 일어나는 모든 사건이 내면에서 일어나는 사건에 비해 부차적이라는 사실을 떠올리면 위안이 된다. 소크라테스는 자기 인격을 해치느니 죽는 쪽을 택했다. 이와 비슷한 우선순위는 인생의 여러 어려움 앞에서 고군분투하는 당신에게도 큰 힘이 될 것이다. 지혜, 평정, 자기통제력을 잃지 않았다면, 어떤 상실도 마음속에 남아 있게 두어서는 안 된다. 외부의 시련을, 자기 수양과 내면의 평화를 위해 활용하라. 환경보다 인격을 위에 두는 습관을 기르면, 자신의 평온을 위협하는 일이 점점 드물어질 것이다.

"

부디 외적인 것을 소중히 여기는 일을 멈추고, 단순히 물질 혹은 그런 물질을 가진 사람의 도구가 되는 일을 그만두라. (…)
가난이나 병, 자리에서 쫓겨나는 일에 대해 올바른 생각을 고수한다면 그것으로 충분하다.
이 모든 어려움은 오히려 내게 이로울 것이다.
그러니 더 이상 외부 조건에서 선과 악을 찾으려 해서는 안 된다.

— 에픽테토스, 《담화록》

1	"성인은 하나를 품어 천하의 법으로 삼는다. 드러내지 않으니 오히려 빛나고, 내세우지 않으니 두드러지고, 자랑하지 않으니 오히려 공이 있고, 자만하지 않으니 오래간다. 오직 다투지 않으니, 천하에 그와 다툴 사람이 없다."	노자, 《도덕경》
2	"우리 연구의 대상자는 일반적인 의미에서 노력하는 게 아니라 오히려 발전한다. 이들은 완벽해지려고 성장하고 자기 나름의 방식으로 더 온전하게 발전하려고 애쓴다. 보통 사람의 동기는 결핍된 기본적인 욕구를 충족시키려고 노력하는 일이다. 하지만 자기실현적인 사람에게는 충동이 있다. 비록 특이할지라도, 이들은 일하고 노력하며 야망을 품는다. 이들에게 동기란 그저 인격이 성장하고, 성숙하고, 발전하는 일, 한마디로 자기실현이다."	에이브러햄 매슬로, 《동기와 성격》
3	"환경이라는 외부 세계는 사고라는 내면의 세계에 맞춰 형성된다. 즐겁거나 불쾌한 외부 조건은 모두 개인의 궁극적 선에 이바지하는 요소다. 자기가 뿌린 수확물을 거두는 자로서 인간은 고통과 행복을 통해 배운다."	제임스 앨런, 《생각의 법칙》

소크라테스는 젊은이를 타락시키고 도시가 모시는 신을 모독했다는 혐의로 아테네의 시민 배심원단 앞에 섰다. 그의 생명이 위태로운 순간이었다. 자비를 구하거나 회개한다는 이야기를 꾸며 내거나 배심원에게 아첨할 수도 있었다. 하지만 소크라테스는 오히려 대담하게 변론을 펼쳤다. "선한 사람은 죽어서나 살아서나 해를 입지 않는다."

이 말은 그저 수사학적으로 듣기 좋게 꾸며 낸 말이 아니었다. 소크라테스는 이 원칙에 따라 살았고, 결국 그 원칙에 따라 죽었다. 그에게 칭찬이나 처벌 따위의 외부 상황이란 내면의 덕을 갖춘 상태에 비하면 부차적인 것일 뿐이었다. 배심원단이 사형을 선고했지만, 그는 흔들리지 않았다. 운명에서 벗어날 기회가 주어졌을 때도 그는 거부했고, 법을 어기는 것이 그에게 주어진 독약보다 자기 영혼에 훨씬 더 큰 해악을 끼친다고 굳게 믿었다.

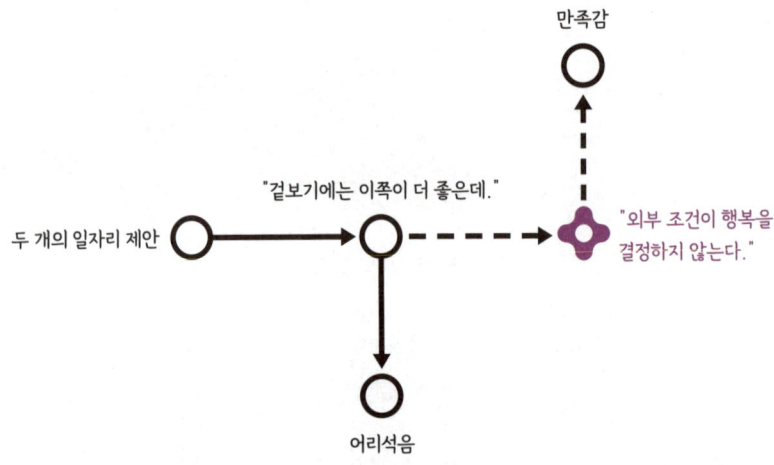

소크라테스의 재판과 처형은 외부 사건과 무관하게 내면의 평정심을 유지하는 '외부에 관심 끊기' 능력을 보여 준다. 이 마음 기술은 무관심이 아니라 우선순위를 바꾸라는 것이다. 진정으로 중요한 것은 자신의 통제 아래에 있는 것, 즉 자기 행동, 선택, 진실성이다. 인정이나 행운, 심지어 생명 자체도 모두 외부에 속하며 궁극적으로 자신의 인격과 무관하다.

실제로 이 원칙은 우리가 시련과 비판을 대하는 방식을 바꾼다. 동료가 당신을 폄훼하거나 프로젝트가 실패했을 때, '외부에 관심 끊기'는 묻는다. "이 일이 나의 사람됨을 정말 깎아내리는가? 아니면 그저 날씨 같은 외부의 변화일 뿐인가?" 소크라테스가 처형을 앞두고 유지했던 바로 그 평정심은, 극적이지 않은 일상의 시련 속에서도 길잡이가 된다.

현대 심리학도 이런 지혜와 맥을 같이 한다. 회복탄력성 연구에 따르면 외적 결과보다 내적 가치에 집중하는 사람이 더 큰 행복과 안정감을 경험한다고 한다. 시선을 내면으로 돌려 인생에 휘둘리는 일을 줄이고 더욱 사려 깊고 진실하게 행동하는 능력을 강화하게 된다.

소크라테스의 마지막 말처럼 어떤 외부의 힘도 덕 있는 영혼에 진정으로 해를 입힐 수 없다. 다음에 인생이 외부의 어려움을 당신에게 들이밀면 스스로 물어보라. "이 어려움은 정말 나에 관한 것인가, 아니면 그저 바깥의 소음에 불과한가?" '외부에 관심 끊기' 기술로 우리는 상황의 지배에서 벗어나 진정으로 중요한 것에 삶의 닻을 내릴 수 있다.

| 마음 기술 17 | **외부에 관심 끊기**에서 인상적인 키워드 적어 두기 |

일일 실천 과제

월 ☐	'외부에 관심 끊기'를 충분히 익히자. 오늘 하루 이 개념을 마음에 새기고 1번 칸을 채우자.
화 ☐	앞을 보지 말고 '외부에 관심 끊기'를 자신만의 말로 정의하고 설명해 보자.
수 ☐	외부 환경이 내면의 상태에 영향을 미치지 않는 3가지 상황(과거, 현재, 미래)을 열거해 보자.
목 ☐	자기 행복에 가장 큰 영향을 미치는 외부 요인이 무엇이며 그것이 왜 중요한지 설명해 보자.
금 ☐	이 기술을 적용할 만한 상황을 마음속으로 그려 보자. 상황에 맞게 2번이나 3번을 채우자.
토 ☐	자신이 싫어하는 외부 환경 몇 가지를 생각하고, 그것이 내면에 정말 나쁜지 스스로 질문하자.
일 ☐	이름만 보고 지금까지의 마음 기술들에 대한 내용을 기억해서 정리하고 복습하자.

이해도 체크리스트

- ● 0. 모름
- ○ 1. 연습
- ○ 2. 응용
- ○ 3. 안정

◆ 마음 기술

18 자신의 삶을 전적으로 책임지는 자세

Radical Responsibility
철저한 책임

분노, 좌절, 절망, 무력감, 원망, 슬픔, 자기 제한적 신념, 자기 연민

환경과 타인을 탓하기보다 자기 인생에 대해 스스로 전적으로 책임지겠다고 마음먹는 것. 자기 삶은 온전히 자기 손에 달려 있다고 주장하는 것.

주인의식을 갖고 자기 인생과 미래의 모든 일을 대하라.

자기 삶과 행복에 대한 책임에서 도망치기는 매우 쉽다. 원하기만 하면, 문화는 당신이 겪는 고통을 두고 끝없는 변명거리와 희생양을 제공할 것이다. 자기 문제를 다른 사람 탓으로 돌리면 마음이야 편하겠지만 이는 자기 인식과 성장, 장기적인 변화를 가로막는다.

여기서 철저한 책임을 사회나 유전자 또는 환경이 당신에게 영향을 미치지 않았다는 말과 혼동해서는 안 된다. 그건 착각이다. 철저한 책임이란 그저 자신의 건강과 행복에 대해 과거와 현재, 미래에 걸쳐 자신이 힘을 쏟는 것에 집중하겠다는 결정일 뿐이다. 비난하려거든 더 나아지려는 자기 노력이 부족했음을 비난하라. 그리고 자신이 통제할 수 있는 대상에 집중하라. 분명히 미래의 자신이 고마워할 것이다.

"

한 사람이 진심으로 그리고 깊이
'오늘의 나는 어제 내가 내린 선택의 결과'라고 말할 수 있어야
비로소 "나는 다르게 선택하겠다"라고 말할 수 있다.

— 스티븐 코비, 《성공하는 사람들의 7가지 습관》

1. "각 개인은 삶을 살아가는 자기만의 방식을 찾고 만들어야 하며, 자기실현에 대한 책임도 스스로 져야 한다."

   수잔 쿡-그로이터,
   《자아 발달의 포용 확장 9단계
   (9 Levels Of Increasing Embrace
   In Ego Development)》

2. "아무도 당신을 구하러 오지 않고 당신의 삶을 바로잡아 주지 않으며 당신의 문제를 해결해 주지 않는다. 당신이 무언가 하지 않으면 아무것도 나아지지 않는다. 누군가가 우리를 구해 주리라는 꿈은 일종의 위안이겠지만 우리를 수동적이고 무력하게 만든다. 충분히 오래 고통받고, 간절히 바라기만 하면 언젠가 기적이 일어나리라는 생각은 일종의 자기기만일 뿐이다. 이런 자기기만은 인생 전체를 대가로 치르게 한다. 인생은 되찾을 수 없는 가능성의 심연과, 다시는 돌아오지 않을 세월 속으로 흘러가 버린다."

   너새니얼 브랜든,
   《자존감의 여섯 기둥》

3. "자기 불행을 바라보며 그 불행을 만든 이가 다른 누구도 아닌 자신임을 아는 것, 이것은 참으로 고통스러운 일이다."

   소포클레스,
   《아이아스》

4. "인간은 자의식이 미치는 범위 안에 심리적 장애를 이해하고 해결할 수 있는 열쇠를 가지고 있다. 자신의 발달 단계에서 익숙하게 사용해 온 문제 해결 도구로 정서장애를 일으키는 자신의 그릇된 믿음을 바로잡을 수 있다."

   아론 벡,
   《인지치료와 정서장애》

1915년, 어니스트 섀클턴은 절체절명의 상황에 빠졌다. 자기 선박인 인듀어런스호가 남극의 해빙에 갇혀 난파당하면서, 섀클턴과 선원들은 얼어붙은 웨델해(Weddell Sea)에 고립되고 말았다. 상황은 암울했다. 문명 세계와는 너무 멀리 있었고 구조될 가능성도 전혀 없었다. 설상가상으로 혹독한 남극의 겨울이 다가오고 있었다. 하지만 섀클턴은 선원들의 운명을 자신이 온전히 걸머지겠다고 마음먹었다. 그는 자연의 힘이나 불운을 탓하지 않았다. 대신 자신이 통제할 수 있는 일, 즉 자기 선원을 살리는 일에만 온 힘을 쏟아부었다.

섀클턴의 접근법은 '철저한 책임'을 구현한 것이다. 이 마음 기술은 상황이 아무리 암울해도 자신에게 전적인 주인의식을 가지라고 요구한다. 보통 사람이라면 절망에 굴복했을 상황에서 섀클턴은 결코 자신을 희생자로 생각하지 않았다. 그는 자신이 처한 상황을 온전히 받아들여 선원을 이끌고 거의 2년 가까운 시간

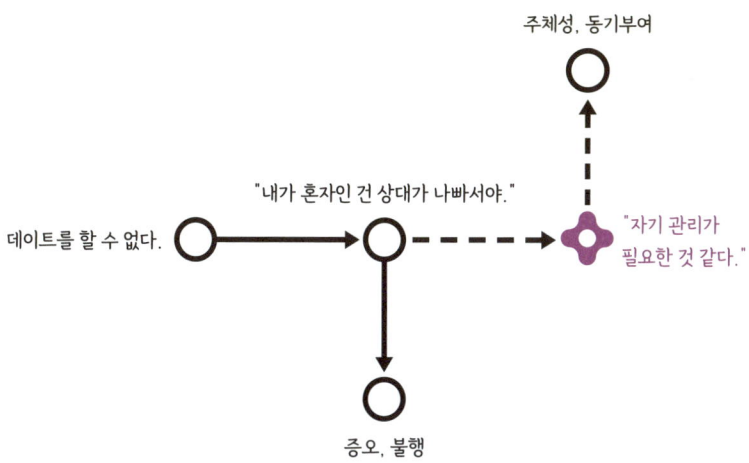

18. 철저한 책임 | 107

동안 상상하기 어려운 고난을 헤쳐 나왔다. 걸어서 떠다니는 유빙을 건넜고 최소한의 식량만으로 버티면서, 작은 구명보트로 약 1,300km에 이르는 대담한 항해를 감행해 구조를 요청했다. 섀클턴이 내린 결정은 자연의 압도적인 힘 앞에서도 자신과 선원의 생존이 온전히 자기 손에 달려 있다는 믿음에 뿌리를 둔 것이다.

'철저한 책임'은 외부 요인의 영향을 부정하는 것이 아니라 희생자라는 사고 방식을 거부하는 것이다. 자신에게 일어나는 모든 일을 통제할 수는 없더라도 그 일에 어떻게 대응할지는 통제할 수 있다. 자신이 겪는 고난이 누구 때문이고 무엇 때문인지 탓하는 대신 자기 행동과 상황을 더 낫게 바꿀 방법에 온전히 집중하라고 가르친다. 이를 받아들이면 더는 외부 상황을 기다리지 않고 자신의 대응 방식을 바꿔 나갈 수 있다.

일상에서는 직장에서 프로젝트가 실패하거나 인간관계가 껄끄러워졌을 때 주인의식을 발휘하는 것을 의미할 수도 있다. 자기를 재촉하라는 것이 아니라 역량을 강화하라는 것이다. 자신이 통제할 수 있는 대상에 집중하여 주체성을 되찾고, 외부에 기대어 상황이 나아지기만 기다리지 않게 된다.

마음 기술 18 — **철저한 책임**에서 인상적인 키워드 적어 두기

―――――――――――――――――――――――――
―――――――――――――――――――――――――
―――――――――――――――――――――――――
―――――――――――――――――――――――――
―――――――――――――――――――――――――
―――――――――――――――――――――――――
―――――――――――――――――――――――――

| 일일 실천 과제 |

이해도 체크리스트

월 ☐ '철저한 책임'을 읽고 충분히 익혀라. 오늘 하루 이 개념을 마음에 새기고 1번 칸을 채우자.

화 ☐ 앞을 보지 말고 '철저한 책임'을 자신만의 말로 정의하고 설명해 보자.

● 0. 모름

수 ☐ 책임을 남에게 돌리지 않고 스스로 완전히 책임지는 3가지 상황(과거, 현재, 미래)을 열거해 보자.

목 ☐ 오늘 중 책임을 회피했던 순간을 모두 기록하고, 어떤 책임을 회피했는지 적어 보자.

 1. 연습

금 ☐ 이 기술을 적용할 만한 상황을 마음속으로 그려 보자. 상황에 맞게 2번이나 3번을 채우자.

토 ☐ 어려운 상황 하나를 선택하여 책임감을 갖고 결과에 영향을 미치거나 아예 바꿀 수 있는 모든 방법을 탐색해 보자.

 2. 응용

일 ☐ 이름만 보고 지금까지의 마음 기술들에 대한 내용을 기억해서 정리하고 복습하자.

 3. 안정

◆ 마음 기술 19 본능과 반대의 것을 의도적으로 선택하라

Paradoxical Intention
역설적 의도

불안, 우울, 두려움, 무기력, 불안정, 불면, 공황, 스트레스, 걱정

의도 뒤집어 보기.
자신의 자연스러운 성향과 정반대의 것을 의도적으로 선택하는 것.
자기 욕망이나 행동을 뒤집어서 불안이나 우울, 불면 등의 악순환을 끊어 내는 것.

불안을 낳는 성향과 반대되는 성향을 추구하라.

정신적 어려움은 대체로 악순환이다. 자연스럽다고 여겨지는 성향과 행동 탓에 상황은 오히려 더 나빠진다. 불안하면 불편을 피하려 들지만 그럴수록 불안은 더 커진다. 우울하면 아무것도 하고 싶지 않지만, 그럴수록 우울은 더 심해진다. 불면이 있으면 잠들려고 애쓰지만, 그럴수록 잠들기 어려워진다. 이럴 때는 자신이 하고 싶은 것과 반대로 행동해야 한다. 사람과 엮이고 싶지 않다면 오히려 사람에게 다가가라. 집에만 있고 싶거든 산책을 다녀오고 잠들고 싶거든 오히려 깨어 있으려고 애를 써라. 이것을 '역설적 의도'라고 하며, 이는 자기 마음속 되뇌임의 악순환을 끊는 열쇠다. 자기 성향이 문제의 근원이라면 반대로 행동해 보자.

> 환자가 강박증과 맞서 싸우기를 중단하고,
> 역설적 의도와 같이 아주 반어적인 방식으로 비웃어 주면
> 악순환의 고리가 끊어지고 증세가 약해지다가 결국에는 없어진다.
>
> — 빅터 프랭클, 《빅터 프랭클의 죽음의 수용소에서》

1. "환자는 자신이 두려워하는 일을 실제로 해 보라거나, 아니면 그런 일이 일어나길 빌어 보라는 권고를 받는다(전자는 공포증 환자에게, 후자는 강박증 환자에게 해당한다)."
   — 빅터 프랭클, 《빅터 프랭클의 영혼을 치유하는 의사》

2. "공포증 환자는 특정 증상이 나타날지도 모른다는 '두려운 기대'를 가지며 이런 두려움이 '예기 불안*'을 낳고 결국 환자가 두려워하는 일이 실제로 일어난다. 따라서 이렇게 '두려움에 대한 두려움'이 '악순환'을 낳는다. 가장 흔하게 나타나는 반응은 '도피'이며, 과도한 회피로 공포증이 유지된다. 이런 악순환은 '병적인 두려움이 역설적 소망으로 대체될 때' 끊어진다. 그 결과 환자는 더 이상 불안을 회피하지 않게 된다."
   — 폴 T.P. 윌, 《심리치료 사전(Encyclopedia of Psychotherapy)》

3. "이 미로에서 벗어나려면, 앞으로 나가면서 이런 경험이 닥칠 때 그 경험과 마주해야 한다. 피하려 들지 마라. (…) 그저 받아들이고 고통 없이 마주할 수 있을 때까지 시간이 더 많이 흐르도록 준비하라."
   — 클레어 위크스, 《신경증 치료를 위한 희망과 도움(Hope and Help for Your Nerves)》

* 미래에 일어날 수 있는 특정 사건이나 상황에 대해 미리 느끼는 과도한 불안이나 두려움을 말한다.

대중 앞에서 땀을 많이 흘릴까 두려워 마비 증상을 겪는 한 환자가 빅터 프랭클을 찾아왔다. 그 환자는 걱정할수록 더 많은 땀을 흘렸다. 프랭클은 터무니없게 보이는 처방을 제시했다. 환자에게 가능한 한 땀을 많이 흘리려고 애써 보라고 한 것이다. 프랭클은 "좋아요, 땀을 더 많이 흘려 보세요"라고 말했다. 환자는 자신이 두려워하던 증상을 오히려 강화하려고 애쓰다 보니 불안이 줄고 땀이 멎는 것을 경험했다. 이 기법을 '역설적 의도'라고 한다.

'역설적 의도'는 불안과 공포증, 강박증의 악순환을 끊는 강력한 마음 기술이다. 우리가 두려워하거나 필사적으로 피하려는 것은 우리가 저항하기 때문에 그 힘이 더 강해진다. 두려움에 정면으로 맞서고 심지어 과장하기까지 하면서, 그런 두려움에서 힘을 빼앗는다. 프랭클의 환자는 창피를 당할까 두려워 땀 흘리는 일을 통제하려고 했지만 그럴수록 더 심해졌다. 그러나 땀을 더 흘릴 수도 있

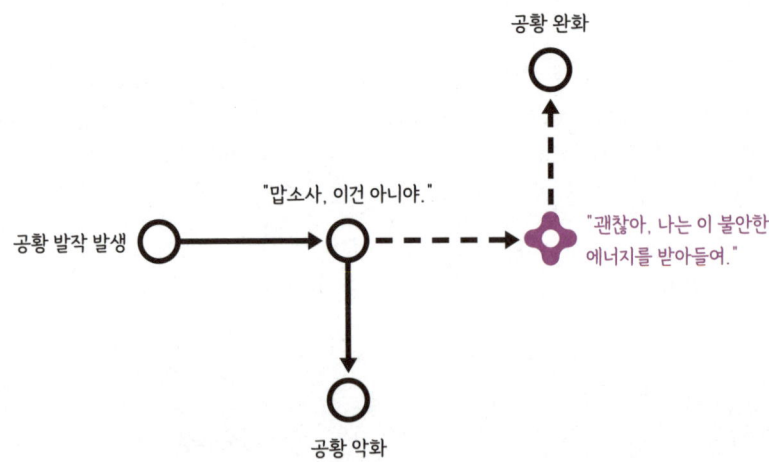

다는 가능성을 받아들이자 긴장이 풀리면서 문제가 사라졌다.

  이 방법은 현대의 많은 고민거리에도 적용된다. 불면증의 경우 억지로 잠들려고 애쓸수록 오히려 잠들기 힘들어진다. 억지로 잠을 청하기보다 역설적 의도를 사용해 자신에게 "되도록 오래 깨어 있겠어"라고 말해 보자. 자야 한다는 압박을 없애면 마음이 풀어지면서 자연스럽게 잠드는 경우가 많다.

  역설적 의도가 작동하는 이유는 문제를 바라보는 관점을 바꾸기 때문이다. 이기지 못할 싸움을 끌어가는 대신, 증상과 협력해 과도하게 통제하려는 마음을 해소의 도구로 바꿔 놓는다. 불안이든 불면이든 강박이든 저항을 멈추면, 마음은 의도 과잉의 굴레에서 벗어날 수 있다. 프랭클이 입증했듯, 역설적으로 두려움을 받아들임으로써 우리는 삶을 움켜쥐고 있던 두려움의 손아귀에서 풀려날 수 있다.

| 마음 기술 19 | **역설적 의도**에서 인상적인 키워드 적어 두기 |

일일 실천 과제

- 월 ☐ '역설적 의도'를 읽고 충분히 익히자. 오늘 하루 이 개념을 마음에 새기고 1번 칸을 채우자.
- 화 ☐ 앞을 보지 말고 '역설적 의도'를 자신만의 말로 정의하고 설명해 보자.
- 수 ☐ 반대 성향을 받아들이고 악순환을 끊어 낼 수 있는 3가지 상황(과거, 현재, 미래)을 열거해 보자.
- 목 ☐ 자기 삶의 패턴 중에서 자연스러운 반응이 문제를 지속시키고 있는 것은 없는지 살펴보자.
- 금 ☐ 이 기술을 적용할 만한 상황을 마음속으로 그려 보자. 상황에 맞게 2번이나 3번을 채우자.
- 토 ☐ 중요한 상황에서 자신의 본능적 반응과 다르게 행동하면 어떤 느낌인지 다른 사람에게 설명해 보자.
- 일 ☐ 이름만 보고 지금까지의 마음 기술들에 대한 내용을 기억해서 정리하고 복습하자.

이해도 체크리스트

- ● 0. 모름
- ○ 1. 연습
- ○ 2. 응용
- ○ 3. 안정

◆ 마음 기술 **20** 죽음을 두려워하지 말라

Deathdown
죽음 내려놓기

불안, 두려움, 슬픔, 불안정, 공황

죽고 싶지 않다는 욕망과 죽음에 대한 혐오감을 낮추는 것.
죽음을 피할 수 없다는 현실을 직면하고 죽음에 수반하는 고통을 낮춰 해석하는 것.

죽음을 있는 그대로 바라보면 두려움을 멈출 수 있다.

어떤 동물이든 죽음을 피하려 하지만, 죽음이 불가피하다는 사실을 이해할 수 있는 능력은 인간에게만 있다. 죽음을 생각하면 두려운 것은 매우 자연스러운 일이다. 그렇다고 죽음을 계속해서 두려워할 것도 아니다. 죽음이 계속 두려운 이유는 무지 때문이다. 죽음의 본질을 숙고한 이들은 피할 수 없다는 것을 깨닫고 평온함을 얻는다. 죽음은 경험할 수 없다고 생각할 것이다. 우리는 결코 죽음을 의식하지 못한다. 죽음 이후의 시간은 태어나기 전의 시간과 다르지 않다. 우리는 매 순간 죽음을 겪고 있는 것이며 시간이 흘러도 변하지 않고 지속되는 존재가 아니다. 죽음에 관한 생각이 머리에 떠오를 때, 다른 생각으로 돌리거나 도망치지 말고 현실을 직면하라. 마침내 죽음을 있는 그대로 바라보게 되면, 더 이상 죽음이 당신을 괴롭히지 못할 것이다.

"

죽음은 우리에게 아무것도 아니다.
우리가 존재하면 죽음이 없고, 죽음이 존재하면 우리가 없다.
모든 감각과 의식은 죽음과 함께 끝나므로,
죽음 속에는 쾌락도 고통도 없다.
죽음을 두려워하는 까닭은 죽었는데도 의식이 있다고 믿기 때문이다.

― 에피쿠로스, 《주요 가르침들》

1	"죽음이 아무것도 아니라는 생각에 익숙해져라. 좋음과 나쁨도 인식이 있어야 하는데, 죽음은 모든 인식을 박탈한다. 그러므로 죽음이 아무것도 아니라는 올바른 인식은, 삶에 무한한 시간을 더해 주는 것이 아니라 불멸에 대한 갈망을 없애 필멸의 삶을 즐겁게 한다. 삶에는 두려움이 없다. 삶이 끝나도 두려울 것 없다는 사실을 철저히 이해하는 사람에게는 두려움이 없다."	에피쿠로스 《주요 가르침들》 (Principal Doctrines)
2	"우리는 모든 삶이 단지 하나의 과정일 뿐이라는 관점을 점차 받아들이는 단계에 이른다. 이는 미혹에 빠진 인간에게 찾아올 수 있는 가장 커다란 깨달음이다. 이는 매우 밝고, 계몽적이며, 진정한 계시와도 같다. 이런 깨달음을 얻으면 죽음에 대한 모든 걱정과 두려움이 사라진다. 논리적으로 그렇게 된다. 빛이 나타나면 어둠이 사라지듯, 지식의 빛은 무지와 두려움, 걱정의 어둠을 몰아낸다. 깨닫게 되면 이런 두려움과 걱정이 실은 공허하고 아무 근거도 없는 것임이 드러난다."	구나라뜨나,《죽음을 바라보는 불교의 성찰 (Buddhist Reflections on Death)》
3	"나는 죽음이 두렵지 않다. 태어나기 전 수십억 년 동안 죽은 상태였지만, 불편함이라고는 조금도 겪지 않았으니 말이다."	마크 트웨인

《삶과 죽음을 바라보는 티베트의 지혜》에서 소걀 린포체는 '임종의 순간에 의식을 옮기는 수행'인 '포와(phowa)'라는 강력한 불교 수행 방법을 소개한다. 이는 죽음을 앞둔 이들뿐 아니라 살아 있는 이들을 위한 것이기도 하다. 린포체는 제자들에게 죽음을 정기적으로 명상하면서 의식이 자기 몸을 떠나는 순간을 상상하라고 한다. 그의 제자들은 죽음을 생생하게 관조하여 두려워하지 않고 자연스러운 이행으로 받아들이는 법을 배운다. 매일 죽음을 마주하여 삶에 감사하는 마음으로 혼란스러움을 걷어 내고 진정으로 중요한 문제에 집중한다.

이 수행은 그저 죽음에 대해 생각만 하는 것이 아니라 죽음이 더 이상 우리를 괴롭히지 않을 때까지 적극적으로 마주한다는 '죽음 내려놓기'라는 마음 기술의 핵심이다. 죽음에 사로잡히지 말고 삶이 유한하다는 현실과 화해하라는 것이다. '포와'에 대한 린포체의 가르침은 제자들이 죽음을 적이 아니라 스승으로 바라

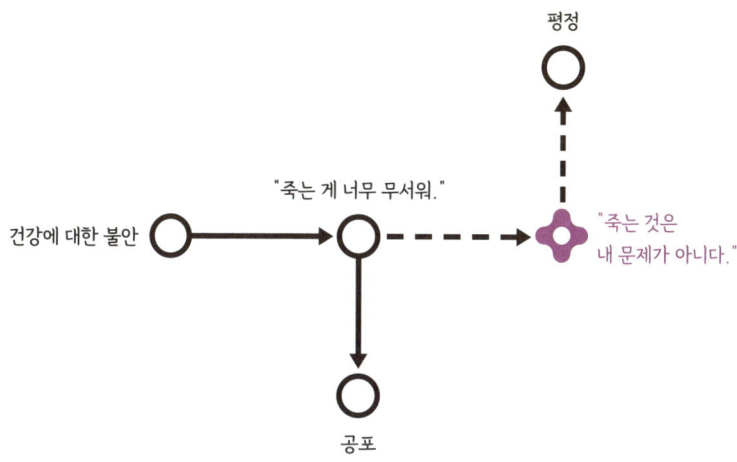

보도록 돕는다. 피할 수 없는 죽음을 기품 있게 받아들이고 두려움을 더 충만하게 살아가기 위한 도구로 바꾸는 법을 배우게 된다.

'죽음 내려놓기'를 실천하면, 오히려 죽음을 활용해 자기 삶을 풍요롭게 만든다. 죽음이 먼 훗날의 일이 아니라 늘 곁에 있는 현실임을 깨닫는 행위는 현재에 집중하고 사소한 걱정을 떨쳐 내며 매 순간을 새로운 목적을 갖고 받아들이게 해 준다. 삶과 죽음의 거대한 순환에 비하면, 일상의 작은 불안과 좌절은 덧없고 하찮은 것임을 새롭게 깨닫는다.

죽음을 직시하면 삶에 더 깊이 감사하게 된다. 린포체가 가르치듯, '죽음은 삶의 모든 의미를 비추는 거울'이다. 죽음에 대한 두려움과 부정의 장막을 걷고 명료함과 용기, 목적 있는 삶으로 나아갈 수 있다.

마음 기술 20 | **죽음 내려놓기**에서 인상적인 키워드 적어 두기

일일 실천 과제

월 ☐ '죽음 내려놓기'를 읽고 충분히 익히자. 오늘 하루 이 개념을 마음에 새기고 1번 칸을 채우자.

화 ☐ 앞을 보지 말고 '죽음 내려놓기'를 자신만의 말로 정의하고 설명해 보자.

수 ☐ 죽음에 대한 거부감을 줄여 평온을 얻을 3가지 상황(과거, 현재, 미래)을 적어 보자.

목 ☐ 죽음을 처음으로 이해했던 기억과 그때의 경험이 죽음에 대한 태도에 어떤 영향을 미쳤는지 적어 보자.

금 ☐ 이 기술을 적용할 만한 상황을 마음속으로 그려 보자. 상황에 맞게 2번이나 3번을 채우자.

토 ☐ 묘지 혹은 납골당에서 시간을 보내면서 거부감 없이 삶과 죽음의 순환을 관조해 보자.

일 ☐ 이름만 보고 지금까지의 마음 기술들에 대한 내용을 기억해서 정리하고 복습하자.

이해도 체크리스트

● 0. 모름
○ 1. 연습
○ 2. 응용
○ 3. 안정

◆ 마음 기술 **21** 타인의 실수에는 의도가 없다

Hanlon's Razor
핸런의 면도날

분노, 좌절, 조급함, 둔감함

불만스러운 타인의 행동이 의도적인 공격인 경우는 드물다. 우연이나 불가피한 선택의 결과일 가능성이 훨씬 크다는 것을 상기하고 자신의 불만을 누그러뜨리는 것.

타인의 행동이 일부러 당신을 해치려는 것이 아님을 기억하라.

우리는 타인에게 무시당하거나 불편함을 겪거나 상처를 받으면 분노로 반응한다. 이는 상대가 의도적이었다는 믿음에서 비롯한다. 하지만 진짜 악의나 남에게 해를 입히려는 행동은 놀랍도록 드물다. 타인의 행동은 어리석음과 나약함과 사욕 추구 때문인 경우가 더 많다. 좋지 않다고 생각하는 길을 일부러 선택하는 사람은 아무도 없다. 타인에게 해를 입히는 일은 대부분 유감스럽게도 불가피한 선택의 결과다. 모두가 나름대로 최선을 다하고 있다. 타인의 진정한 의도를 이해하면 분노는 줄고 공감은 커진다. 당신에게 좌절감을 안기는 사람조차 자신이 할 수 있는 제일 나은 선택을 했을 거라 생각하면 그를 향한 공격성이 줄고 마음의 평화를 얻게 된다.

"

어쩌면 세상에서 오해와 무기력이 저지르는 잘못이
기만과 악의가 저지르는 잘못보다 더 많을지도 모른다.
어쨌든 분명히 기만과 악의가 훨씬 더 드물다.

— 요한 볼프강 폰 괴테, 《젊은 베르테르의 슬픔》

1	"어리석음이면 충분히 설명될 일을 절대 악의 때문이라고 여기지 말라."	로버트 J. 핸런
2	"그들은 선과 악을 분별하지 못해서 그렇게 행동한다. 그러나 나는 선의 아름다움과 악의 추함을 보았고 잘못을 저지른 자 역시 나와 같은 본성을 지녔음을 깨달았다. 이는 혈연이나 출신이 같다는 뜻이 아니라 같은 이성과 신성의 일부를 나눠 가졌다는 뜻이다."	마르쿠스 아우렐리우스, 《명상록》
3	"행동하면서 자신이 지금 따르는 길보다 더 나은 길이 있음을 알거나 그렇다고 믿는 사람이라면, 그 누구도 결코 지금의 길을 계속 고집하지 않는다."	플라톤, 《프로타고라스》

한 유머집에서 오컴의 면도날(14세기 영국의 논리학자 윌리엄 오컴의 이름에서 유래한 것으로, 어떤 현상이나 문제를 설명할 때 불필요한 가정을 하지 말고, 단순한 설명을 선택하라는 철학적 원칙이다. — 옮긴이 주)을 활용한 정리를 제안했을 때, 로버트 핸런은 아마 대놓고 자신을 드러내고 싶은 사람은 아니었던 듯하다. 하지만 "어리석음이면 충분히 설명될 일을 절대 악의 때문이라고 여기지 말라"라는 그의 문구는 직장 내 인간관계에서부터 국제 관계에 이르기까지 모든 분야에서 지침이 되었다. 지금은 '핸런의 면도날'로 알려진 이 간단한 생각은 누군가 우리에게 잘못했을 때 우리의 가정을 다시 살펴보라고 가르친다.

직장에서 치열한 논쟁이 벌어졌다. 프로젝트가 지연되고 당신은 동료가 질투나 악의 때문에 그 프로젝트를 일부러 방해했다고 확신한다. 그런 가정이 더 심해지면서 분노를 키운다. 하지만 핸런의 면도날은 다른 관점을 제안한다. 만약

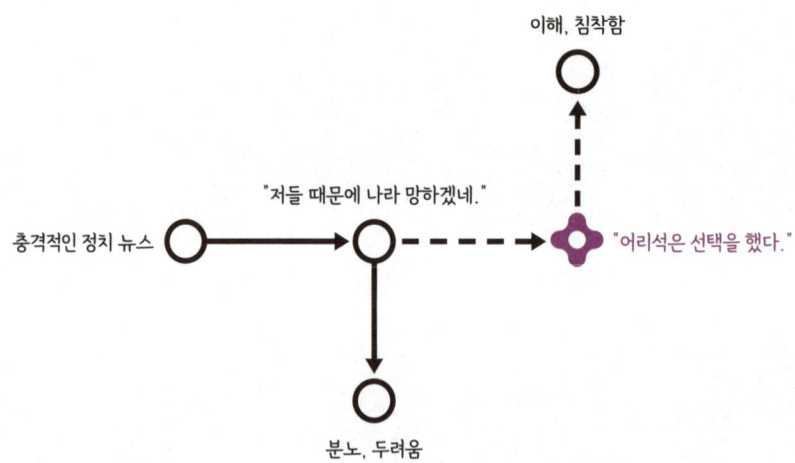

그 동료가 악의로 행동한 게 아니라면? 일에 너무 치이거나 실수했거나 그저 깜빡한 것일지도 모른다. 동료의 행동을 이렇게 해석하겠다고 마음먹으면, 그 상황에서 감정을 걷어 낼 수 있다. 분노에서 호기심으로, 불만에서 이해로 마음이 바뀐다.

'핸런의 면도날'은 사람 사이의 갈등에서 감정적 부담을 줄여 준다. 생각보다 악의적인 공격은 드물다. 오히려 인간의 뇌가 종종 자신의 가장 큰 적이 된다. 인간의 뇌는 성급하게 판단하고 공격을 과장하며 단순한 설명을 흔하게 놓치곤 한다. '핸런의 면도날'을 적용하면 행동 대부분은 오해나 무능, 우선순위의 다름 때문이지 당신을 겨냥한 거대한 음모가 아니라는 사실을 깨닫게 된다.

이 마음 기술은 일상생활을 바꿔 놓을 수 있다. 다음에 누군가 운전 중 당신의 차 앞에 끼어들었을 때, 운전자가 일부러 무례하게 행동했다기보다는 잠깐 한눈을 팔았거나 길을 잃었거나 그저 부주의했다고 생각해 보라. 그러면 마음의 평화를 지킬 수 있다. '핸런의 면도날'이 가르치듯, 타인을 좋게 생각하면 관계가 좋아질 뿐 아니라 불필요한 감정의 혼란에서 자신을 지킬 수 있다.

마음 기술 21 — 핸런의 면도날에서 인상적인 키워드 적어 두기

_____

_____

_____

_____

_____

_____

_____

| 일일 실천 과제 |

- 월 ☐ '핸런의 면도날'을 읽고 충분히 익히자. 오늘 하루 이 개념을 마음에 새기고 1번 칸을 채우자.
- 화 ☐ 앞을 보지 말고 '핸런의 면도날'을 자신만의 말로 정의하고 설명하자.
- 수 ☐ 다른 이의 행동을 악의로 잘못 이해했던 3가지 상황(과거, 현재, 미래)을 열거해 보자.
- 목 ☐ 당신을 실망시킨 누군가의 행동 이면에 좋은 의도가 있다면, 어떤 것일지 적어 보자.
- 금 ☐ 이 기술을 적용할 만한 상황을 마음속으로 그려 보자. 상황에 맞게 2번이나 3번을 채우자.
- 토 ☐ 타인의 행동을 악의로 해석하는 '싸우는 나'와 '핸런의 면도날'을 잘 아는 '현명한 나'가 나누는 가상의 대화를 작성해 보자.
- 일 ☐ 이름만 보고 지금까지의 마음 기술들에 대한 내용을 기억해서 정리하고 복습하자.

이해도 체크리스트

- ● 0. 모름
- ○ 1. 연습
- ○ 2. 응용
- ○ 3. 안정

마음 기술 22 · 욕망을 줄이면 만족감은 커진다

Desire Minimization
욕망 최소화

분노, 불안, 의심, 시기, 좌절, 죄책감, 절망, 불안정, 질투, 외로움, 후회, 원망, 슬픔, 수치심

자기가 처한 상황을 바꾸기보다 욕망 자체를 바꾸거나 없애려는 것.
집착을 줄여서 만족은 더 쉽게 얻고 좌절은 덜 겪도록 하는 것.

> **모든 욕망을 충족하려 하지 말고, 욕망을 극복하라.**

현실이 자기 욕망에서 어긋나면 고통을 겪는다. 통념에 따르면 해결책은 이렇다. 실패하지 말라. 목표를 이루기 위해 최선을 다하면 큰 고통을 겪지 않을 것이다. 그러나 이 전략이 어쩔 수 없이 실패하면 다른 접근법을 고려해야 한다. 현명한 사상가들은 단순히 자기가 처한 상황을 바꾸려고 애쓰기보다 욕망을 직접 통제하는 것이 쉽고 그 효과가 더 믿을 만하다고 주장했다. 자기 욕망을 최소한으로 줄이는 법을 배우면 목표를 향해 나아가는 동력을 높이고 고통을 일으키는 원인을 제거할 수 있다. 원하는 것을 얻지 못해 좌절할 때, 현실이 아니라 욕망 자체를 바꿀 방법이 있는지 스스로 질문하자. 얼마나 많은 자기 욕망을 없앨 수 있는지 스스로 살펴보라. 그러면 만족은 손에 잡힐 듯 가까워진다.

> 어떤 이를 행복하게 하려면
> 그의 재산을 늘릴 게 아니라
> 그의 욕망을 줄여 주어라.
>
> — 에피쿠로스, 《주요 가르침들》

1	"나는 욕망을 충족시키는 것이 아니라 제한하면서 내 행복을 추구하는 방법을 배워 왔다."	존 스튜어트 밀, 《공리주의》
2	"본래 필요한 부(富)는 아주 많지 않고 쉽게 얻을 수 있지만, 헛된 생각이 요구하는 부는 끝이 없다."	에피쿠로스, 《주요 가르침들》
3	"인류가 누릴 수 있는 가장 큰 축복은 우리 안에 손 닿는 곳에 있지. 현명한 이는 무엇이든 자기 몫에 만족하며 자기에게 없는 것을 바라지 않는다네."	세네카
4	"자유는 욕망을 충족시키는 게 아니라 없애야 얻어진다. 이 점을 확신하려면 예전의 헛된 목표에 들였던 만큼의 노력을 새로운 목표에 쏟아라. 해방된 마음가짐을 얻기 위해 밤낮으로 힘써라."	에픽테토스, 《담화록》

헬레니즘 시대의 위대한 철학자인 에피쿠로스는 행복이란 우리가 욕망을 제대로 이해하고 최소화하는 데서 비롯된다고 믿었다. 에피쿠로스는 욕망을 3가지로 분류했다. 자연적이고 필수적인 욕망, 자연적이지만 필수적이지 않은 욕망, 그리고 헛된 혹은 자연적이지 않은 욕망이다. '욕망 최소화'는 에피쿠로스의 통찰에 크게 기대고 있으며, 필수적인 욕망에만 집중하고 나머지는 내려놓으라고 가르친다.

에피쿠로스에 따르면, 자연적이고 필수적인 욕망이란 생존과 마음의 평온을 위해 꼭 필요한 것, 예컨대 음식, 주거, 의미 있는 인간관계다. 이런 욕망은 충족되기 쉽고 고통을 피하는 데 꼭 필요하다. 이런 욕구가 충족되면, 우리는 에피쿠로스가 '아타락시아(외부 자극, 욕망, 감정 기복에 흔들리지 않는 마음의 평정, 불안과 고통에서 자유로운 내적 평온의 상태. — 옮긴이 주)'라고 부른, 고요한

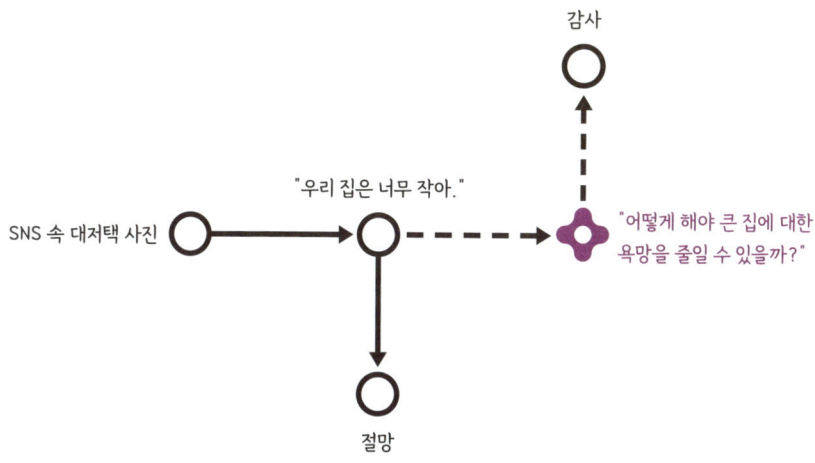

평정심의 상태를 경험하게 된다.

예컨대 미식이나 유행을 따르는 멋진 옷에 대한 욕망은 여전히 인간 본성에 뿌리를 두고는 있지만 그렇다고 꼭 필요한 건 아니다. 잠시간의 즐거움을 줄 수는 있지만 지속적인 만족으로 이어지지는 않는다. 실제로, 이런 욕망은 과도한 탐닉으로 이어지면서 결국에는 기쁨보다 더 큰 스트레스를 낳을 수 있다.

끝으로, 자연적이지 않은 헛된 욕망이 있다. 부, 권력, 명예, 사치 따위다. 이런 욕망은 진정으로 필요해서가 아니라 사회적 압력 때문에 떠안는 경우가 많다. 에피쿠로스는 이런 욕망은 이루기도 어려울뿐더러 결코 만족할 수도 없기에 가장 위험하다고 경고했다. 얼마나 많은 부를 쌓든 얼마나 큰 인정을 얻든 더 많은 것을 바라는 욕망은 그대로 남아 사람을 불안과 불만족의 굴레에 가둔다.

이 마음 기술은 우리에게 욕망을 최소한으로 줄이라고 권한다. 쾌락을 완전히 부정하라는 말이 아니다. 어떤 욕망이 진정으로 평온을 주고, 어떤 욕망이 삶을 더 복잡하게 만드는지 재평가하라는 뜻이다. 요즘에 적용하자면 기술이나 소비주의, 지위를 나타내는 상징 등에 얼마나 집착하는지 돌아보면서 "이것이 정말 내 행복에 도움이 되는가, 아니면 행복을 가로막는가?"라고 물을 수 있다. 자연적이지도 필수적이지도 않은 욕망을 억누르면 우리는 인생의 수많은 좌절에서 벗어나게 된다.

궁극적으로, 에피쿠로스와 '욕망 최소화'라는 마음 기술은 단순하게 만드는 데서 행복한 삶이 온다고 가르친다. 본질적인 필요에만 집중하면 휘둘리지 않고 욕망을 다스릴 수 있으며, 이미 가진 것의 풍요로움에서 만족을 찾을 수 있다.

마음 기술 22 — **욕망 최소화**에서 인상적인 키워드 적어 두기

일일 실천 과제

- **월** ☐ '욕망 최소화'를 읽고 충분히 익히자. 오늘 하루 이 개념을 마음에 새기고 1번 칸을 채우자.
- **화** ☐ 앞을 보지 말고, '욕망 최소화'를 자신만의 말로 정의하고 설명해 보자.
- **수** ☐ 욕망을 줄임으로써 더 큰 평온을 얻을 수 있는 3가지 상황(과거, 현재, 미래)을 열거해 보자.
- **목** ☐ 자신의 욕망을 강도 순으로 나열한 뒤, 하나씩 버린다고 상상하자. 그 과정에서 어떤 욕망이 필수적이라고 느껴지는지 적어 보자.
- **금** ☐ 이 기술을 적용할 만한 상황을 마음속으로 그려 보자. 상황에 맞게 2번이나 3번을 채우자.
- **토** ☐ 강렬한 욕망을 하나 고른 뒤 집착을 줄이면서 그 욕망이 감정에 주는 영향력을 약화시키는 연습을 하자.
- **일** ☐ 이름만 보고 지금까지의 마음 기술들에 대한 내용을 기억해서 정리하고 복습하자.

이해도 체크리스트

- ● 0. 모름
- ○ 1. 연습
- ○ 2. 응용
- ○ 3. 안정

22. 욕망 최소화

◆ 마음 기술 **23** 비난하고 싶은 충동을 이해하려는 욕구로 바꿔라

Derision to Curiosity
비웃음에서 호기심으로

취약함, 좌절, 오만함, 동기화된 편향, 자기 제한적 신념, 집단주의

깎아내리려는 충동을 이해하려는 욕망으로 바꾸는 것.
낯설고 이상한 것이라도 무엇이든 배우려는 호기심과 욕망을 길러
자신의 지식과 지혜를 확장하기.

> **당신이 모든 이야기를 다 알고 있다고 지레짐작하지 마라.**

이해하기 힘든 결정이나 어리석어 보이는 신념, 마음에 들지 않는 사람을 마주할 때, 첫 반응으로 그런 결정, 신념, 사람을 무시하거나 깎아내릴 수 있다. 그러나 타인의 결정이 이해하기 힘들어도, 우리가 잘 모르는 복잡한 제약 때문에 그런 결정이 내려지는 경우가 많다. 성급하게 무시하면 자신이 잘 모르는 것을 배울 기회를 놓칠 수 있다. 낯선 것을 호기심으로 대하면 자기 지식과 지혜의 원천을 넓힐 수 있다. 자신이 잘 모르는 것을 비판적으로 본다고 느껴지면 D에서 C로 즉, 비웃음(Derision)에서 호기심(Curiosity)으로 태도를 바꿔라. 선택이 낯설다고 덮어놓고 무시하려 들 때마다, 어떤 복잡한 동기나 제약 때문에 그런 선택을 했을지 스스로 질문하자. 자신의 가정을 두고 일부러 반대쪽 입장에 서는 선의의 비판자 노릇을 해 보자. 어떤 사람이나 신념을 곧바로 거부하지 않고 이해하려는 욕망으로 대체할 수 있을지 들여다보라.

"

'D에서 C로'라는 표현은

새로운 아이디어나 제품에 대해 가지고 있는

부정적이거나 회의적인 태도를 잠시 내려놓고

거기에서 무엇을 배울 수 있을지 알아보라는 의미다.

— 라밋 세티

1 "어떤 사람이나 생각이 틀렸거나, 혐오스럽거나, 불쾌하다는 말을 들으면, 머릿속에   아얀 히르시 알리
   불이 켜져야 한다. 바로 이 순간이 당신의 호기심이 자극받아야 할 때다."

2 "내가 지금껏 만났던 누구에게나 배울 것이 있었다."   제인 애덤스

과학 저널 〈네이처〉의 유명 편집장이었던 존 매덕스는 한때 대륙 이동설을 의심했다. 1912년에 알프레트 베게너가 지구의 여러 대륙이 한때는 거대한 하나의 대륙이었다가 수백만 년에 걸쳐 이동하면서 서로 떨어져 나갔다고 주장했을 때, 매덕스를 비롯한 과학자 대다수는 이 이론을 일축했다. 당시에 베게너는 거대한 대륙의 움직임을 설명할 명확한 메커니즘을 제시하지 못했다. 그 때문에 많은 이들이 근거 없는 억측이라고 비웃었다. 당시 과학계의 일치된 견해는 지각이란 움직이지 않는 것이었고, 대규모 이동은 개연성이 없는 데다가 상상하기 어려운 일이었다.

수년 동안 매덕스도 과학계 전반의 분위기에 따라 대륙 이동설을 진지하게 받아들이지 않았다. 대륙 이동설은 대체로 놀림거리였고, 대륙이 지구 표면을 가로질러 이동한다는 생각은 유사 과학처럼 여겨졌다. 그러다가 1950~1960년

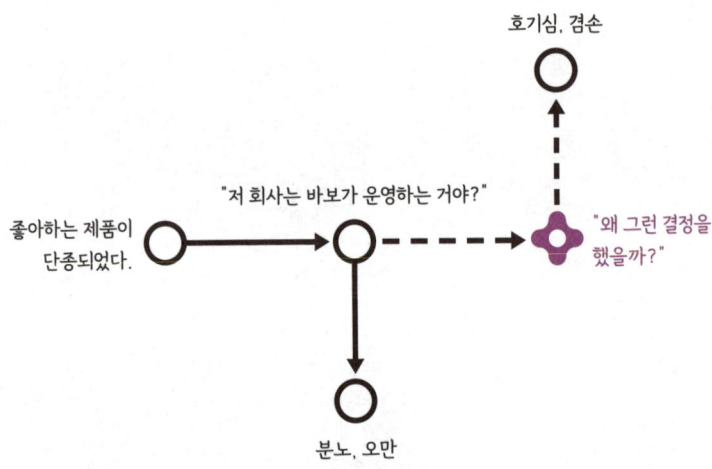

대에 들어서면서 사태를 바꿀 만한 여러 발견이 이어졌다. 여러 지질학자가 해양저에서 해저 확장(해양 중앙 해령에서 새로운 해양 지각이 생성되어 양쪽으로 퍼져 나가는 현상. 이 과정에서 기존의 해양 지각은 점차 멀어진다. 이는 대륙 이동설과 판 구조론의 핵심 증거 중 하나다. — 옮긴이 주)과 자기 줄무늬(해저 지각에 남아 있는 지구 자기장의 방향이 띠 모양으로 번갈아 가며 배열된 현상. 해저 확장 과정에서 용암이 식으며 당시의 자기장이 암석에 기록된 결과로, 판이 움직였다는 중요한 증거다. — 옮긴이 주) 같은 증거를 발견하기 시작했는데, 이는 지구의 암석권을 이루는 거대한 지각판이 시간이 흐르면서 어떻게 이동했는지 보여 주었다. 이런 발견은 베게너의 이론에 부족했던 매커니즘인 판 구조론(지구의 암석권이 여러 개의 판으로 이루어져 있고, 이 판들이 움직이면서 각종 지질학적 현상이 발생한다는 이론이다. — 옮긴이 주)을 탄생시켰다.

증거가 쌓이자, 매덕스는 회의론자라면 누구도 하지 못할 일을 해냈다. 자기 생각을 바꾼 것이다. 매덕스는 낡은 믿음에 매달리지 않고 호기심을 가지고 새로운 데이터를 따랐다. 그리고 〈네이처〉를 통해 이 이론을 널리 알리는 데 핵심적인 역할을 하면서, 판 구조론이 지질학적으로 지구를 설명하는 유력 이론으로 자리 잡게 만든 주요 연구 출판에도 힘을 보탰다. 매덕스가 태도를 바꾼 것이 지질학에서 이론적 돌파구를 연 중요한 순간으로 남게 되었다.

이는 마음을 열고 새로운 아이디어를 받아들이는 게 얼마나 중요한지 잘 드러낸다. 이런 자세는 지적 성장으로 자신의 가정에 의문을 품는 데서 비롯되며, 진보의 열쇠는 한때 불가능하리라 여긴 것을 다시 생각하게 만드는 호기심이라는 점을 잘 보여 준다.

| 마음 기술 23 **비웃음에서 호기심으로**에서 인상적인 키워드 적어 두기

일일 실천 과제

월	☐	'비웃음에서 호기심으로'를 읽고 충분히 익히자. 오늘 하루 이 개념을 마음에 새기고 1번 칸을 채우자.
화	☐	앞을 보지 말고 '비웃음에서 호기심으로'를 자신의 말로 정의하고 설명해 보자.
수	☐	경멸이 진정한 관심으로 바뀔 수 있는 3가지 상황(과거, 현재, 미래)을 열거해 보자.
목	☐	평소 어떤 것을 비웃거나 무시하는지 살펴보자. 그에 대한 호기심 어린 질문은 무엇인가?
금	☐	이 기술을 적용할 만한 상황을 마음속으로 그려 보자. 상황에 맞게 2번이나 3번을 채우자.
토	☐	평소 자신이 비하하던 무언가를 좋아하는 사람을 찾아보고, 짧게나마 어떤 열정으로 그것을 좋아하는지 인터뷰하자.
일	☐	이름만 보고 지금까지의 마음 기술들에 대한 내용을 기억해서 정리하고 복습하자.

이해도 체크리스트

- ● 0. 모름
- ○ 1. 연습
- ○ 2. 응용
- ○ 3. 안정

◆ 마음 기술 **24** 스스로 한계를 두지 마라

Growth Mindset
성장 마인드셋

의심, 시기, 절망, 불안감, 자기 제한적 신념, 수치심

현재의 상태를 고수하려는 자세에서 끊임없이 학습하고 성장하려는 방향으로 사고 방식을 전환하는 것.
자신에게 무한히 학습하고 발전할 수 있는 역량이 있음을 인정하고 스스로를 제한하거나 깎아내리는 신념에 맞서는 것.

자기 역량이 정해져 있다고 스스로 믿지 않는 한, 역량은 고정되지 않는다.

처음 몇 번 시도하다가 실패하면 재능이나 능력이 부족해서라고 결론짓고 싶어진다. 누구나 자기 능력이 달라지지 않는다고 생각하면 포기는 빨라지고 성장은 더뎌진다. 결국 실패는 능력이 아니라 마음가짐 혹은 사고 방식의 변화 부족 때문일 가능성이 더 크다. 자기 강점을 쉽게 바꿀 수 있다고 생각하는 사람이 노력 대비 더 큰 성과를 거두고 자기 삶에 더 만족한다고 한다. 현재 창의적인 일이든 운동 능력이든 지적 능력이든 어떤 한계를 느끼고 있다면, 반드시 성장하겠다는 사고 방식으로 태도를 전환해야 한다. 점점 나아지리라 믿고 꾸준히 실천하면 현재 자신의 한계를 크게 뛰어넘을 수 있다.

고정 마인드셋에서 중요한 것은 오로지 결과뿐이다.
만약 실패하거나 최고가 아니라면,
이 마인드셋은 모든 것을 헛수고로 치부한다.
성장 마인드셋은 결과와 상관없이 사람이 하는 일 자체의 가치를 인정한다.
이들은 문제를 해결하고 새로운 길을 개척하며 중요한 사안에 도전한다.
설령 암 치료법을 찾지 못했더라도 그런 탐구 자체에 큰 의미가 있다.

— 캐롤 드웩, 《마인드셋》

---

1. "누구든 마음만 먹으면 자기 뇌를 조각하는 조각가가 될 수 있다."
   라몬 이 카할, 《과학자를 꿈꾸는 젊은이에게》

2. "여행 중에 나는 태어나면서부터 시력을 잃은 사람에게 시력을 찾아준 과학자, 청력을 잃은 사람에게 청력을 찾아준 과학자를 만났다. 수십 년 전 뇌졸중을 앓고서 불치 판정을 받았다가 신경 가소성 치료의 도움으로 회복되고 있던 사람과 이야기를 나눴다. 학습장애가 치료되면서 지능이 올라간 사람도 만났다. 80세 노인이 55세 때처럼 기억을 날카롭게 되살릴 수 있다는 증거도 보았다. 자기 생각으로 뇌의 회로를 재구성해 불치로 여겨졌던 강박증과 트라우마를 치료한 사람을 보았다. 노벨상 수상자들과 이야기를 나누기도 했는데, 이들은 뇌가 끊임없이 변화한다는 사실을 알게 된 지금 우리 뇌 모델을 어떻게 재고해야 하는지 뜨겁게 논쟁을 벌이고 있었다."
   노먼 도이지, 《스스로 치유하는 뇌》

3. "왜 자신이 얼마나 대단한지 증명하려고 시간을 허비하는가? 훨씬 나아질 수 있는데. 왜 자신의 부족함을 숨기는가? 극복할 수 있는데. 왜 자존감을 북돋워 줄 사람만 찾으려 하는가? 당신이 성장하도록 다그칠 사람을 찾을 수도 있는데. 왜 이미 해 본 것과 사실인 것만 찾으려 하는가? 당신을 한계까지 넓혀 줄 경험을 할 수도 있는데. 일이 잘 풀리지 않을수록 그 일을 끝까지 해내려는 열정은 반드시 성공하겠다는 마음가짐의 특징이다. 이는 인생에서 가장 도전적인 시기를 살아 낼 힘이 된다."
   캐롤 드웩, 《마인드셋》

2000년대 초에 심리학자 캐롤 드웩은 인간 잠재력에 관한 중요한 진실을 밝혀 내기 시작했다. 드웩은 자기 능력이 나아지지 않는다고 믿는 학생은 도전에 직면했을 때 훨씬 더 쉽게 포기하는 반면, 노력하면 더 나아진다고 믿는 학생은 더 강한 회복탄력성을 보인다고 했다. '고정 마인드셋'과 '성장 마인드셋'의 구분은 현대 심리학에서 유력한 아이디어 중 하나가 될 터였다. 하지만 이 개념은 단순히 교육뿐 아니라, 삶의 거의 모든 영역에 적용되었다.

드웩은 사람이 실패에 어떻게 반응하는지에 핵심적인 차이가 있음을 연구로 증명했다. 고정 마인드셋을 가진 사람은 실패가 자신의 타고난 한계를 반영한다고 여긴다. 성적이나 성과가 형편없다면 이는 곧 자신이 뛰어나지 않다는 의미라고 생각한다. 반면 성장 마인드셋을 가진 사람은 실패를 더 나아질 기회로 여긴다. 이들은 한계도 끈기 있게 노력하면 발전시킬 수 있는 특성으로 본다.

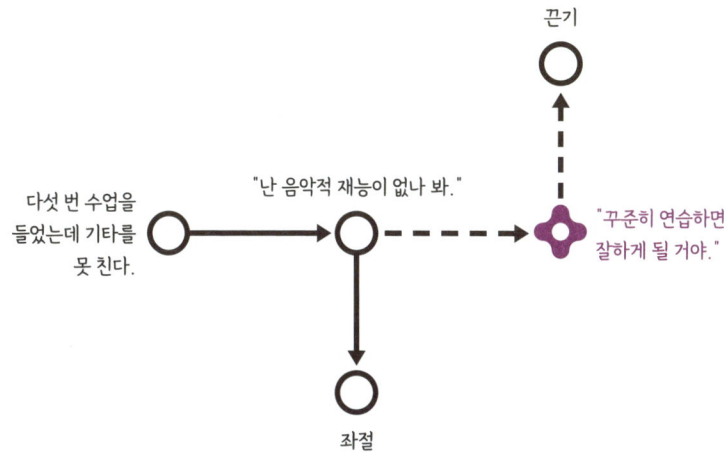

지능과 재능이 계발될 수 있다는 생각은 학습과 자기 계발을 대하는 방식을 혁신적으로 바꿔 놓았다. 성장 마인드셋을 가진 사람은 노력을 숙련되어 가는 길로 받아들인다. "왜 자신의 부족함을 숨기려 드는가? 극복할 수 있는데"라는 드웩의 유명한 말은 성장 마인드셋의 본질을 보여 준다. 부족함이 드러나는 것을 두려워하는 태도에서 어디에서든 성장하겠다는 열망으로 나아가는 것이 중요하다는 의미다.

어떤 기술을 익히기 어렵든 창의력이 한계에 부딪히든 정체되었다고 느끼든, 어느 때라도 성장 마인드셋은 이런 순간을 기회로 바라보라고 가르친다. 자기 능력은 정해져 있는 것이 아니라고 믿을 때 우리에게 무한한 가능성이 열린다. 드웩의 연구가 보여 주듯 성공은 지금 당장 최고가 되는 것이 아니라 끊임없이 더 나아지는 과정이다.

마음 기술 24 — **성장 마인드셋**에서 인상적인 키워드 적어 두기

| 일일 실천 과제 |

- 월 ☐ '성장 마인드셋'을 읽고 충분히 익히자. 오늘 하루 이 개념을 마음에 새기고 1번 칸을 채우자.
- 화 ☐ 앞을 보지 말고 '성장 마인드셋'을 자신만의 말로 정의하고 설명해 보자.
- 수 ☐ 자신에게 성장할 수 있는 역량이 있음을 인식하는 것이 실제로 도움이 되는 3가지 상황(과거, 현재, 미래)을 열거해 보자.
- 목 ☐ "나는 할 수 없어"가 들어간 문장 3개를 골라 "아직은"이라는 말을 덧붙이고 가능하게 만드는 길을 탐색해 보자.
- 금 ☐ 이 기술을 적용할 만한 상황을 마음속으로 그려 보자. 상황에 맞게 2번이나 3번을 채우자.
- 토 ☐ 스스로 절대 할 수 없다고 여겼던 것을 배우자. 조금이나마 나아지는 부분에 집중하자.
- 일 ☐ 이름만 보고 지금까지의 마음 기술들에 대한 내용을 기억해서 정리하고 복습하자.

이해도 체크리스트

- ● 0. 모름
- ○ 1. 연습
- ○ 2. 응용
- ○ 3. 안정

◆ 마음 기술 **25** 스스로 불완전한 존재임을 인지하라

Nonself
무아(無我)

불안, 우울, 의심, 질투, 절망, 불안정, 슬픔, 수치심

자신을 통제되지 않은 지각과 경험의 집합체로 보는 것.
정체성이 얼마나 불안정한 것인지 인식하여 부정적인 정체성에 기반한 생각과 감정을 완화하는 것.

> **당신은 여러 과정이 모여 이루어진 집합체다.**

일반적으로 안정적이고 통합된 자아가 인간의 중심에 있다고 생각한다. 하지만 마음 안에는 끊임없이 변화하고 통제할 수 없는 생각, 감정이 있다는 것을 발견하게 된다. 오늘 나라고 생각하는 존재는 10년 전 혹은 심지어 10초 전의 당신과도 다르다. 당신의 생각과 감정, 행동은 모두 수많은 상향 처리 과정(자극이나 정보를 감각기관 등 하위 수준에서 상위 인지 수준으로 단계적으로 처리하는 과정 — 옮긴이 주)에 의해 결정되며, 당신은 그저 '내가' 모든 것을 통제했다는 인상만 받을 뿐이다. 자아는 때로는 유용하지만 때로는 고통스러운 환상일 수도 있다. 정체성 때문에 스스로 수치심과 고통을 느낄 때, 그로부터 거리를 두고 자아라는 구성체에는 결함이 있기 마련이라는 점을 기억하라. 자신이 나쁘다고 느낄 때, 그렇게 느낄 자아 자체가 없음을 기억하라. 그러면 고통이 빠르게 줄어들 것이다.

> "'진정한 나'란 무아(無我)다.
> '나'라는 것은 무아의 요소로만 이루어져 있다는 사실을 자각하는 것이다.
> 나와 남 사이에는 분리가 없으며, 모든 것은 서로 연결되어 있다.
> 이 사실을 자각하면 자신이 분리된 개체라는 생각에 사로잡히지 않게 된다."
>
> — 틱낫한

1. "그들이 '내 것'이라는 생각에 빠져 허우적거리는 모습을 보라. 말라 버린 개울 웅덩이 속 물고기와 같다. 이것을 보고, '내 것'이라는 생각 없이 살아라. 존재의 상태에 집착하지 말라." — 부처, 《숫타니파타》

2. "불교 철학에 따르면 우리가 '존재'나 '개인'이나 '나'라고 부르는 대상은 끊임없이 변화하는, 물질적 혹은 정신적 힘이나 에너지의 결합에 불과하다. 이는 5가지 요소, 즉 오온*으로 나눌 수 있다. 부처는 말씀하신다. '요컨대, 이 다섯 가지 집착의 무더기가 바로 고(苦)다.'" — 왈뽈라 라훌라, 《붓다의 가르침》

3. "'집'이라는 말은 나무 등 구성 요소, 특정한 주변 공간을 가리키는 하나의 표현일 뿐 절대적 의미의 집이란 존재하지 않는다. (…) 마찬가지로 '살아 있는 존재'니 '자아'니 하는 말 역시 오온을 가리키는 하나의 표현일 뿐, '내가 있다'거나 '나'라는 허상의 근거가 될 만한 존재는 없다. 절대적 의미에서는 오로지 명** 과 색***만이 있을 뿐이다." — 나가세나, 《팔리어 대장경 (Pali Canon)》

* 인간을 구성하는 5가지 요소로, 물질[色], 느낌[受], 지각[想], 의지[行], 의식[識]을 뜻한다.
** 名. 오온 중에서 수(受), 상(想), 행(行), 식(識) 네 가지 정신적 요소를 아우르는 말
*** 色. 물질적 요소를 일컫는 말

부처의 가장 심오한 깨달음은 자아의 본질에 관한 것이다. 오랜 세월 인간이 겪는 고통에 대한 해답을 찾던 끝에, 고통 대부분은 자아가 영원하다는 생각에 집착하는 데서 비롯된다고 결론지었다. 부처는 이를 '아나타(anatta)' 또는 '무아(無我)'라는 교리로 명확히 밝혔다. 변하지 않는 영혼이나 본질이 존재를 규정한다는 당시의 만연한 영적 믿음에 도전하는 혁명이었다.

부처는 자아란 오온(五蘊)이라는 5가지 요소, 즉 색(色), 수(受), 상(想), 행(行), 식(識)의 집합에 불과하다고 설파했다. 이들이 끊임없이 변화하면서 안정된 자아라는 환상이 만들어진다. 우리는 이 환상에 집착하면서 고통을 만든다. 욕망과 정체성, 경험이 현실과 일치하지 않을 때 불안해하고 좌절하며 실망한다.

이 가르침은 불교에서 가장 중요한 통찰의 토대다. 즉, 자아가 환상임을 인식하면 고통의 굴레에서 벗어난다는 것이다. 부처는 해탈, 즉 열반(nirvana)이란

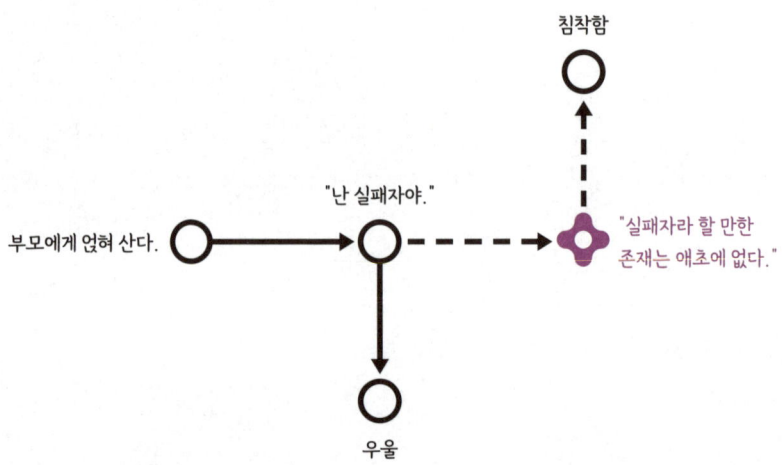

자아를 지키려는 집착을 내려놓을 때 찾아온다고 강조했다.

'무아'는 이런 지혜를 직접 전한다. 일이든 인간관계든 정체성에 관한 것이든, 우리가 겪는 불안과 두려움과 자기 의심은 모두 자아가 고정되어 있다는 믿음에 집착하기 때문에 생겨난다. 하지만 불교는 스트레스를 받거나 수치심을 느끼거나 분노하는 '나'라는 존재가 그저 생각과 감정과 신체 감각이 조합된 것에 불과하며 이 중 어느 것도 영원하지 않다고 가르친다.

실패의 순간을 생각해 보라. 무아의 관점에서 보면 실패한 '나'는 영원한 자아가 아니다. 지나가는 경험으로, 당신을 규정하지 못한다. 이 사실을 받아들이면 우리는 환상 속 자아를 방어하고 보전하려는 욕구에서 벗어날 수 있다. 무아에 대한 부처의 가르침은 자아와, 자아의 요구와 자신을 동일시하지 말라는 요청이며 이는 더 큰 평화와 해탈로 이어진다.

| 마음 기술 25 | 무아(無我)에서 인상적인 키워드 적어 두기 |

일일 실천 과제

			이해도 체크리스트
월	☐	'무아'를 충분히 익히자. 오늘 하루 이 개념을 마음에 새기고 1번 칸을 채우자.	● 0. 모름
화	☐	앞을 보지 말고 '무아'를 자신만의 말로 정의하고 설명해 보자.	
수	☐	정체성이 견고하다는 환상을 꿰뚫어 보면 괴로움이 줄어들게 되는 3가지 상황(과거, 현재, 미래)을 열거해 보자.	○ 1. 연습
목	☐	하루 동안 여러 상황과 인간관계 속에서 자신의 자아가 어떻게 변화하는지 관찰하고 기록하자.	
금	☐	이 기술을 적용할 만한 상황을 마음속으로 그려 보자. 상황에 맞게 2번이나 3번을 채우자.	○ 2. 응용
토	☐	내면의 생각과 감정을 세심하게 관찰하면서 그것을 자신이 통제하고 있는지, 그저 지켜보고만 있는지 주의 깊게 살펴보자.	
일	☐	이름만 보고 지금까지의 마음 기술들에 대한 내용을 기억해서 정리하고 복습하자.	○ 3. 안정

✧ 마음 기술 **26** 자신의 결정을 긍정하라

Joy of Missing Out
놓침의 기쁨

불안, 질투, 불안정, 외로움, 슬픔, 수치심

기회를 잃은 것을 아쉬워하기보다 자신의 결정과 우선순위, 그리고 그런 결정을 홀로 내렸다는 사실을 긍정하는 것.
자기만 놓칠지 모른다는 불안, 질투, 두려움을 감사의 마음으로 바꾸는 것.

전부 가지려 하지 말고 자신의 선택을 받아들여라.

타인에게 어떤 일이나 길이 더 큰 보상을 줄 것 같을 때, 나만 놓칠지 모른다는 두려움(Fear of Missing Out, FOMO)이 생긴다. 타인이 나보다 좋은 시간을 보낸다고 생각할 때, 우리는 불안하고 외롭고 불안정하다고 느낀다. 물론 모두 갖고 싶겠지만 인생은 한 번뿐이고 자원은 한정되어 있다. 선택하는 것 말고 다른 선택지는 없다. 여기서 두려움의 원인을 기쁨의 원인으로 바꿔 보자. 다른 길을 선택했더라면 더 나았을지 궁금해질 때마다 자기가 쓸 수 있는 자원이 유한함을 상기하라. 만약 다른 길이 지금의 길보다 정말 더 낫다면, 시간을 쓰는 방식을 바꾸고 우선순위를 정해 결정을 내려라. 지금 택한 길이 자신에게는 가장 나은 길이라면, 선택을 긍정하고 지금 하는 일과 하지 않은 일 모두를 당당하게 생각하라. 선택하지 않은 수많은 선택지에 감사할 때 당신이 가진 것에 더욱 감사하게 된다.

> 오, 놓침의 기쁨이여. / 세상이 소리치며 /
> 반짝이는 것을 향해 달려갈 때, / 가장 최근에 나온 정신의 장신구, /
> 그것을 갖고 해 보려 애쓰지만, /
> 당신은 자신이 그런 소동에 휩쓸리지 않을 것임을 안다. /
> 불안에 쌓인 아우성과 욕구, / 채워지지 않는 이 허기. /
> 오히려 당신은 사랑스러움을 느끼고 / 비어 있음이 주는 기쁨을 맛본다. /
> 선반 위의 보물을 외면하고 / 자신의 평온한 자아를 택한다. /
> 후회도, 한 점 의심도 없이. / 오, 놓침의 기쁨이여.
>
> — 마이클 르닉

---

1. "갖지 못한 것을 탐내어 가진 것을 망치지 마라. 지금 가진 것도, 한때는 네가 그저 바라기만 했던 것임을 기억하라." — 에피쿠로스, 《주요 가르침들》

2. "많은 이들이 어떤 대가를 치르더라도 곁을 줄 누군가가 있어야 한다고 믿는다. (…) 우리는 고독이 매우 이상적인 상태일 수 있음을 기억하고 자녀에게 그렇게 가르칠 필요가 있다. 홀로 있다는 것은 받아들일 만하고 때로는 적극적으로 바랄 일이기도 하다. 다른 이와 어울리는 사이에 우리는 자기에게 말을 건다. 침묵 속에서 자기 목소리를 듣고 자기에게 질문을 던진다. 자기를 묘사하다가 고요한 가운데 어쩌면 신의 목소리까지 들을 수 있다." — 마야 안젤루, 《별조차 외로워 보이는 밤에(Even the Stars Look Lonesome)》

3. "놓침의 기쁨(Joy of Missing Out, JOMO)의 5가지 원칙:
   1. JOMO는 FOMO(놓칠지 모른다는 두려움)의 반대다.
   2. JOMO는 지킬 것과 보내 줄 것을 의도적으로 선택하는 것이다.
   3. JOMO는 남에게 뒤지지 않으려고 애쓰는 것이 아니라 아예 무시하는 것이다.
   4. JOMO는 계속 큰 꿈에 집중할 수 있도록 순간을 다른 관점에서 재구성하는 것이다.
   5. JOMO는 최대주의(maximalism)가 아니라 최소주의(minimalism)로 더 나은 결과를 얻는 기술이다." — 리치 노튼

알렉산더 대왕은 다소 과격한 방식으로 빈곤과 단순함을 추구하던 철학자 시노페의 디오게네스를 찾았다. 알렉산더 대왕은 느긋하게 햇볕을 즐기며 쉬고 있던 디오게네스를 발견했다. 막대한 영토를 정복해 엄청난 부를 쌓은 대왕은 디오게네스에게 어떤 소원이든 기꺼이 들어주겠노라고 말했다. 하지만 디오게네스는 세계를 정복한 인물 앞에서도 별다른 감흥 없이 이렇게 말했다. "그러면, 내 햇빛을 가리지 말게."

이 일화는 '놓침의 기쁨'을 압축해서 보여 준다. 디오게네스는 재물, 권력, 지위에 집착하는 태도를 거부했다. 반항심이 아니라 최소한의 삶에서 더 깊은 형태의 만족을 찾았기 때문이다. 다른 이들이 알렉산더가 줄 수 있는 각종 사치품과 특권을 놓칠까 두려워하는 동안 디오게네스는 햇볕과 단순함, 자유로움처럼 이미 갖고 있는 것에서 기쁨을 찾았다.

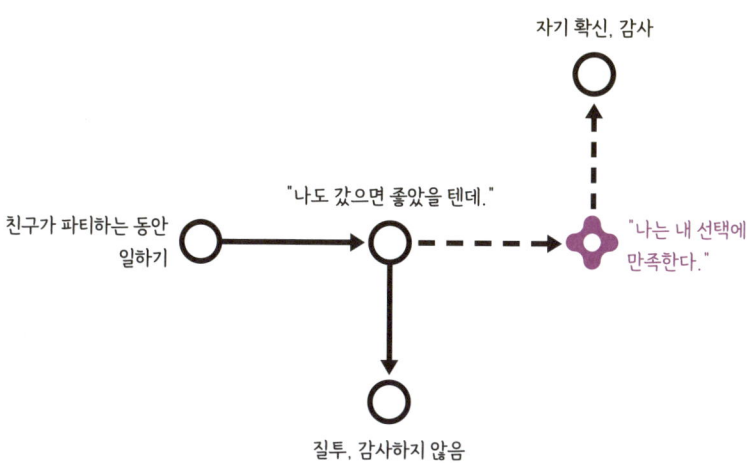

소셜 미디어와 그 속에서 벌어지는 끊임없는 비교가 흘러 넘치는 요즘 우리는 놓칠지 모른다는 두려움을 안고 살아간다. 자신이 하지 못하는 경험이나 갖지 못한 물건을 만끽하는 다른 이들의 이미지에 끊임없이 노출되어 불만을 느낀다. 하지만 디오게네스는 '조모(JOMO)', 즉 '놓침의 기쁨'을 구현했다. 그는 진정한 충족감이란 모든 기회나 타인의 좋은 것을 가지려고 애쓰는 데서 오지 않는다는 점을 상기시킨다. 오히려 현재를 소중히 하고 닿지 않는 유혹에 흔들리지 않겠다고 마음먹을 때 찾아온다.

　'놓침의 기쁨'은 우리에게 자신이 선택한 것에서 평온을 찾고 산만함과 불필요한 욕망에 '아니오'라고 말할 때 얻는 자유를 포용하라고 격려한다. 디오게네스는 더 많은 소유가 아니라 더 적게 원하는 데서 행복을 찾았다. 그가 알렉산더 대왕의 제안을 거절한 것은 자신이 의식적으로 세공한 삶을 축복하는 일이었다. 디오게네스는 진정 중요한 것에 집중하면서 많은 재물이나 권력이 주지 못할 만족의 경지에 이르렀다.

　우리도 똑같은 마음가짐을 기를 수 있다. 더 나은 무언가를 놓치고 있다는 두려움을 내려놓고 자기 경험의 풍요로움을 받아들이고 이미 갖고 있는 것에서 기쁨을 찾을 수 있다.

| 마음 기술 26 | **놓침의 기쁨**에서 인상적인 키워드 적어 두기 |

일일 실천 과제

- 월 ☐ '놓침의 기쁨'을 읽고 충분히 익히자. 오늘 하루 이 개념을 마음에 새기고 1번 칸을 채우자.
- 화 ☐ 앞을 보지 말고 '놓침의 기쁨'을 자신만의 말로 정의하고 설명해 보자.
- 수 ☐ 놓쳐서 평온을 얻을 수 있는 3가지 상황(과거, 현재, 미래)을 열거해 보자.
- 목 ☐ 사교 모임을 건너뛰고 스스로 선택한 고독이 얼마나 특별한 기쁨을 주는지 탐색하자.
- 금 ☐ 이 기술을 적용할 만한 상황을 마음속으로 그려 보자. 상황에 맞게 2번이나 3번을 채우자.
- 토 ☐ 혼자만의 시간을 중심으로 의미 있는 의식을 만들어 자신만의 우선순위를 정리하자.
- 일 ☐ 이름만 보고 지금까지의 마음 기술들에 대한 내용을 기억해서 정리하고 복습하자.

이해도 체크리스트

- ● 0. 모름
- ○ 1. 연습
- ○ 2. 응용
- ○ 3. 안정

마음 기술 27 부정적인 생각이 들면 일단 미뤄 두어라

Distress Deferral
고통 미루기

분노, 불안, 좌절감, 공황, 후회, 슬픔, 걱정

부정적 사건에 놓였을 때 전적으로 타당하다고 밝혀질 때까지
자신의 감정적 반응을 미루는 것.
고통스러운 감정을 무한정 지연시키고 가능하다면 그런 감정을 완전히 제거하려는 것.

> **문제에 대한 반응을 미뤄 두자. 그 문제는 문제가 아닐지 모른다.**

어떤 일로 화가 나면, 대체로 정신은 명확하지 않다. 그래서 당신이 겪는 고통의 상당 부분은 한쪽으로 치우친 해석에서 비롯되며 궁극적으로 불필요하다. 대부분 조금이라도 감정적으로 거리를 두면 명료함과 평온을 얻을 수 있다. 여기에 기회가 있다. 이제 막 분노, 슬픔, 걱정을 쏟아 내려는 참이라면 스스로를 잠깐 멈추게 하고 좌절이 정당한지 확신이 들 때까지 반응을 미루자. 분노를 미루면 몇 분 지나지 않아 우스꽝스럽게 보이고 더 이상 분노를 느낄 필요가 없을 것이다. 걱정을 미루면 우려가 실제 현실이 되는지 살펴볼 충분한 시간을 얻는다. 슬픔을 미루면 평온함이 찾아와 고통을 건너뛰게 한다는 사실을 깨닫는다. 부정적 감정을 잠깐 기다리게 하면 오로지 시간의 시험을 견딜 뿐 나머지는 모두 피할 수 있다.

> 확인이나 확신을 얻고 싶은 욕망이 생겼다면,
> 한 시간만 미뤄라.
> 시간이 지나면 그것을 하고 싶은 욕망은
> 줄어들거나 사라진다.
>
> — 로버트 리히, 《걱정 활용법》

---

1 "분노를 치유하는 최고의 방법은 잠시 미루는 것이다. 처음에는 상대에게 이를 허락해 달라고 간청하라. 잘못을 용서받기 위함이 아니라 올바른 판단을 내리게 하기 위한 것이다. 만약 분노를 미룰 수 있다면 마침내 분노는 사라진다. 한 번에 분노를 잠재우겠다고 애쓰지 말라. 처음의 충동은 매우 격렬하다. 그 부분을 하나하나 떼어내다 보면, 결국 분노 전체를 없앨 수 있다."
세네카, 《화에 대하여》

2 "걱정이나 강박적 사고를 완전히 멈추진 못해도 잠시 미루는 선택을 할 수 있다. (…) 처음 시도할 때는, 아주 짧게 대략 2~3분 정도만 걱정을 미뤄 보라. 그러고 나서 정해 놓은 시간이 끝나면 다시 짧은 시간 동안 걱정을 미뤄 보라. (…) 비결이라면 되도록 오랫동안 계속 걱정을 미루는 것이다. 종종 특정한 걱정은 충분히 오랫동안 미룰 수 있고, 자기 마음은 다른 것으로 옮겨 간다. 걱정은 오래 미룰수록 그 힘을 잃고 만다."
에드먼드 본, 로나 가라노, 《불안 대처법》

❖ ─────────────────

빅터 프랭클은 제2차 세계 대전 중 나치 강제 수용소에 갇혔다가 상상할 수 없을 만큼 끔찍한 고통을 당했다. 하지만 그 상황에서도 깊은 깨달음을 얻었다. 잔혹함, 굶주림, 심지어 자신의 생존 같은 외부 상황을 어쩔 수는 없지만, 그런 상황에 어떻게 반응할지는 스스로 결정할 수 있다는 것이다. 그는 이렇게 말했다. "사람에게서 빼앗아 가지 못하는 게 딱 하나 있다. 바로 마지막 남은 인간의 자유, 즉 어떤 상황에서든 자신의 태도를 선택할 자유 말이다."

프랭클의 통찰은 '고통 미루기'의 본질을 분명히 보여 준다. 프랭클은 어마어마한 고통을 겪었음에도 주변의 잔혹함과 결핍에 충동적으로 반응하지 않았다. 대신, 의도적으로 잠시 멈췄고, 고통에 반응하기 전에 자신을 돌아보았다. 강제 수용소에는 절망에 빠지거나 분노에 휩싸이거나 고통의 무게에 짓눌려 무너지고 싶은 충동이 늘 일렁였다. 하지만 그런 반응을 잠시 미뤄 정신적으로 여유를

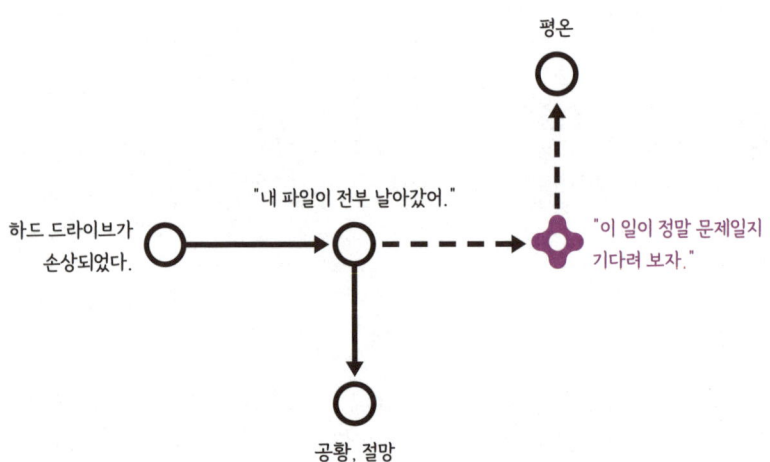

찾을 수 있었다.

  이런 미룸이나 지연은 감정을 부정하거나 억압하기 위한 게 아니다. 감정적 혼돈에 휩쓸리지 않고 자신의 가치에 부합하는 반응을 하겠다고 선택한 것이었다. '고통 미루기'를 실천함으로써 고통에 대한 반응은 스스로 통제할 수 있는 것임을 깨달았고 이는 프랭클에게 끈질기게 버틸 힘과 가장 비참한 상황에서도 자신의 존엄을 지킬 수 있는 명확함을 주었다.

  이 시대에도 고통은 종종 긴급하고 압도적이며 우리가 생각 없이 감정적으로 반응하게 만든다. 하지만 프랭클은 잠시 멈추고 고통을 미루는 것이야말로 마음에 대한 통제력을 되찾는 강력한 도구임을 보여 주었다. 잠깐이라도 격렬한 감정에서 한 걸음 물러서 상황을 더욱 명확하게 평가할 수 있다.

  분노, 두려움, 스트레스가 찾아올 때, 감정적 반응을 잠시 미루면 상황을 더 분명히 인식하고 거기에서 회복하는 능력을 키울 수 있다. 고통을 무시하지 말되, 압도당하지 말라. 고통에 어떻게 반응할지 선택할 자유를 되찾아라.

마음 기술 27 **고통 미루기**에서 인상적인 키워드 적어 두기

｜일일 실천 과제 ｜

월 ☐	'고통 미루기'를 읽고 충분히 익히자. 오늘 하루 이 개념을 마음에 새기고 1번 칸을 채우자.
화 ☐	앞을 보지 말고 '고통 미루기'를 자신만의 말로 정의하고 설명해 보자.
수 ☐	감정적 대응을 미루고 나니 그 감정이 완전히 사라졌던 상황을 열거해 보자.
목 ☐	머릿속에서 만든 미래의 문제 때문에 현재 얼마나 자주 고통을 느끼는지 확인해 보자.
금 ☐	이 기술을 적용할 만한 상황을 마음속으로 그려 보자. 상황에 맞게 2번이나 3번을 채우자.
토 ☐	미래에 일어날지 알 수 없는 일에 대해서 걱정을 미루는 연습을 해 보자.
일 ☐	이름만 보고 지금까지의 마음 기술들에 대한 내용을 기억해서 정리하고 복습하자.

이해도 체크리스트

● 0. 모름
○ 1. 연습
○ 2. 응용
○ 3. 안정

◆ 마음 기술 **28** 내 자리에 타인을 앉혀라

Recasting
시점 바꾸기

분노, 불안, 우울, 의심, 시기, 좌절, 죄책감, 절망감, 불안정, 질투, 외로움, 공황, 후회, 분개, 슬픔, 수치심, 걱정

자신이 처한 상황을 친구나 가족의 상황인 것처럼 생각하고 그들에게 어떤 조언을 할지 상상하는 것.
이를 통해 자기 상황에서 거리를 두고 상황을 객관적으로 바라보는 것.

자기 상황을 남의 것처럼 평가하라.

아무리 애를 써도 자기 상황을 객관적으로 보기란 좀처럼 쉽지 않다. 상황, 비판, 결정에 대해서 확신이 서지 않는다면, 3인칭 시점으로 보라.
만약 다른 사람의 관점에서 결정한다면 당신은 어떻게 말할 것인가? 자신을 타인의 상황으로 본다면 자기 실수를 다른 사람의 실수보다 더 엄하게 비판할 수 있다. 시점을 바꾸어 재구성하면 문제 해결은 더 쉬워지고 실패해도 용서받기는 더 쉬워지며 올바른 선택이 무엇인지는 더 분명해진다.

"

연구에 따르면,
"나는 사업에서 극복하기 힘든 문제에 처해 있다"보다
"존은 사업에서 극복하기 힘든 문제에 처해 있다"처럼,
자신을 3인칭으로 생각하거나 일기를 쓰면
상황을 더 명확하고 현명하게 평가하게 된다.

— 브래드 스털버그

1	"'내 절친이나 사랑하는 누군가라면, 나는 이들에게 뭐라 말해 줄까?'라는 질문은 다른 사람이 같은 상황에 있다고 상상하게 하여 시점을 바꿔 준다."	데니스 그린버거, 크리스틴 페데스키, 《기분 다스리기》
2	"만약 당신의 친구나 가족이 이 상황에서 무의식적으로 똑같이 생각한다면, 그들에게 어떻게 조언할 것인가?"	주디스 벡, 《인지행동치료: 이론과 실제》
3	"과거의 안 좋은 경험을 떠올릴 때 자신에게 몰입한 이들과 달리 스스로에게서 한 걸음 떨어진 사람들은 사건을 세세하게 기억하기보다 그런 경험에서 무엇을 배우고 어떻게 정리할지에 더 집중했다. 이렇게 과거에 대한 생각이 바뀌면 감정적으로 반응하는 수준이 더 낮아진다. 거리를 두고 자기 경험을 분석하면, 장기적으로 심혈관의 부담이 낮아지고 부정적인 생각을 거듭 반복하는 일이 줄어드는 한편 앞으로 비슷한 일이 닥칠 때 느끼게 될 부정적 감정도 완화될 수 있음이 입증되었다."	이선 크로스*, 외즐렘 아이둑**

* 미국의 실험 심리학자, 신경과학자, 작가로 감정 조절 분야의 세계적 권위자다.
** 미국 UC 버클리 심리학과 교수로, 이선 크로스와 함께 자기 거리두기와 감정 조절 관련 연구를 진행했다.

미시간 주립대학교의 심리학자 제이슨 모저와 연구진은 아주 간단한 질문을 연구했다. 우리가 자신에게 말하는 방식이 감정을 일으킬 수 있을까? 연구진이 설계한 실험에서 참가자는 괴로운 상황을 떠올리되, 1인칭 표현("나는 왜 이런 기분이 들지?")과 3인칭 표현("존은 왜 그런 기분이 들지?") 중 하나를 골라 표현해 달라고 요청받았다.

    실험 결과는 의미심장했다. 감정 반응 관련 뇌 영역의 활동으로 측정했을 때, 자신과 3인칭 대화를 한 참가자의 감정 강도는 일관되게 감소했다. 재평가나 억제처럼 더 복잡한 전략과 달리, 인지적 노력을 증가시키지 않고도 이런 변화가 나타났다. 모저는 이렇게 설명했다. "자신을 3인칭으로 지칭하면 심리적 거리를 만들어 감정을 더욱 객관적으로 생각할 수 있게 도와준다."

    이 통찰은 강한 감정의 손아귀에서 벗어나도록 돕는 마음 기술, 즉 '시점 바꾸

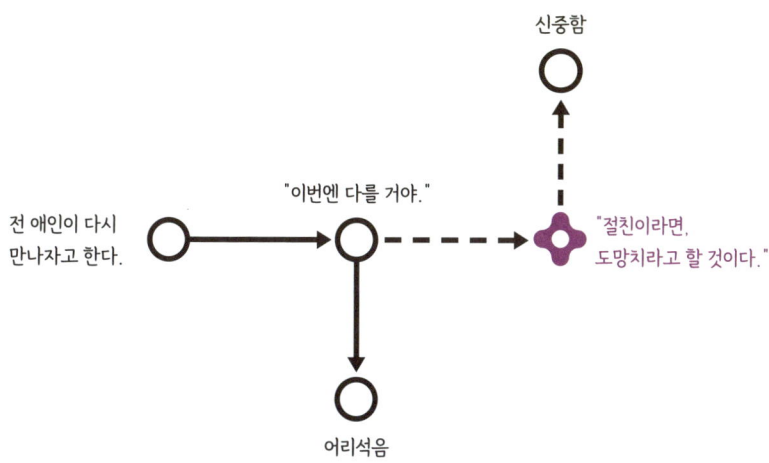

28. 시점 바꾸기 | 157

기'를 뒷받침한다. 감정에 압도될 때, 처한 상황을 3인칭 시점으로 바꾸면 충분한 거리를 두고 신중히 반응하는 데 도움이 된다. 예컨대, "나는 왜 이렇게 스트레스를 받을까?"가 아니라 "OO은 왜 이렇게 스트레스를 받을까?"라고 자문하는 것이다.

과학적으로는 명확하다. 3인칭 자기 대화를 하면, 자기중심적 반추를 증폭시키는 내측 전전두엽 피질의 활동이 감소한다. 이는 다른 전략처럼 과중한 인지적 통제 메커니즘을 동원하지 않고서도 효과를 발휘하므로 일상에서 실제로 쓸 수 있는 도구다.

시점을 바꾼다고 감정적 문제를 모두 해결할 수는 없지만, 이 방법을 쓰면 감정이 격해질 때 흐름을 끊고 마음을 다잡을 수 있다. 좌절이나 불안이 밀려오면 한 걸음 물러나자. '나는'이 아니라, 마치 친구를 돕는 것처럼 "OO은/는 왜 이런 기분일까?"라고 자신에게 물어보자. 잠깐의 거리 두기만으로도 충분히 마음을 진정시키고 더 나은 반응을 할 수 있다.

| 마음 기술 28 | **시점 바꾸기**에서 인상적인 키워드 적어 두기 |

| 일일 실천 과제 |

- 월 ☐ '시점 바꾸기'를 읽고 충분히 익히자. 오늘 하루 이 개념을 마음에 새기고 1번 칸을 채우자.
- 화 ☐ 앞을 보지 말고 '시점 바꾸기'를 자신만의 말로 정의하고 설명해 보자.
- 수 ☐ 친구의 일이라고 생각할 때 상황을 명확하게 이해할 수 있는 3가지 경우(과거, 현재, 미래)를 열거해 보자.
- 목 ☐ 현명한 친구가 조언한다는 마음으로, 자신에게 현재의 어려움에 대해 짧게 편지를 쓰자.
- 금 ☐ 이 기술을 적용할 만한 상황을 마음속으로 그려 보자. 상황에 맞게 2번이나 3번을 채우자.
- 토 ☐ 문제에 대해 말로 녹음한 뒤, 마치 친구가 그 이야기를 들려준 것처럼 생각하고 답해 보자.
- 일 ☐ 이름만 보고 지금까지의 마음 기술들에 대한 내용을 기억해서 정리하고 복습하자.

이해도 체크리스트

- ● 0. 모름
- ○ 1. 연습
- ○ 2. 응용
- ○ 3. 안정

◆ 마음 기술 **29** 문제가 될 욕망은 다른 욕망으로 상쇄하라

Counteraction
욕망 상쇄하기

무관심, 갈망, 질투, 좌절, 감사하지 않음, 게으름, 외로움, 동기화된 편향, 슬픔

정반대되는 욕망으로 기존의 욕망을 상쇄하고,
문제가 있는 욕망을 다른 욕망으로 대체하는 방식으로 균형을 맞춰서
편향이나 원치 않는 감정 혹은 엇나간 행동을 줄이는 것.

욕망을 상쇄시켜 중화하라.

때로는 특정한 욕망이 너무 강해서 도움이 되지 않을 때도 있다. 욕망은 스스로 옳지 않다고 생각하는 방향으로 우리를 이끌기도 한다. 근거 없는 희망적 사고(현실 가능성보다는 개인적인 소망이나 바람에 기초하여 어떤 일이 실제로 일어날 것이라고 믿는 태도이다. — 옮긴이 주)를 통해 신념을 왜곡하며, 고통을 일으킨다. 충동을 통제할 수 없게 되면 욕망으로 다른 욕망과 싸워야 할 때다. 균형을 맞추려면 반대되는 욕망을 조절하여 서로 상쇄할 수 있다. 정지 신호 앞에서 조바심이 난다면 기다리는 동안 뭔가를 처리해야 한다고 상상하면서 가능한 한 정지 신호가 길게 이어지기를 바라자. 상반되는 욕망을 만들어 내면 원치 않는 결과에 대비할 수도 있고 어떤 결과든 원하던 것으로 바꿀 수 있다. 한 가지 상황이 실제로 일어나면 곧바로 상쇄하던 욕망을 내려놓으면 된다. 자신의 모든 욕구를 중화할 수 있게 되면 이상적인 목표를 이루기 위해 욕망을 세심하게 조절할 수 있다.

"

자동차의 가속 페달을 밟듯이 원하는 조금씩 욕망을 키우고
그와 상충하는 욕망을 줄일 수 있다.
그러다 보면 결국에는 내면에서 저절로 욕망을 상쇄하는 기술을 실행한다.
마음속에서 마찰이 일어나면 곧바로 알아차리고
그에 맞서는 욕망을 자동으로 만들기 시작한다.

— 라이언 부시, 《마음설계자》

1	"만약 세상이 근본적으로 공정하다고 믿고, 그 믿음을 굳건히 지키고 싶다면, 타고난 정의 같은 건 세상에 없다는 믿음이 줄 수 있는 장점도 한번 생각하자. (…) 여기서 목표는 믿음을 바꾸는 것이 아니라, 반대의 상황이 그렇게까지 끔찍하지는 않으며 오히려 좋을 수도 있음을 깨닫는 것이다. 그 다음에 증거를 통해 가장 가능성 높은 믿음을 택할 수 있다."	라이언 부시, 《마음설계자》
2	"탐욕과 혐오는 생각의 탈을 쓰고 드러나기에 반대되는 생각으로 대체하는 '사념 전환'의 과정을 통해 약화시킬 수 있다."	비구 보디, 《팔정도》
3	"화내지 않음으로 화를 다스리고 선함으로 악함을 다스려라. 보시로 탐욕을 다스리고, 진실로 거짓을 다스려라."	부처, 《담마빠다》

불교 승려이자 학자인 비구 보디는 "화내지 않음으로 화를 다스리고 선함으로 악함을 다스려라"라는 부처의 근본 가르침을 자주 강조했다. 이렇게 어떤 충동을 반대되는 충동으로 대체한다는 '욕망 상쇄하기'라는 원리는 분노를 넘어 다른 강렬한 욕망이나 감정에도 적용될 수 있다.

비구 보디는 이 원리를 가다듬으면서 마음의 상태에 따라 그 해독제가 어떻게 달라야 할지 설명했다. 분노가 일면 자애를 기르고, 탐욕이 생기면 관대함을 키운다. 마음이 들떠 산란해지면 의식적으로 평온함을 일으킨다. 마치 빛이 어둠을 몰아내듯, 반대되는 성품을 키워 자연스럽게 그 반대를 소멸시키는 적극적인 수행이다.

이런 실천은 문제가 되는 욕망을 중화하기 위해 그 반대 욕망을 키우는 마음 기술 이면에 놓인 원리를 그대로 반영한다. 정지 신호 앞에서 조바심이 생기면,

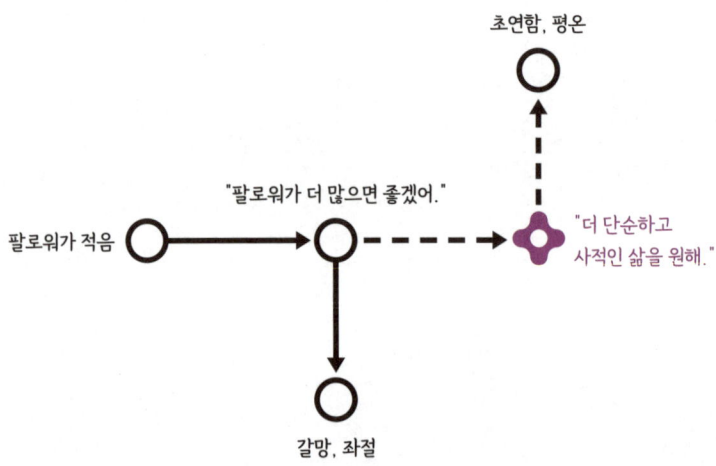

정지 신호가 더 오래 유지되기를 바라는 욕망을 만들자. 팟캐스트를 들으려면 시간이 더 많이 필요하다고 상상하는 것이다. 2가지 결과를 똑같이 원하면 긴장이 사라지면서 둘 중 어떤 결과든 받아들일 수 있게 된다.

현대 심리학은 이런 고대의 지혜를 반영한다. 각종 인지적 기법에도, 쓸모없는 충동에 맞서 의도적으로 상반된 생각을 깨우는 방법이 흔히 포함된다. 갈망이 당신을 압도할 때는, 과도하게 탐닉하다가 불편해지는 상황을 그려 보고 대상의 매력적이지 않은 측면에 의도적으로 관심을 주어서 그 대상의 매력을 중화할 수 있다.

'욕망 상쇄하기'는 억제가 아니라 전략적으로 균형을 잡는 행위다. 욕망은 우리를 제 길에서 벗어난 방향으로 끌고 갈 수도 있지만 반대되는 힘을 활용해서 통제력을 되찾을 수도 있다. 감정이나 충동이 당신을 압도할 것 같다면, 그런 감정이나 충동과 직접 싸우지 말라. 대신 이렇게 물어라. "내가 기를 수 있는 반대되는 힘은 무엇일까?" 이 질문에서 균형과 자유가 생겨난다.

마음 기술 29 — **욕망 상쇄하기**에서 인상적인 키워드 적어 두기

일일 실천 과제

월	☐	'욕망 상쇄하기'를 충분히 익히자. 오늘 하루 이 개념을 마음에 새기고 1번 칸을 채우자.
화	☐	앞을 보지 말고 '욕망 상쇄하기'를 자신만의 말로 정의하고 설명해 보자.
수	☐	반대의 욕망으로 충동을 균형 있게 조절할 수 있는 3가지 상황을 열거해 보자.
목	☐	욕망을 확인하고 그에 상반되는 욕망이 무엇인지 살펴보자.
금	☐	이 기술을 적용할 만한 상황을 마음속으로 그려 보자. 상황에 맞게 2번이나 3번을 채우자.
토	☐	삶에 문제를 일으키는 욕망에 대응할 반대 욕망을 만들어 내고 강화해 보자.
일	☐	이름만 보고 지금까지의 마음 기술들에 대한 내용을 기억해서 정리하고 복습하자.

이해도 체크리스트

- ● 0. 모름
- ○ 1. 연습
- ○ 2. 응용
- ○ 3. 안정

◆ 마음 기술 **30** 새로운 증거를 업데이트하라

**Bayesian Revision
베이즈식 갱신** | 취약성, 동기화된 편향, 자기 제한적 신념, 집단주의

새 증거와 정보를 일상적으로 업데이트하는 것.
신념을 더욱 확고히 하기 위해 반복적으로 증거와 정보를 보고 확신의 확률을 조정하는 것.

자신의 신념에 확률을 부여하고 수시로 업데이트하라.

당신에게도 소중히 여기는 신념이 있을 것이다. 불행히도, 바로 이런 신념이 당신을 가장 쉽게 그릇된 길로 이끌 수 있다. 그러나 틀렸을 때 받을 고통과 당신의 편향을 크게 줄일 방법이 있다. 수많은 편향의 근원은 신념에 대한 확률을 전혀 고려하지 않는 데 있다. 베이즈식 갱신이나 업데이트를 활용하려면 자기 신념의 확률이 얼마나 되는지 곰곰이 살펴보라. 우연히 새 증거를 접하면 그것이 자신의 확신을 얼마나 바꿀지 판단하라. 다른 누군가가 당신의 신념에는 반하지만 설득력 있는 주장을 펼칠 때, 불쾌해지는 않은지 살펴보라. 그럴 때 자기 관점을 고수하거나 패배를 인정하는 선택지만 있는 것이 아니다. 간단히 자기 신념의 가능성을 조금 조정할 수 있다. 신념 자체가 아니라 기꺼이 신념을 조정하려는 자신의 태도에 자부심을 느껴라. 그러면 당신의 생각은 오히려 분명하고 확고해질 것이다.

> 확률적으로 추론할 때, 올바른 이론이라면 평균적으로
> 반대 증거보다 더 많은 지지 증거를 찾을 수 있다.
> 따라서 두려워할 필요 없이 이렇게 말할 수 있다.
> "이건 약간 반대되는 증거 같은데. 내 확신을 조금 낮춰야겠어."
> 그렇다. 낮추는 것이다.
> 이렇게 한다고 해서 당신이 소중히 여기는 이론이 무너지지 않는다.
> 그것은 정성적 추론에 지나지 않는다. 정량적으로 생각하라.
>
> ― 엘리저 유드코스키,
> 《합리성: AI에서 좀비까지(Rationality: From AI to Zombies)》

1. "어쩌면 당신은 어떤 상황에서 생각을 차차 바꾸는 데 익숙할 것이다. 구직 지원서를 낼 때는 최종 합격 확률이 약 5%쯤 된다고 계산할지도 모른다. 그러다 회사에서 면접을 보러 오라는 연락을 받으면 그 추정치는 대략 10%쯤으로 높아진다. 면접을 보면서 끝내주게 잘했다고 느끼면 확신이 30%까지 높아질 수도 있다. 하지만 면접 후 몇 주 동안 아무 소식이 없으면, 그런 확신은 다시 20%로 떨어진다. 정치나 도덕과 같은 주제를 두고 이런 식으로 확률을 조정하는 사람은 무척 드물다." — 줄리아 갈렙, 《스카우트 마인드셋》

2. "과학에서는 종종 과학자가 '당신 주장이 맞네요. 제 생각이 틀렸어요'라고 말하고, 실제로 자기 생각을 바꾼 뒤 다시는 예전의 견해를 고수하지 않는다. 물론 과학자도 사람이고 견해를 바꾸는 일은 고통스럽다 보니 생각만큼 자주 일어나지는 않는다. 그렇지만 이런 일은 매일 일어난다. 정치나 종교에서 이런 일이 마지막으로 일어난 게 언제였는지 기억조차 나지 않는다." — 칼 세이건

3. "비판적 사고는 능동적이고 지속되는 과정이다. 새 정보가 들어올 때마다 베이즈주의자처럼 생각하면서 우리 지식을 갱신해야 한다." — 대니얼 레비틴, 《거짓말을 판별하는 법(A Field Guide to Lies)》

18세기 초, 토머스 베이즈 목사는 새로운 증거에 따라 확률을 갱신하는 원리를 제시했다. 수학에 기반을 두고 있지만, 우리가 세상을 이해하는 법을 정교하게 가다듬는 방식이 담겨 있다. 대표적인 사례로 이그나츠 제멜바이스의 연구를 들 수 있다. 제멜바이스는 19세기의 의사로 세상의 뿌리 깊은 믿음에 도전하여 수많은 목숨을 구했다.

제멜바이스가 근무하던 병원에서는, 조산사가 근무하는 산부인과 병동보다 의사가 진료하는 병동에서 산욕열로 사망하는 산모가 훨씬 많았다. 처음에는 당시 널리 퍼져 있던 '나쁜 공기'나 체액의 불균형으로 발생한다는 설명을 받아들였다. 하지만 이런 설명은 자신이 관찰한 결과와 맞지 않았다. 제멜바이스는 의사에게 아기를 받기 전에 염소 용액으로 손을 씻으라고 지시했고, 이 조치로 산모의 사망률은 극적으로 떨어졌다.

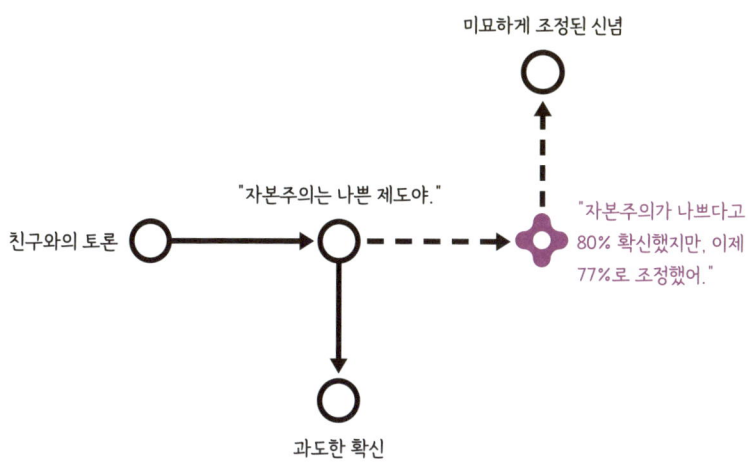

새로운 데이터 조각이 맞춰질 때마다 제멜바이스는 자기 믿음을 바꿔야 했고 일종의 베이즈식 추론을 실행했다. 새로운 증거에 비추어 확률을 계속 수정했다는 뜻이다. 시간이 지나고 증거가 쌓이자 낡은 설명을 거부하고 새로운 설명을 지지했다. 그는 오늘날 우리가 세균이라고 부르는, 눈에 보이지 않는 감염원 때문이라는 사실을 밝혀 냈다.

이 과정이 믿음을 가다듬는 마음 기술인 '베이즈식 갱신'의 핵심이다. 이는 자신이 갖고 있는 가정을 부동의 진리가 아니라 잠정적 추정치로 받아들이게 한다. 예컨대 누군가가 당신에게서 소원해진 이유가 당신에게 화났기 때문이라고 생각했는데 그가 최근 업무 스트레스에 심하게 시달렸다고 털어놓는다면 당신의 확신은 어떻게 달라질까? 이렇게 끊임없이 이해를 갱신하다 보면 단번에 드러나지는 않아도 진실에 조금 더 가까워질 수 있다.

베이즈식 사고 방식은 지적 겸손을 키운다. '옳다'는 것은 끊임없이 수정을 거듭하는 역동적인 과정임을 일깨운다. 당신이 가진 가설이 도전을 받게 되면, 이 새로운 정보가 내 확신을 어떻게 바꿀지 질문하라.

| 마음 기술 30 | **베이즈식 갱신**에서 인상적인 키워드 적어 두기

| 일일 실천 과제 |

- 월 ☐ '베이즈식 갱신'을 읽고 충분히 익히자. 오늘 하루 이 개념을 마음에 새기고 1번 칸을 채우자.
- 화 ☐ 앞을 보지 말고 '베이즈식 갱신'을 자신만의 말로 정의하고 설명해 보자.
- 수 ☐ 새 증거에 따라 신념을 수정하면 깊이 있는 관점을 얻을 수 있는 3가지 상황(과거, 현재, 미래)을 열거하자.
- 목 ☐ 신념 하나를 선택하고 지지하는 증거와 반대되는 증거를 나열한 뒤 대략적인 확률 가중치를 부여해 보자.
- 금 ☐ 이 기술을 적용할 만한 상황을 마음속으로 그려 보자. 상황에 맞게 2번이나 3번을 채우자.
- 토 ☐ 조사를 통한 새로운 증거에 따라 자신의 확신을 갱신하되, 그 정도를 수치로 표현해 보자.
- 일 ☐ 이름만 보고 지금까지의 마음 기술들에 대한 내용을 기억해서 정리하고 복습하자.

이해도 체크리스트

- ● 0. 모름
- ○ 1. 연습
- ○ 2. 응용
- ○ 3. 안정

마음 기술 31 — 내가 가진 모든 것은 빌린 것이다

Borrowback
빌리고 되갚기

분노, 시기, 좌절, 슬픔, 자기 연민

자기가 빌린 것을 돌려준다는 시각으로 바라보는 것.
가진 것 모두가 영원하지 않음을 기억하면서 상실의 아픔을 누그러뜨리는 것.

> **내가 가진 모든 것들은 아주 잠시 빌린 것일 뿐이다.**

상실을 겪으면, 그 일이 엄청 억울할 수 있다. 한때 자기 것이었던 무언가를 도둑맞았다고 생각할 수 있다. 하지만 자기에게 권리나 자격이 있다고 생각하면 끊임없이 실망한다. 우주는 당신이 생각하는 소유 개념을 존중하지 않는다. 삶에서 얻는 그 무엇도 당신 것이 아니다. 영원한 소유라는 생각을 빨리 놓을수록 각각의 순간과 경험을 선물로 볼 수 있다. 삶에서 무언가에 감사할 때, 그것이 당신 것이 아니고 잠시 빌려 쓰고 있을 뿐임을 상기하라. 상실의 아픔을 느낄 때는 그것을 잃은 것이 아니라 자연에서 빌렸던 것을 되돌려준 것임을 기억하라. 이를 통해 새로운 것이 삶에 들어오고 이미 들어온 것이 삶에 머무는 동안 그것을 감사히 여기게 된다.

> 우리가 가진 것은 모두 행운으로부터
> '빌린 것'이라는 사실을 기억하게나.
> 행운은 우리 허락을 받지 않고서도, 미리 알려 주지 않고서도
> 그것을 되찾아 갈 수 있으니 말일세.
> 그러니 우리는 소중한 이들을 모두 사랑해야 하지만,
> 그들을 영원히 곁에 둘 수 있다는 약속은 물론이거니와
> 오래도록 곁에 둘 수 있다는 약속조차 하지 못함을
> 늘 마음에 새겨 두어야 한다네.
>
> — 세네카, 《스토아 철학자의 편지》

1	"어떠한 상황에서도 '나는 무언가를 잃어버렸다'라고 말하지 말라. 그저 '나는 그것을 돌려주었다'라고만 말하라. 네 아이가 죽었는가? 아니다, 그 아이를 돌려준 것이다. 네 아내가 죽었는가? 아니다, 네 아내 역시 돌려준 것이다. '내 땅이 몰수당했다.' 아니다, 그 또한 돌려준 것이다."	에픽테토스, 《엥케이리디온》
2	"'세상 만물은 사멸한다'라는 사실을 명심하라. 이를 깨닫지 못한 채 우리가 소중히 여기는 것을 언제까지나 누릴 수 있다고 생각하면 그것이 사라질 때 큰 고통을 겪는다."	윌리엄 어바인

스토아 철학자인 세네카는 상실에 관해 시대를 초월한 지혜를 전했다. 그는 아끼는 것을 소유물이 아니라 행운에게 빌린 것으로 여기라고 조언했다. 이는 냉정한 철학적 사고 실험이 아니라 세네카 본인에게도 매우 절실한 개인적 문제였다. 그는 자신의 어린 아들이 세상을 떠나자 자기 슬픔을 다른 시각에서 바라보았다. 세네카는 어린 아들의 죽음을, 빼앗긴 게 아니라 잠시 빌린 행운을 자연스럽게 돌려준 것으로 받아들였다.

'빌리고 되갚기'의 철학은 이런 심오한 통찰 위에서 작동한다. 상실을 피할 수는 없지만 이는 절망을 낳는 원천이 아니라 삶이 주는 덧없는 선물임을 일깨운다. 관계, 소유물, 경험 모두 일시적인 것으로 대할 때, 우리는 집착에서 감사로 눈길을 돌릴 수 있다. 어느 순간도 영원하지 않다. 그래서 모든 순간에 지금 존재하는 것과 온전히 마주하고 몰입해야 한다.

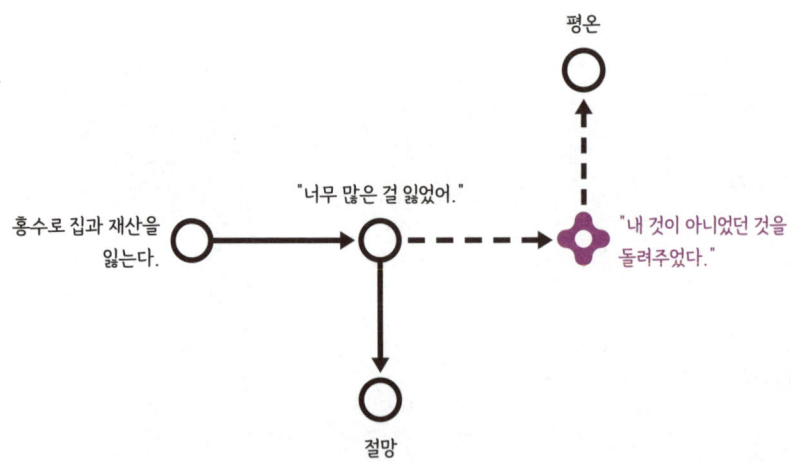

빌린 정원을 거닐고 있다고 상상해 보자. 당신은 꽃과 향기와 잎사귀를 비추는 빛의 향연을 감탄하며 지켜본다. 떠날 때가 되었다고 화내지 않는다. 기쁨은 빌려 쓰는 것 자체에 있었기 때문이다. '빌리고 되갚기'는 우리에게 삶을 소유하려 들지 말고 음미하라고 말한다.

실제로 '빌리고 되갚기'에는 삶을 바꿀 수 있다. 인간관계를 보자. 친구가 소원해질 때, 이별의 아픔보다 함께 나눈 시간에 대해 감사할 수 있다. 상실을 부정하는 게 아니라 현실을 재구성하는 것이다. 관계는 사라지지 않으며 더 큰 이야기를 이루는 한 장으로 이어진다.

물질적 소유물조차 더 가벼운 의미가 된다. 무언가가 망가지거나 사라졌을 때, 이렇게 묻자. "그것이 정말 내 것이었는가?" 무상함을 받아들이면 실망이 줄고 감사함은 커진다.

에픽테토스가 조언했듯, 우리는 '잃어버렸다'가 아니라 '돌려주었다'고 말해야 한다. 언어의 작은 변화는 커다란 관점의 변화를 이끈다. 삶은 빌려주고 거둬간다. 이런 진실을 깨달을 때, 더 깊은 자유를 얻는다. 그것은 집착하지 않되 소중히 여기고 고통 없이 놓아 주는 능력이다.

| 마음 기술 31 | **빌리고 되갚기**에서 인상적인 키워드 적어 두기

일일 실천 과제

- 월 ☐ '빌리고 되갚기'를 읽고 충분히 익히자. 오늘 하루 이 개념을 마음에 새기고 1번 칸을 채우자.
- 화 ☐ 앞을 보지 말고 '빌리고 되갚기'를 자신만의 말로 정의하고 설명하자.
- 수 ☐ 빌린 것을 돌려준다는 생각으로 고통을 덜 수 있는 3가지 상황(과거, 현재, 미래)을 열거해 보자.
- 목 ☐ 당신이 가장 집착하는 대상에 대해 그것을 영구적인 소유물처럼 느끼는 이유를 적어 보자.
- 금 ☐ 이 기술을 적용할 만한 상황을 마음속으로 그려 보자. 상황에 맞게 2번이나 3번을 채우자.
- 토 ☐ 소중한 것일지라도 삶에 잠시 머무는 것임을 인정하고 마음속에서 그것을 '돌려주는' 연습을 해 보자.
- 일 ☐ 이름만 보고 지금까지의 마음 기술들에 대한 내용을 기억해서 정리하고 복습하자.

이해도 체크리스트

- ● 0. 모름
- ○ 1. 연습
- ○ 2. 응용
- ○ 3. 안정

◆ 마음 기술 **32** 하얀 거짓말도 거짓말이다

Radical Honesty
철저한 정직함

불안, 좌절, 죄책감, 불안정, 수치심

단기적으로는 거짓말이 더 편할 것 같을 때도 철저히 정직함을 고수하겠다는 결심으로 자기 삶을 단순하게 만들고 자신이 맺는 관계에 신뢰를 심는 것.

편히 거짓말하면 결과는 불편하다.

목표에 가장 빠르게 다가가는 길에는 종종 부정직함이 따른다. 거짓말은 누군가를 조종하든 당혹스러운 상황을 모면하든 아첨하든 어디에나 쓰일 수 있는 만능 수단이다. 하지만 부정직함에는 부정적인 면이 있다. 한번 거짓말하면 계속되는 거짓말의 미로에서 빠져나가지 못한다. 설령 상황을 간단하게 넘기고 싶었던 것이더라도 부정직함은 복잡함만 키운다. 다른 사람을 보호하려 했더라도 결국 그 사람에게 상처를 준다. 대부분은 즉각적인 유용함 때문에 거짓말이 빚는 혼란을 감수하지만 삶에서 거짓말을 완전히 없애는 것은 충분히 가능하다. 언제나 완전히 정직하겠다고 결심하라. 이 원칙은 단기적으로 불편하더라도 시간이 흐르면 삶에 단순함과 신뢰, 평화를 가져다 줄 것이다.

"

세상은 거짓말쟁이가 승리한다고 생각한다.
내가 배운 것이 있다면, 거짓말은 자기를 포기하는 행위다.
거짓말을 하는 순간, 듣는 사람에게 자기 현실을 넘겨주고, 그 사람을 자기
주인으로 만들며, 그때부터 그 사람이 요구하는 현실을 꾸며 내면서 자신을
단죄하기 때문이다. (…) 세상을 상대로 거짓말하는 사람은 그때부터 세상의
노예다. 하얀 거짓말 따위는 없다.
있다면 가장 검은 파괴일뿐이며, 하얀 거짓말이야말로 가장 검은 거짓말이다.

— 에인 랜드, 《아틀라스》

1	"오, 처음 속임수를 쓰기 시작하면서부터, 우리는 얼마나 복잡하게 얽힌 거미줄을 짜는가."	월터 스콧, 《마미언(Marmion)》*
2	"흠이 없게 말하라. 하려는 말만 하라. 말로 자신을 헐뜯거나 남을 험담하지 말라. 자기 말에 실린 힘을 진실과 사랑을 위해서 사용하라."	돈 미겔 루이스, 《네 가지 약속》
3	"진실을 말하면, 어떤 말도 기억할 필요가 없다."	마크 트웨인
4	"당혹스러움과 사회적 혼란이라는 황무지를 깔끔하게 피할 방법이 있다면 삶에서 딱 하나의 원칙을 따르는 것이다. 거짓말하지 말라."	샘 해리스, 《거짓말(Lying)》
5	"굳이 정직할 필요가 없을 때도 언행이 진실한 사람이 있다면 이는 습관적 성실에서 비롯됐을 것이다. 진실함은 도덕적 탁월함이다. 진실을 사랑하는 사람이 아무 이해관계가 없을 때조차 진실하다면 이해관계가 걸려 있을 때는 더욱 진실할 것이기 때문이다. 그는 거짓 자체를 피해 왔으므로 비열한 순간에 틀림없이 거짓을 피할 것이다. 그리고 이것이야말로 우리가 칭송하는 성향이다."	아리스토텔레스, 《니코마코스 윤리학》

* 1808년에 발표된 월터 스콧의 대표작. 16세기 스코틀랜드와 잉글랜드를 배경으로 실제 역사적 사건인 1513년 플로든 전투가 중심인 장편 서사시이다.

1990년대 중반 자신을 회복 중인 거짓말쟁이라고 부르던 브래드 블랜튼이라는 심리치료사가 있었다. 그는 자신을 대상으로 대담한 실험을 했다. 어떤 결과가 따르더라도 진실만 말하겠노라고 결심했다. 단순히 크고 분명한 거짓말만 피하는 것이 아니었다. 사회적 관습이나 평가에 대한 두려움과 상관없이, 어떤 생각이나 감정이든 떠오르는 대로 표현하겠다는 의미였다.

블랜튼의 이런 개인적 혁명은 좌절감에서 비롯되었다. 심리치료사로 일하면서, 수많은 내담자가 부정직함에 갇혀 있음을 목격했다. 반드시 악의적인 것만은 아니었다. 대부분 자기 이미지를 지키거나 불편함을 피하려고 하는 작은 거짓말이었다. 블랜튼은 그 거짓말이 거짓말로 막을 수 있는 괴로움보다 더 많은 괴로움을 불러오고 인간관계와 자기 자신에게 벽을 쌓게 하고 믿음을 깎는다는 사실을 깨달았다.

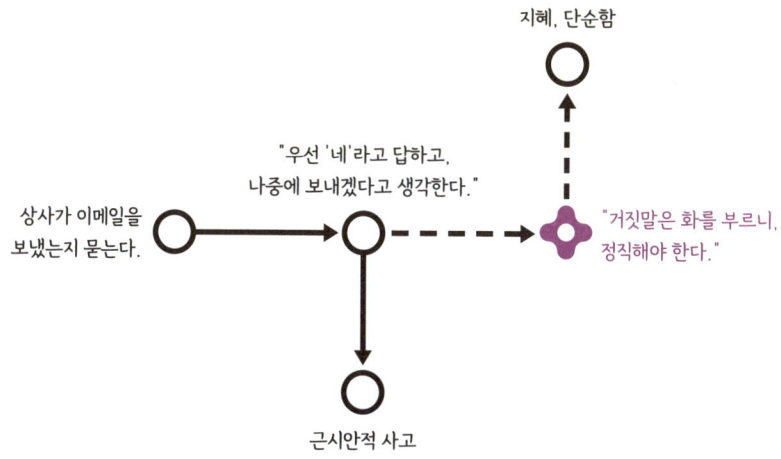

32. 철저한 정직함

그는 수십 년 동안 임상을 경험하면서 이른바 우리가 모두 어떻게 '마음의 헛소리 감옥'에 갇히는지 지켜보았다. 성인 대부분이 영원히 사춘기에 머무르며 비밀과 자기기만이라는 보호막에 갇혀 살아간다고 생각했다. 심리적 치유는 내담자가 자기 진실을 숨기지 않고 그대로 표현하겠다고 마음먹을 때만 가능한 일이다. 계속 마음을 닫아걸고 끊임없이 상황을 저울질하면서 진실을 숨기는 사람은 드러나지 않은 현실의 무게에 짓눌려 점점 질식하게 된다.

'철저한 정직함'을 실천한 블랜튼의 사례는 우리에게 가면 유지를 위한 정신적, 감정적 곡예를 더 이상 하지 말라고 촉구한다. 고통스럽게 직언하라는 것이 아니라 설령 불편하더라도 자신과 타인을 진정성 있게 대하라는 것이다. 블랜튼은 "역사적으로 볼 때 격정으로 일어난 범죄보다 예의와 외교가 더 많은 고통과 죽음을 낳았다"라고 말했다. 철저히 정직하기란 쉽지 않다. 용기도 필요하고 거절도 기꺼이 감내해야 한다. 하지만 그에 따르는 명료함과 더 깊은 관계, 가식의 무게를 벗어던진 삶이라는 보상은 엄청나다.

이 마음 기술을 작은 일에 적용하는 것에서부터 시작해 보자. 직장에서 실수를 인정하거나, 숨겨 왔던 감정을 표현하거나, 외면했던 진실을 가까운 사람에게 털어놓아라. 블랜튼이 걸어온 여정은 정직함이 삶을 단순하게 만들어 자질구레한 기만을 걷어 낸다는 사실을 보여 준다. 이제 자신에게 물어보라. 내가 진실을 말한다면 대체 무슨 일이 일어날까? 그 한 걸음을 내디뎌라.

| 마음 기술 32 | **철저한 정직함**에서 인상적인 키워드 적어 두기 |

일일 실천 과제

월 ☐	'철저한 정직함'을 읽고 충분히 익히자. 오늘 하루 이 개념을 마음에 새기고 1번 칸을 채우자.
화 ☐	앞을 보지 말고 '철저한 정직함'을 자신만의 말로 정의하고 설명해 보자.
수 ☐	철저한 정직함으로 삶이 단순해지고 관계가 강화될 수 있는 3가지 상황 (과거, 현재, 미래)을 열거해 보자.
목 ☐	악의 없는 거짓말, 과장, 누락 등 오늘 하루 저지른 사소하지만 부정직한 행동과 그 이유를 적어 보자.
금 ☐	이 기술을 적용할 만한 상황을 마음속으로 그려 보자. 상황에 맞게 2번이나 3번을 채우자.
토 ☐	그동안 외면하고 있던 문제에 관해 중요한 누군가와 진솔하게 대화를 나누자.
일 ☐	이름만 보고 지금까지의 마음 기술들에 대한 내용을 기억해서 정리하고 복습하자.

이해도 체크리스트

- ● 0. 모름
- ○ 1. 연습
- ○ 2. 응용
- ○ 3. 안정

◆ 마음 기술 **33** 대부분 문제의 원인은 개인이 아니다

Impersonalization
개인화 피하기

불안, 의심, 죄책감, 절망감, 불안정, 슬픔, 수치심

자기 자신과 부정적인 결과 사이의 인과관계를 재평가하고,
문제는 대부분 개인적인 것이 아니라는 사실을 기억하면서 수치심과 절망감을 줄이는 것.

개인적이지 않은 사건을 개인적인 사건으로 여기지 말라.

개인화란 대상을 개인적인 것으로 받아들여 상실과 실패가 자기 무능력을 반영한다고 보는 경향을 말한다. 이는 심하게 왜곡된 경우가 흔하다. 당신이 겪고 있는 모든 어려움을 당신 혼자 감당할 필요는 없다. 모든 부정적인 결과의 원인이 당신에게 있지도 않다. 또한 타인의 기분도 당신 짐작보다 훨씬 복잡한 뿌리를 가지고 있다. 다른 사람의 반응은 당신보다는 그들 자신과 관련 있을 가능성이 훨씬 크다. 이에 따라 다른 사람의 반응을 평가하는 법을 배워야 한다. 만약 다른 누군가가 당신에게 문제를 제기한다면, 문제가 있는 사람은 바로 그 사람임을 상기하라. 만약 실패나 상실을 겪는다면, 당신 인생에서 일어난 결과에는 복잡한 원인이 있음을 기억하라. 어떤 일을 개인 책임으로 받아들이지 말고, 이 마음 기술을 활용해 대부분의 일이 얼마나 개인과 무관한지 인식하고 자신의 개인적 책임을 내려놓아라.

> 타인이 당신에게 보이는 행동을 당신 때문이 아니라
> 타인이 세상과 맺고 있는 관계가 어떤 상태인지를 반영하는 것으로
> 바라본다면,
> 점점 당신은 아무 반응도 하지 않게 될 것이다.
>
> ― 요기 바잔

1. "어떤 일도 자기 탓으로 돌리지 말라. 타인의 어떤 일도 당신 탓이 아니다. 그들이 하는 말과 행동은 그들의 현실과 꿈을 투영한 것일 뿐이다. 당신이 타인의 의견과 행동에 흔들리지 않게 되면, 불필요한 고통의 희생자가 되지 않을 것이다." — 돈 미겔 루이스, 《네 가지 약속》

2. "개인화는 죄책감을 낳는 근원이다. 아무 근거가 없는 데도 부정적인 일을 자기 때문이라고 받아들인다. 자기 탓이 아닌데도 이미 벌어진 일이 자기 잘못이나 무능함 때문이라고 멋대로 단정한다. (…) 당신은 마치 온 세상을 자기 어깨에 짊어진 것처럼, 꼼짝 못 할 정도로 부담스러운 책임감으로 고통을 받는다. 당신은 타인에게 영향을 끼치는 것과 이들을 통제하는 것을 혼동하고 있다." — 데이비드 번즈, 《필링 굿》

3. "타인의 자아에 반응하지 않는 것은 집단적인 자아를 해소하는 데 가장 효과적인 방법이다. 그러나 누군가의 행동은 집단의 문제에서 기인한다는 것을 인식할 수 있을 때만 반응하지 않을 수 있다. 타인의 반응이 집단의 인식임을 깨달으면 더는 그것을 개인적인 것으로 받아들여 반응할 이유가 없다. 타인의 자아에 반응하지 않음으로써, 종종 타인의 무의식을 끌어낼 수 있다." — 에크하르트 톨레, 《삶으로 다시 떠오르기》

요기 바잔은 타인의 행동을 나에 대한 평가가 아니라 그들의 내면적 갈등이 반영된 것으로 바라보라고 했다. 이 원칙은 그가 감정적 회복탄력성을 가르칠 때 핵심이 되는 내용이었다. 이런 생각은 인지행동치료에서 지지를 얻고 있다. 데이비드 번즈는 자신의 책 《필링 굿》에서 개인화란 흔히 찾아볼 수 있는 인지 왜곡이라고 강조한다. 개인화는 우리가 부정적 사건이 유독 나만을 겨냥한다고 해석할 때 일어난다. 예컨대, 다른 사람의 업무량이나 분위기 등 외부 요인을 고려하지 않고 "그들이 내 이메일에 답장하지 않은 건 나를 존중하지 않아서야"라고 생각하는 것이다. 번즈는 이런 왜곡이 불필요한 죄책감, 수치심, 갈등을 만들며, 이는 그릇된 근거에서 온다고 가르친다.

'개인화 피하기' 혹은 '비개인화'를 실천하는 것은 자기중심적 시각을 더 넓은 관점으로 바꾸는 것이다. 친구가 갑자기 약속을 취소했다면 "내 시간을 소중히

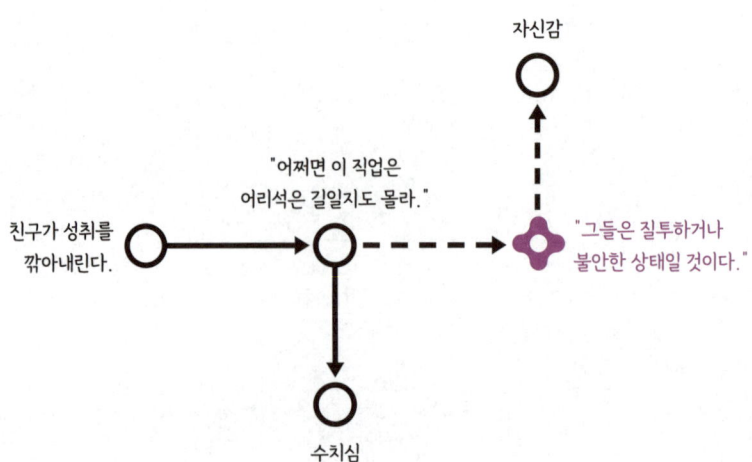

여기지 않아"라고 친구의 행동을 해석하는 대신, 친구가 바쁘거나 힘든 일이 있는 것일지도 모른다고 생각할 수 있다. 이는 잘못된 행동에 변명거리를 주는 게 아니라 외부에서 벌어진 혼란을 내면으로 끌어들이지 않고 자기 감정의 명료함을 지키는 것이다.

'개인화 피하기'는 세상과의 단절이 아니라 오히려 그 복잡성과 연결해 준다. 행동 대부분이 나를 벗어난 여러 요인에 얽혀 일어난다는 것을 깨달으면서 나에 대한 타인의 인식이나 행동을 내 뜻대로 다루려는 고단한 노고에서 벗어날 수 있다.

다음에 누군가의 행동으로 상처를 받으면 잠시 멈춰 스스로 이렇게 물어보라. "이 행동은 그 사람에 대해서 무엇을 알려 주는가?" 이 습관은 감정적 회복 탄력성을 키워 준다. 모든 폭풍을 내가 견딜 필요는 없다는 사실을 알게 되면, 어려움에 품위 있게 맞서기가 더 쉽다. 번즈의 치료법에서 '개인화 피하기'는 해방에 이르는 길이다. 사람으로부터 해방되는 게 아니라 관계 속에서 스스로 짊어지는 불필요한 짐으로부터 해방되는 것이다.

마음 기술 33 | 개인화 피하기에서 인상적인 키워드 적어 두기

일일 실천 과제

		이해도 체크리스트
월 ☐	'개인화 피하기'를 읽고 충분히 익히자. 오늘 하루 이 개념을 마음에 새기고 1번 칸을 채우자.	
화 ☐	앞을 보지 말고 '개인화 피하기'를 자신만의 말로 정의하고 설명해 보자.	● 0. 모름
수 ☐	문제를 나 때문이라고 보지 않을 때 수치심과 걱정거리가 줄어드는 3가지 상황(과거, 현재, 미래의)을 열거해 보자.	
목 ☐	스스로가 원인이라고 생각했던 거절이나 실패 사례를 분석해 보자. 실제로 어떤 상황이 작동하고 있었는가?	○ 1. 연습
금 ☐	이 기술을 적용할 만한 상황을 마음속으로 그려 보자. 상황에 맞게 2번이나 3번을 채우자.	○ 2. 응용
토 ☐	당신을 겨냥한 것처럼 행동한 사람을 한 명 선택해, 그들이 그렇게 느끼거나 행동하게 된 이유를 물어보자.	
일 ☐	이름만 보고 지금까지의 마음 기술들에 대한 내용을 기억해서 정리하고 복습하자.	○ 3. 안정

◆ 마음 기술 **34** 당신은 당신의 생각보다 강하다

Capacity Reframing
역량 재구성

분노, 짜증, 왜곡된 사고, 탈진, 취약함, 좌절, 절망감, 조급함, 슬픔, 자기 제한적 믿음

자기 역량, 끈기, 회복탄력성이 예상보다 훨씬 크다고 재평가하는 것.
자기 한계를 과소평가하지 않음으로써 훨씬 더 큰 의지력과 인내심을 끌어내는 것.

당신은 생각보다 훨씬 많이 견딜 수 있다.

벅찬 프로젝트, 고된 하루, 긴 한 주가 끝나면 당신은 완전히 탈진했고 자신이 할 수 있는 것을 모두 쏟아부었다고 생각할 수 있다. 하지만 중요한 무언가를 이루려면, 뇌가 '끝'이라고 말할 때 협상을 끝내지 마라. 포기하고 싶다는 충동이 들면 "하루 종일 할 수 있어"라든가 "아직 내 능력의 30%도 쓰지 않았어"라고 말해 보자. 그러면 자신의 한계가 아주 유연하다는 사실을 알게 된다. 당신은 스스로 생각하는 것보다 인내, 끈기, 감정적 회복탄력성이 훨씬 크다. 할 수 있는 것은 전부 했다고 생각했던 사람이 거기서 더 나아가 훨씬 더 많은 것을 해낼 것이라고 생각할 때 가장 놀라운 성취를 이룬다. 자신 안에 있는 거의 무한에 가까운 역량의 저장고를 활용하라. 마음이 자신을 속여 모든 힘을 써 버렸다고 생각하게 할 때마다 새롭게 바라보라. 한계에 이르려면 한참 멀었다고 단언할 때, 당신이 옳다는 사실을 알게 될 것이다.

"
결국,
우리는 생각보다
훨씬 더 많이 견딜 수 있다.

― 프리다 칼로

1 "사회에 널리 퍼져 있는 생각은 스트레스가 당신에게 암암리에 작용하고 당신은 무력한 피해자라는 것이다. '나 너무 스트레스를 받아', '이 스트레스를 더는 못 견디겠어' (…) 당신은 이런 말을 얼마나 자주 입에 담는가?
스트레스가 문제라는 것은 근거 없는 믿음이다. 진짜 문제는 당신의 믿음이다. (…) 당신은 스스로가 교활한 악마가 될 수도 있고 친근한 동료가 될 수도 있다. 우리가 스트레스에 반응하는 방식은 사실 우리가 자신에게 들려주는 이야기다. 달리 말하자면, 스트레스를 주는 요인이 당신과 삶에 영향을 주는 방법도 바꿀 수 있다."

마크 디바인,
《지지 않는 마음(Unbeatable Mind)》

2 "우리가 대부분 최대한 노력했다고 느끼는 순간, 실제로는 40% 정도밖에 힘을 쓰지 않았는데 포기한다. 한계에 도달했다고 생각할 때도 아직 60%의 힘이 남아 있다! 이것이 바로 '조절 장치'가 작동하는 방식이다. 이 사실을 알게 되면, 고통을 견디는 힘을 조금씩 늘리고, 스스로의 한계를 지워야 한다. 그래야 60%, 80%, 그 이상까지 포기하지 않고 나아갈 수 있다. 나는 이것을 '40% 법칙'이라고 부른다. 이 법칙을 따르면 스포츠와 인생에서 새로운 수준의 성과와 탁월함을 경험할 수 있다. 그리고 그 보상은 단순한 물질적 성공을 훨씬 뛰어넘는다."

데이비드 고긴스,
《누구도 나를 파괴할 수 없다》

인내의 심리학을 연구하던 윔 호프는 사람이 극한의 추위에서 어디까지 버틸 수 있을지 궁금했다. 호프는 체계적인 실험을 수행하면서 사람이 느끼는 온도의 한계치가 흔히 생각하는 것보다 훨씬 더 유연하다는 사실을 발견했다. 그는 특정한 호흡법과 마음가짐법을 개발했고, 이를 통해 많은 사람이 얼음물 목욕을 버티고 반바지 차림으로 산을 오르게 했다.

호프는 생리적 반응을 꼼꼼히 기록하면서, 추위, 피로, 스트레스 등에서 자기 한계에 도달했다는 감각은 실제 한계라기보다는 조기 경보인 경우가 많다는 점을 밝혀냈다. 이런 감각을 한계가 아니라 역량을 알려 주는 신호로 바꿔 해석하면, 생각보다 훨씬 멀리 나아갈 수 있다.

호프는 이런 통찰로 다양한 영역에서 우리가 인식하는 한계를 확장하는 방법을 개발했다. 그는 우리가 자기 역량에 내린 가정에 도전하여 자신의 안전지대

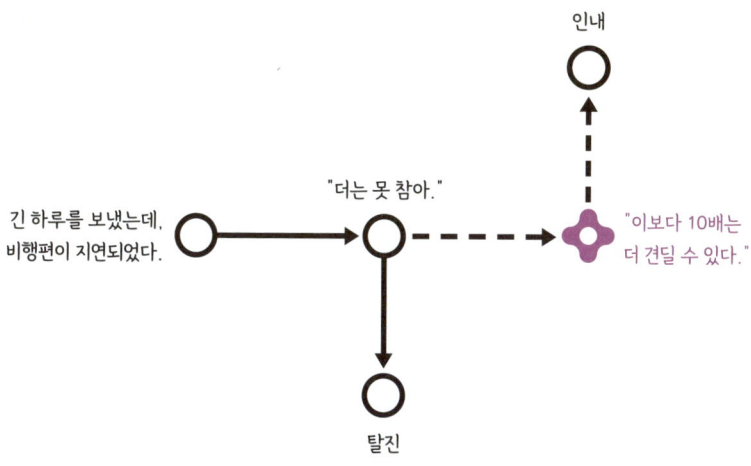

를 체계적으로 확장하는 법을 보여 주었다. 핵심은 몸이 주는 신호를 탈진이 아니라 몰입의 신호로 바꿔 해석하는 데 있다.

이런 통찰은 단순히 추위를 버티는 것에 국한되지 않는다. 신체적 도전, 감정적 부담, 정신적 피로 등 어떤 상황이든, "이제 끝"이라는 신호를 중간 지점으로 바꿔 해석한 사람은, 그만하라는 첫 번째 충동을 받아들인 사람보다 일관되게 더 많은 것을 이루었다.

현대적 연구는 인간 역량에 대한 호프의 통찰을 뒷받침한다. 여러 연구는 사람이 대부분 자신에게 잠재된 에너지와 회복탄력성의 일부만 사용한다는 점을 보여 준다. 자신이 피로하다는 신호를 다른 시각으로 해석하는 법을 배운 참가자는 이전에 생각했던 한계를 꾸준히 뛰어넘었다.

호프가 전하는 메시지는 여전히 실용적이다. 우리가 한계에 도달했다는 최초의 감각은 대체로 이르다. 피로나 부담에 대한 감각을 소진이 아니라 역량을 보여 주는 신호로 바꿔 해석할 때, 훨씬 깊은 에너지와 회복탄력성의 저장고에 다가갈 수 있다.

| 마음 기술 34 | **역량 재구성**에서 인상적인 키워드 적어 두기 |

일일 실천 과제

- 월 ☐ '역량 재구성'을 읽고 충분히 익히자. 오늘 하루 이 개념을 마음에 새기고 1번 칸을 채우자.
- 화 ☐ 앞을 보지 말고 '역량 재구성'을 자신만의 말로 정의하고 설명해 보자.
- 수 ☐ 자기 인내력을 과소평가했던 3가지 상황(과거, 현재, 미래)을 나열해 보자.
- 목 ☐ 자신이 생각했던 한계를 뛰어넘어 스스로 놀랐던 경험을 기록해 보자.
- 금 ☐ 이 기술을 적용할 만한 상황을 마음속으로 그려 보자. 상황에 맞게 2번이나 3번을 채우자.
- 토 ☐ 자신의 실제 능력이 예상보다 크다는 점에 주목해, 스스로 인식한 한계보다 약간 더 높은 한계를 설정해 보자.
- 일 ☐ 이름만 보고 지금까지의 마음 기술들에 대한 내용을 기억해서 정리하고 복습하자.

이해도 체크리스트

- ● 0. 모름
- ○ 1. 연습
- ○ 2. 응용
- ○ 3. 안정

◆ 마음 기술 **35** 복수에 집착하지 마라

Revenge Liberation
복수에서 벗어나기

분노, 짜증, 좌절, 원한

타인에게 상처받았다고 느낄 때 분노와 원한에서 벗어나기. 에너지를 복수가 아니라 좋은 삶을 사는 방향으로 돌리는 것.

복수는 자기 파괴다. 복수 대신 잘 사는 삶을 택하라.

누군가 당신에게 잘못하면 똑같이 되갚아 주고 싶은 마음이 드는 건 인지상정이다. 복수가 만족을 줄 것 같지만 막상 복수를 행동으로 옮기고 나면 감정적 보상이 기대에 미치지 못한다는 사실을 반드시 깨닫게 된다. 이미 입은 상처에 갑작스레 마음이 편해지지 않는다. 상대의 잘못이 바로잡히지도 않는다. 오히려 복수심에서 비롯된 수치심은 고통을 더하기만 한다. 비록 그 순간에는 불만족스러울지라도 원한보다 좋은 삶으로 눈길을 돌리면 훨씬 큰 만족을 얻게 된다. 복수를 꿈꾸며 보내는 시간은 자신에게 가하는 벌이다. 가해자를 향한 분노에서 빨리 벗어날수록 더 빨리 평화와 승리를 찾게 된다. 복수하겠다는 충동이 들면 잘 사는 게 최고의 복수임을 기억하고 충동을 최대한 빨리 흩뜨려라.

"

상처를 입었을 때 복수하겠다고 애쓰기보다
상처를 치유하는 것이 얼마나 나은가.
복수는 많은 시간을 허비하게 하고
맨 처음 상처보다 더 많은 상처를 입힌다.
분노는 언제나 상처보다 오래간다.
가장 좋은 길은 정반대 길을 택하는 것이다.

— 세네카, 《스토아 철학자의 편지》

1	"잘 사는 게 최고의 복수다."	조지 허버트
2	"원한을 품는 것은 독을 마시고서 그 독이 적을 죽여 주길 바라는 것과 같다."	넬슨 만델라
3	"최고의 복수는 네 적처럼 되지 않는 것이다."	마르쿠스 아우렐리우스, 《명상록》
4	"복수를 하려거든 무덤을 두 개 파라. 하나는 당신의 무덤이다."	더글러스 호턴
5	"인류는 모든 갈등에 복수하고 공격성을 드러내고 보복 행동을 하는 것을 거부하는 방법을 찾아내야 한다. 그 토대는 사랑이다."	마틴 루터 킹 주니어
6	"분노한다는 것은 타인의 잘못에 대한 복수를 자기 자신에게 하는 것이다."	알렉산더 포프

1990년, 넬슨 만델라는 27년 동안 갇혀 있던 로벤섬을 떠나 자유의 몸이 되었다. 많은 이들은 만델라가 거의 30년 가까운 세월을 빼앗은 아파르트헤이트(인종 분리 정책) 정권에게 복수할 준비를 마친 모습으로 나타나리라고 예상했다. 하지만 만델라가 처음으로 보인 행동은 복수가 아니라 화해의 몸짓이었다. 그는 "원한이란 독을 마시고서 그 독이 적을 죽여 주길 바라는 것과 같다"라고 했다.

만델라가 복수를 포기한 것은 그가 약하거나 무력해서가 아니었다. 그는 분노가 얼마나 무거운 것인지 알았다. 복수심이 자신을 집어삼키고 남아프리카를 위한 자신의 비전을 궤도에서 벗어나게 만들 수도 있다고 생각했다. 만델라는 증오에 집착하면 그때까지 온 나라를 괴롭힌 폭력과 분열의 굴레에서 영원히 벗어날 수 없을 것임을 알았다. 스스로 원한의 손아귀에서 빠져나온 만델라는 남

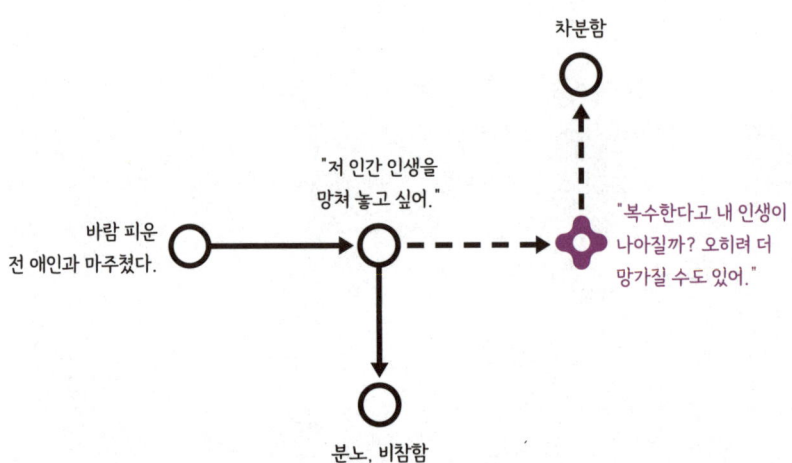

아프리카를 통합으로 이끌었다.

　만델라가 가장 깊은 용서를 보여 줬던 행동은 대통령 취임식에 자기가 갇혀 있던 교도소의 간수장을 초대한 것이었다. 이 행동을 통해 자신은 물론 온 나라를 바꾸겠다는 약속을 세상에 보여 주었다. 만델라가 과거 자신을 억압했던 이들을 기꺼이 포용했던 것은 복수에서 벗어나겠다는 생각을 급진적으로 실천한 것이다. 그는 자기 에너지를 보복이 아니라, 과거가 더 이상 미래를 좌우하지 못하는 새로운 남아프리카 건설에 쏟았다.

　'복수에서 벗어나기'를 실천하는 것은 자유에 이르는 길과 같다. 당연하게도 누군가에게 상처를 받으면 복수하겠다는 본능이 강렬하게 작동한다. 복수가 정의를 이룰 것 같지만 그저 괴로움만 남길 때가 많다. 이때 관점을 바꿔 복수를 과거에 나를 묶어 두는 닻이라고 생각하면, 우리는 건설적인 쪽으로 에너지를 돌릴 수 있다. 용서란 잘못을 잊거나 용인하는 게 아니라 자신의 감정과 정신의 주도권을 되찾는 것이다.

　일상에서 이 마음 기술을 실천할 수 있다. 동료에게 모욕당하거나 친구에게 상처 받았을 때, 이렇게 질문해 보라. 이 분노에 매달리면 무엇을 얻을 수 있을까? 갈등에 대응하는 최고의 방법은 적이 아니라 분노의 굴레 그 자체에서 벗어나는 것이다.

마음 기술 35 — **복수에서 벗어나기**에서 인상적인 키워드 적어 두기

일일 실천 과제

월 ☐	'복수에서 벗어나기'를 읽고 충분히 익히자. 오늘 하루 이 개념을 마음에 새기고 1번 칸을 채우자.
화 ☐	앞을 보지 말고 '복수에서 벗어나기'를 자신만의 말로 정의하고 설명해 보자.
수 ☐	복수를 내려놓으니 기분이 좋아졌던 3가지 상황을 열거해 보자.
목 ☐	복수에 대한 환상이 자신의 안녕에 어떤 영향을 미치는지 살펴보자.
금 ☐	이 기술을 적용할 만한 상황을 마음속으로 그려 보자. 상황에 맞게 2번이나 3번을 채우자.
토 ☐	복수하려는 마음의 에너지를 의미 있는 일상 속 여러 활동으로 전환하자.
일 ☐	이름만 보고 지금까지의 마음 기술들에 대한 내용을 기억해서 정리하고 복습하자.

이해도 체크리스트

- ● 0. 모름
- ○ 1. 연습
- ○ 2. 응용
- ○ 3. 안정

◆ 마음 기술 **36** 흑백 논리에서 벗어나라

Depolarization
이분법에서 탈피하기

분노, 불안, 우울, 왜곡된 사고, 의심, 시기, 취약함, 좌절, 죄책감, 절망, 불안정, 질투, 외로움, 동기적 편향, 후회, 분개, 슬픔, 자기 제한적 신념, 수치심

극단적인 흑백 논리에서 벗어나 가능성의 스펙트럼으로 전환하는 것.
자신의 정체성을 절대 불변이라고 생각할 때 생기는 괴로움을 줄이는 것.

이분법을 하나의 스펙트럼 위에 올려놓아라.

우리는 자주 문제를 이분법으로 생각하고 그 사이에 미묘한 차이가 존재한다는 사실은 고려하지 않게 된다. 양극화된 방식으로 생각하면 판단과 신념이 왜곡될 수 있다. 그 생각 자체가 큰 고통을 낳기도 한다. 한 번이라도 자신이 실패자 혹은 나쁜 사람이라고 생각해 봤다면 이미 양극화된 생각에 피해를 본 것이다. 마음속에서 부정적인 생각이 떠오를 때 '이분법에서 벗어나기'를 사용해 빠르게 해소하라. 여러분의 생각 양극단 사이에 얼마나 많은 차이가 있는지 떠올리면 된다. 스스로 나쁘다는 꼬리표를 붙이려 한다면, 완전히 좋은 사람도 완전히 나쁜 사람도 없음을 상기하라. 자기 단점을 인정하더라도 굳이 왜곡된 이분법에 굴복할 필요는 없다. 자기 신념, 강점, 정체성을 더 합리적인 시각으로 바라보면 기분이 한결 가벼워진다.

"

핵심 신념은 절대적(예 나는 강하다)이고
이분법(예 나는 강하다 / 나는 약하다)을 따른다.
이런 이유에서 신념은 연속선 위에 놓고 살피는 게 가장 좋다.
그러면 양극단 사이에 놓인 중간 지대를 볼 수 있다.
인생에서 겪는 경험은 대부분
연속선 중간의 어딘가에 놓여 있을 가능성이 크다.

— 데니스 그린버거, 크리스틴 페데스키, 《기분 다스리기》

1 "'모 아니면 도' 식의 사고 방식은 완벽주의의 바탕이며 실수나 결점을 두려워하게 만든다. 한 번이라도 실수하거나 완벽하지 않으면 자신을 패배자로 취급하면서 스스로 부족하고 쓸모 없다고 느끼게 만들기 때문이다.
대상을 이렇게 평가하는 건 비현실적이다. 인생이 완전히 치우치는 일은 드물다. 예컨대, 완전한 천재나 완전한 멍청이는 없다. 마찬가지로 완전히 매력적이거나 완전히 못난 사람도 없다. 자신이 앉아 있는 방바닥을 보라. 완벽하게 깨끗한가? 아니면 깨끗한 곳도, 더러운 곳도 있는가? 우주에 절대적인 것은 없다. 자기 경험을 억지로 절대적인 범주에 꿰맞추려 하면, 현실에 맞지 않는 인식 때문에 끊임없이 우울해진다. 자신에 대한 기대치를 너무 높게 잡고 자신을 끝없이 깎아내리게 된다. 이런 인지 오류를 '이분법적 사고'라고 한다. 당신은 모든 것을 흑백으로만 본다. 회색이란 중간 지대는 없다."   데이비드 번즈, 《필링 굿》

2 "만약 모든 게 단순해서 어딘가에 교활하게 악행을 저지르는 악한 사람은 따로 있다면, 그래서 그들을 우리와 분리해서 없애기만 하면 된다면! 그러나 선악을 가르는 선은 모든 인간의 마음을 가로지른다. 그렇다면 누가 기꺼이 자기 마음의 한 조각을 없애려 들까?"   알렉산드르 솔제니친, 《수용소군도》

아테네의 철학자 아리스토텔레스는 덕(德)이란 극단 사이의 중용에 있다고 말했다. 용기는 무모함과 비겁함 사이의 균형이고, 관대함은 인색함과 사치 사이의 균형이라고 썼다. 이런 생각은 지적 훈련이자 삶을 잘 살기 위한 청사진을 그리는 일이다. 아리스토텔레스는 절대적인 극단 사이에 있는 회색 지대를 잘 헤쳐 나가는 것이 중용의 핵심이라고 했다.

《니코마코스 윤리학》에서 아리스토텔레스는 이 개념을 상세히 펼치며 다양한 덕이 극단 사이의 중용으로 나타나는 것을 보여 주었다. 예컨대, 절제는 지나친 쾌락과 무감각함 사이에 있다. 통 크게 재물을 사용하는 행위는 천박함과 옹졸함 사이의 균형이다. 각각의 덕은 특정한 상황이나 사람에 따라 지나치거나 부족하지 않게, 딱 알맞은 정도를 찾아야 한다고 주장했다. 아리스토텔레스의 접근법은 우리에게 여러 가능성이 펼쳐진 스펙트럼을 생각하라고 권한다. 만약

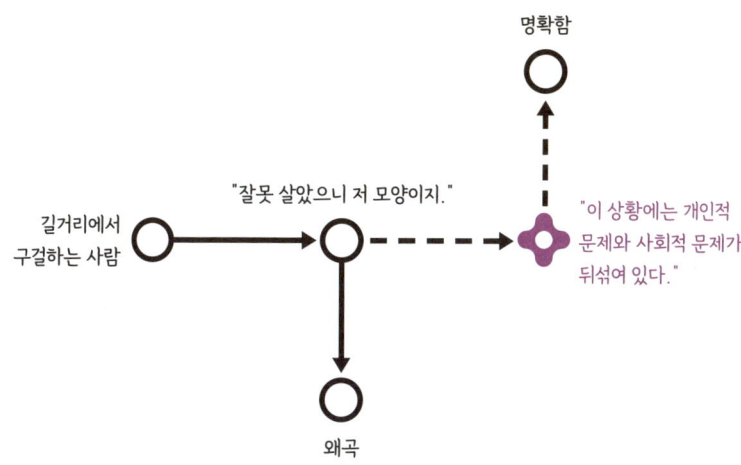

이분법적 사고에 사로잡혀 있다면 이렇게 질문을 던져 보라. "정말 모 아니면 도 인가? 아니면 나는 스펙트럼 어딘가에서 균형을 찾으려하고 있는가?"

아리스토텔레스는 중용을 찾는 일이 간단한 수학적 계산이 아니라고 강조했다. 거기에는 실천적 지혜가 필요하다. 적절한 균형점은 상황과 사람에 따라 달라진다. 전투에 필요한 용기는 시민 생활에 필요한 용기와 다르다. 부유한 사람의 관대함과 소박하게 사는 사람의 관대함도 다르다. 중용은 반드시 경험을 통해 판단되어야 한다.

현대 심리학도 아리스토텔레스의 통찰을 뒷받침한다. 치료사는 내담자에게 '항상'이나 '절대' 같은 극단적 자기 규정을 의심하라고 권한다. 인생은 닫힌 상자가 아니라 열린 연속선 위에 존재한다. '이분법에서 탈피하기'는 판단을 왜곡하고 괴로움을 심화시키는 경직된 범주에서 우리를 벗어나게 해 준다. 완벽하지도, 그렇다고 경직되지도 않지만, 삶이 펼쳐지는 대로 사려 깊고 자비롭게 조정해야 한다.

| 마음 기술 36 | **이분법에서 탈피하기**에서 인상적인 키워드 적어 두기 |

일일 실천 과제

- 월 ☐ '이분법에서 탈피하기'를 읽고 충분히 익히자. 오늘 하루 이 개념을 마음에 새기고 1번 칸을 채우자.
- 화 ☐ 앞을 보지 말고 '이분법에서 탈피하기'를 자신만의 말로 정의하고 설명해 보자.
- 수 ☐ 점진적인 변화를 인식한 뒤 상황을 더욱 명료하게 이해한 3가지 경우를 열거해 보자.
- 목 ☐ 스스로 이분법으로 내린 판단 중 하나를 골라 세분화된 층위로 살펴보라.
- 금 ☐ 이 기술을 적용할 만한 상황을 마음속으로 그려 보자. 상황에 맞게 2번이나 3번을 채우자.
- 토 ☐ 복잡하고 회색 지대가 섞인 스펙트럼인데도 양극화로 보고 있는 개념이나 사건을 열거해 보자.
- 일 ☐ 이름만 보고 지금까지의 마음 기술들에 대한 내용을 기억해서 정리하고 복습하자.

이해도 체크리스트

● 0. 모름
○ 1. 연습
○ 2. 응용
○ 3. 안정

◆ 마음 기술 **37** 고통을 피할 수는 없지만 선택할 수는 있다

**Releasing the Arrow
화살 내려놓기**

우울, 의심, 좌절, 죄책감, 절망, 불안정,
외로움, 후회, 슬픔, 자기 연민, 수치심, 삐침

자신의 불행에 대응하고 되새기지 않는 것.
같은 지점에 두 번째 화살을 쏘는 일을 멈추고 그 화살을 버려, 자신에게 불필요한 괴로움을 가하지 않는 것.

**고통은
피할 수 없지만
괴로움은
선택할 수 있다.**

삶에서 벌어지는 여러 사건은 때때로 즉각적인 고통을 안겨 주는 것처럼 보인다. 하지만 이런 고통을 자기 연민으로 대하면 괴로움은 몇 배로 증폭된다. 불교에서는 불운이 빚은 최초의 고통을 화살에 맞은 것에 비유한다. 이런 고통은 비교적 가볍고 오래가지도 않는다. 하지만 자기 고통에 집착하고 실패를 자책하며 자기를 불쌍히 여기면 첫 번째 화살이 꽂힌 똑같은 자리에 두 번째 화살을 쏘는 셈이어서 엄청나게 큰 괴로움이 밀려든다. 있는 그대로 고통을 받아들여라. 상실의 고통이라는 첫 번째 화살을 그대로 경험하되 그 고통을 더하지 말라. 자기 연민을 몰아내라. 그러면 괴로움 대부분이 사라진다는 사실을 알게 될 것이다.

"

고통스러운 감정을 느낄 때,
가르침을 받지 못한 평범한 사람은 슬퍼하고, 괴로워하고, 탄식하고,
가슴을 치다가 정신이 혼미해질 지경에 이른다.
그래서 그는 신체적 고통과 정신적 고통을 모두 느낀다.
마치 어떤 사람을 화살로 쏘고 나서 곧바로
또 다른 화살을 쏘아
그가 화살 두 대의 고통을 모두 느끼게 하는 것과 같다.

— 《살라타수타(Sallata Sutha)》*

* 불교 경전에 수록된 짧은 경문으로, 인간이 겪는 고통과 그에 대한 반응을 비유적으로 설명하는 가르침을 말한다.

1 "고통은 피할 수 없지만, 괴로움은 선택에 달렸다." 무라카미 하루키

2 "삶에서 때때로 일어나는 원치 않는 일, 가령 거절당하거나 소중한 물건을 잃어버리거나 시험에 떨어지거나 사고로 다치는 일은 첫 번째 화살과 비슷하다. 이런 일은 고통을 안긴다. 두 번째 화살은 우리 자신이 쏘는 것으로 스스로 만들어 낸 불안이다. 이 모든 것이 괴로움을 더 키운다. (…) 두 번째 화살은 판단('어쩌면 그렇게 어리석을 수 있었지?'), 두려움('이 고통이 사라지지 않으면 어쩌지?'), 분노('왜 내가 이런 고통을 받아야 해?')의 형태일 수 있다. (…) 괴로움을 잘 받아들이는 기술은 두려움, 분노, 절망에 휩싸여 고통을 증폭하지 않는 법을 배우는 데 있다. 우리는 큰 괴로움을 감당할 에너지 저장소를 짓고 유지한다. 반면, 작은 괴로움은 흘러가도록 내버려 둘 수 있다." 틱낫한, 《고요히 앉아 있을 수만 있다면》

3 "나는 오랫동안 낙담한 환자와 스스로에게 반복해서 말해 왔다. '슬프다는 이유로 또 슬퍼하면서 우리 슬픔에 슬픔을 더하지 맙시다.'" 폴 뒤부아

부처는 인생의 괴로움을 화살 맞는 것에 빗대었다. 거절, 상실처럼 고통스러운 사건은 첫 번째 화살이다. 날카롭고 피할 수 없다. 하지만 정말 견디기 힘들게 만드는 것은 스스로에게 쏜 두 번째 화살, 즉 자기 연민과 평가, 과도한 생각이다. 실제로 우리의 고통을 키우는 것은 상처 그 자체가 아니라 그 상처를 두고 우리가 만들어 낸 이야기다.

틱낫한은 이를 두고 우리가 과거를 곱씹거나 미래를 걱정하면서 원래의 고통을 훨씬 넘을 정도로 괴로움을 키운다고 한다. 예컨대, 직장을 잃은 사람의 첫 번째 화살은 경제적 압박과 일상의 상실이다. 하지만 두 번째 화살은 "나는 실패자야. 다시 회복하지 못할 거야. 다른 사람이 나를 어떻게 생각할까?" 같은 내적인 대화다. 이는 전적으로 자신이 만든 고통의 소용돌이다.

폴 뒤부아 박사는 자기 환자에게 "슬프다는 이유로 또 슬퍼하면서 우리 슬픔

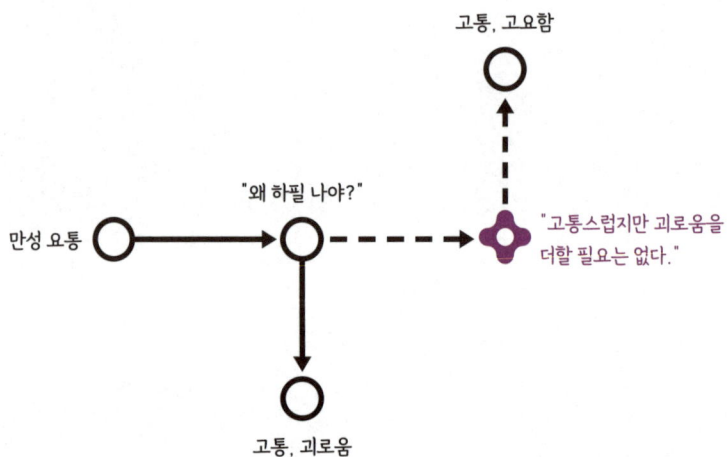

에 슬픔을 더하지 말자"라고 했다. 첫 번째 화살에는 회복탄력성이 필요하지만, 두 번째 화살에는 마음 챙김이 필요하다. 우리는 고통을 더하기 전에 잠시 멈춰서 자신을 돌아봐야 한다.

두 번째 화살을 내려놓는 것은 의식적인 관찰을 연습하는 것이다. 고통이 차오르면 그것을 인정하라. '좋다', '나쁘다'라는 판단을 덧붙이지 말고 경험 자체에 이름을 붙여라. 분노가 치솟으면 "나 화났어"라고 하지 말고 "분노가 여기 있네"라고 말하라. 이렇게 말을 바꾸면 심리적인 거리를 만들고 그런 감정을 놓을 여유를 얻게 된다.

강을 떠올려 보라. 첫 번째 화살은 강물에 던진 돌처럼 파문을 일으킨다. 하지만 두 번째 화살은 그런 파문을 가두기 위해 우리가 쌓은 댐이 된다. 우리가 스스로 최악의 상황을 상상하고 수치심을 느끼는 것이다. 댐을 허물면, 강물은 다시 자유롭게 흐른다. 고통이 사라지지는 않겠지만 더 이상 정체되지 않고 계속 흘러간다.

화살을 내려놓는 것은 고통을 받아들이지만 더 이상 키우지 않는다는 것이다. 고통은 피할 수 없지만 그에 따르는 괴로움은 선택하기 나름이라는 깊은 깨달음을 준다.

마음 기술 37 | 화살 내려놓기에서 인상적인 키워드 적어 두기

_____
_____
_____
_____
_____
_____
_____
_____

일일 실천 과제

요일		과제
월	☐	'화살 내려놓기'를 읽고 충분히 익히자. 오늘 하루 이 개념을 마음에 새기고 1번 칸을 채우자.
화	☐	앞을 보지 말고 '화살 내려놓기'를 자신만의 말로 정의하고 설명해 보자.
수	☐	고통을 곱씹었더니 괴로움이 커졌던 3가지 상황(과거, 현재, 미래)을 열거해 보자.
목	☐	실제 사건과 그 사건에 더해진 괴로움에 주목하면서, 오늘 하루 '두 번째 화살'을 쐈던 순간을 추적해 보자.
금	☐	이 기술을 적용할 만한 상황을 마음속으로 그려 보자. 상황에 맞게 2번이나 3번을 채우자.
토	☐	곱씹거나 한탄하거나 정신적으로 저항하는 두 번째 화살을 쏘지 말고 좌절을 그대로 경험하자.
일	☐	이름만 보고 지금까지의 마음 기술들에 대한 내용을 기억해서 정리하고 복습하자.

이해도 체크리스트

- ● 0. 모름
- ○ 1. 연습
- ○ 2. 응용
- ○ 3. 안정

◆ 마음 기술 **38** 삶은 내 인격 수양을 위한 게임이다

Pac-Man Principle
팩맨* 원칙

분노, 불안, 우울, 의심, 질투, 좌절, 죄책감, 절망, 불안정, 시기, 외로움, 공황, 후회, 원한, 슬픔, 수치심

자기 삶을 캐릭터를 성장시키는 게임으로 보고, 살면서 겪는 스트레스와 좌절이 모두 그저 그런 게임의 일부임을 깨달아 경험에 가벼움을 불어넣는 것.

> * 팩맨(Pac-Man)은 1980년 일본 남코(Namco)사에서 개발·출시한 고전 아케이드 게임으로, 게임 역사상 아주 유명하고 상징적인 작품 중 하나다.

게임을 즐기면서 자기 캐릭터를 성장시켜라.

비디오 게임 속 주인공에게는 그 모험이 아주 현실적인 것으로 느껴지듯 때때로 우리의 인생 역시 아주 현실적인 것으로 느껴질 수 있다. 삶에서 겪는 고난과 부담은 두렵고 지루하며 고통스럽다. 하지만 플레이어인 당신은 한 걸음 물러서서 그것이 게임임을 인지하고 가볍게 대할 능력을 가졌다. 따라서 당신은 마음 자체가 아니라 마음의 설계자다. 게임의 목표는 에우다이모니아('행복', '좋은 삶', '최고의 선'을 뜻하는 고대 그리스어. 아리스토텔레스의 윤리학에서 특히 중요한 개념이다. — 옮긴이 주), 즉 최고의 행복과 번영에 이르는 것이다. 하위 목표와 미션과 캠페인은 모두 캐릭터를 성장시킬 기회다. 실패는 배움의 기회로, 거절이나 상실은 자기 캐릭터를 시험하는 무대로 볼 수 있다. 캐릭터 성장에 온 힘을 쏟으면서도 이것이 한낱 게임이라는 것을 항상 자각하라. 노력은 하되 삶을 너무 진지하게 받아들일 때 생기는 고통을 자연스럽게 없앨 수 있다.

"

그러니 하-하-호-하-하! 이제 진정한 나를 깨달았으니, 다가올 모든 일을
웃으며 평안하게 맞이할 수 있다. 나는 죽음을 비롯한 더 나쁜 변화가 실제로
더 나은 변화로 드러날지 결코 확신할 수 없다. 그렇게 되지 않더라도 괜찮다.
깨달음을 얻은 도가(道家)는 너무도 현명하니, 반대 것이 더 낫다거나 더
나쁘다는 생각을 절대로 진지하게 받아들이지 않을 테니까. 내가 곧 황제가
되더라도, 하-하-하-하! 형편없는 거지가 될 운명이라고 해도, 하-하-하-하!
모든 것은 한낱 놀이일 뿐. 어떤 역할이든 내게 잘 맞는다.

— 존 블로펠드*, 《한산자 시집》

* 영국 출신의 동양학자, 작가, 번역가. 중국과 티베트, 동남아시아 등지에서 오랜 기간 생활하며
불교, 도교, 선(禪), 티베트 불교 등 동양의 종교와 철학을 서구에 소개하는 데 큰 역할을 했다.

1	"당신은 극작가가 원하는 대로 정해진 연극에 출연하는 배우다. 작가의 바람에 따라 연극의 길이도 달라진다. 작가가 당신에게 가난한 자나 장애인이나 촌뜨기나 평범한 사람의 역할을 바란다면 그 역할을 자연스럽게 연기해야 한다. 당신에게 맡겨진 배역을 제대로 연기하는 것은 마땅히 당신이 해야 할 일이지만 어떤 배역을 맡을지 고르는 일은 다른 이의 몫이다."	에픽테토스, 《엥케이리디온》
2	"사람의 삶은 / 천하(天下)의 도(道)에 따라 살지 않으면 / 아무 의미도 없다. / 천하의 도에 따라 / 자기 본분을 다하는 것 / 이것이 진정한 겸손이다. / 그러니 당신이 왕실의 보석이든 / 길가의 돌멩이든 / 겸손하게 자기 본분을 받아들이면 / 천하의 영광이 너의 것이다."	노자, 《도덕경》**
3	"한 가지만 물어보자. 팩맨이 컴컴한 방에서 유령에게 이리저리 쫓기면서 즐거워할 것 같은가? 유령에게 잡힌 팩맨이 자기 안으로 무너져 내리면서 즐거워할 것 같은가? 그렇지 않다. 하지만 그렇다고 당신이 게임을 즐기지 못할 이유는 없다. 그런데 바로 그 점이 당신이 삶의 재미를 느끼지 못하는 이유다. 시뮬레이션이 너무 매끄럽게 돌아가서 당신은 자기를 진짜 팩맨으로 착각한다. 당연히 재미가 없을 수밖에."	작자 미상

** 노자(老子)의 《도덕경(道德經)》에 이 인용문과 정확히 일치하는 구절은 없다.
위 인용문은 《도덕경》의 핵심 사상을 시적으로 번역해 재구성한 문장으로 보인다.

우리 시대의 영적 스승 앨런 와츠는 삶을 지나치게 심각하게 받아들이는 태도에 역설이 있음을 강조하는 동양의 지혜를 자기만의 시각으로 해석했다. 와츠는 강연과 저술에서 이른바 '역설의 법칙'을 지적했다. 우리가 필사적으로 고군분투할수록 오히려 고통을 만들어 내는 경우가 흔하다는 것이다. 마치 비디오 게임 속 캐릭터가 각각의 도전 과제를 실존의 위협으로 대하면 꼼짝도 못 하게 되는 것처럼 말이다.

선(禪) 불교와 도교 모두에서 영감을 받은 와츠는 동양 전통이 서구의 구도자가 종종 놓치고 있는 어떤 통찰, 즉 인생에 온전히 몰입하면서도 삶을 가볍게 꾸려 갈 가능성을 어떻게 이해하고 있는지를 강조했다. 그는 도교의 무위(無爲. 억지로 하지 않음)와 힌두교의 릴라(lila. 신의 놀이) 개념을 들면서 인생의 도전에 온 힘을 쏟지만 그런 도전의 본질이 하나의 게임임을 보여 주었다.

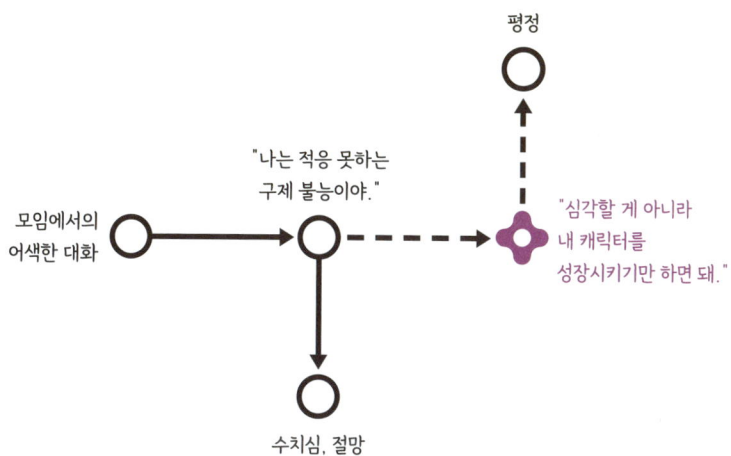

와츠는 진지한 몰입과 유희적 관점 사이의 명백한 모순을 어떻게 넘어설 수 있는지 강조했다. 숙련된 플레이어가 어떤 게임이 결국 게임이라는 생각을 품고 있으면서도 완전히 몰입하듯 우리도 성장과 성취에 전념하면서도 그 무게에 짓눌리지 않을 수 있다. 이런 이해는 경직된 노력과 수동적 체념 사이의 중도를 제시한다.

이런 통찰이 전하는 시사점은 공식적인 영적 수행을 넘어 일상으로 확장된다. 와츠는 인간이 겪는 고통은 대부분 고난과 자신을 지나치게 동일시해서, 즉 우리가 게임 속 캐릭터가 아니라 플레이어라는 사실을 잊는 데서 비롯된다고 보았다. 직장 문제든 인간관계 갈등이든 개인적 좌절이든 우리는 이를 성장의 기회로 여기면서 동시에 결국 이 모두가 더 큰 게임 속의 한 수일 뿐이라는 해탈의 관점을 유지할 수 있다.

이런 관점은 우리가 삶의 문제를 대하는 방식을 완전히 바꿔 놓는다. 자신을 상황에 발이 묶인 존재가 아니라 자기 진화 게임에 참여하는 플레이어라고 인식할 수 있게 된다. 목표는 삶을 체념하는 것이 아니라 최선을 다하면서도 고통을 덜 받는 것이다. 즉, 삶에 온전히 몰입하면서도 모든 경험을 통해 배우고 성장한다는 관점을 유지하는 것이다.

| 마음 기술 38 | **팩맨 원칙**에서 인상적인 키워드 적어 두기 |

일일 실천 과제

이해도 체크리스트

- 월 ☐ '팩맨 원칙'을 읽고 충분히 익히자. 오늘 하루 이 개념을 마음에 새기고 1번 칸을 채우자.
- 화 ☐ 앞을 보지 말고 '팩맨 원칙'을 자신만의 말로 정의하고 설명해 보자.
- 수 ☐ 인생을 캐릭터 성장 게임으로 보면 스트레스가 줄어드는 3가지 상황 (과거, 현재, 미래)을 열거해 보자.
- 목 ☐ 인생의 문제 중 실제보다 더 심각하게 받아들일 문제가 무엇인지 확인해 보자.
- 금 ☐ 이 기술을 적용할 만한 상황을 마음속으로 그려 보자. 상황에 맞게 2번이나 3번을 채우자.
- 토 ☐ 두려운 문제에 "그 문제가 내 캐릭터를 어떻게 성장시킬 수 있을까?" 라는 게임적 호기심으로 접근해 보자.
- 일 ☐ 이름만 보고 지금까지의 마음 기술들에 대한 내용을 기억해서 정리하고 복습하자.

● 0. 모름
○ 1. 연습
○ 2. 응용
○ 3. 안정

◆ 마음 기술 **39** 우리는 유한한 존재임을 기억하라

Memento Mori
메멘토 모리

무관심, 불안, 의심, 질투, 감사 부족, 불안정, 게으름, 공황, 걱정, 목표 상실, 취약함, 자기 제한적 신념

죽음을 기억하라.
죽음은 피할 수 없으며 시간은 정해져 있음을 떠올려
현재를 더 넓은 시각에서 바라보고
의도적인 목표를 향해 나아가도록 자신에게 동기를 부여하는 것.

삶이 유한함을 기억하여 더 의미 있는 삶을 살아라.

인간은 되도록 죽음을 생각하지 않으려 한다. 심지어 어떤 이는 죽음을 피할 방법을 찾기도 한다. 하지만 죽음을 받아들이고 성찰하지 않으면 자기 삶을 당연하게 여기게 된다. 삶이 영원히 지속될 것처럼 여기기 시작하면 건강하지 못한 불안이 생긴다. 죽음을 생각하면 삶은 더 가볍고, 더 소중하고, 더 절박하게 느껴진다. 실패를 두려워하거나 사소한 일을 걱정할 때 지상에서 보낼 유한한 시간을 떠올리면 더 넓은 관점에서 보는 데 도움이 된다. 살면서 죽음을 더 많이 의식할수록 삶은 더욱 충만해질 것이다.

"

나는 인생에서 큰 결정을 내릴 때마다
내가 곧 죽을지도 모른다는 생각을 유용한 도구로 사용하고 있습니다.
외부의 기대, 모든 자존심, 수치심, 실패에 대한 두려움,
이 모든 건 죽음 앞에 서면 거의 다 사라지고 정말 중요한 것만 남게 됩니다.

— 스티브 잡스, 〈스탠퍼드 대학교 졸업식 축사〉

1 "우리가 여러 외국 땅을 여기저기 떠돈 뒤에 긴 항해와 오랫동안 미뤄 왔던 귀향을 계획하고, 군 복무와 힘겨운 군사 작전 끝에 천천히 얻게 되는 보상을 생각하고, 관직을 얻고 더 높은 자리에 오르기 위해 유세하고, 그러는 모든 순간에도 죽음은 늘 우리 곁에 서 있었었네. 하지만 우리는 죽음이 우리 이웃에게나 닥칠 일이라고 생각하기에, 매일 같이 죽음이라는 사건이 우리를 짓누르더라도 오로지 우리에게 경이로움을 안겨 줄 때만 잠시 우리 마음에 떠올릴 뿐이라네." — 세네카, 《스토아 철학자의 편지》

2 "죽음과 추방, 그리고 끔찍해 보이는 다른 모든 것을 매일 눈앞에 두어라. 그중에서 특히 죽음을 가까이하면 결코 비굴한 생각을 품지 않게 되고 어떤 것도 지나치게 탐내지 않게 될 것이다." — 에픽테토스, 《담화록》

3 "인생이 당하는 일을 짐승도 당하나니 그들이 당하는 일이 일반이라. 다 동일한 호흡이 있어서 사람이 짐승보다 뛰어남이 없나니 모두 헛됨이로다." — 〈전도서〉, 3장 19절

4 "마치 만 년을 살 것처럼 행동하지 말라. 죽음은 이미 너에게 드리워져 있다. 살아 있는 동안, 그리고 할 수 있는 동안, 선하게 살아라." — 마르쿠스 아우렐리우스, 《명상록》

2005년, 스티브 잡스는 스탠퍼드 대학교 졸업식 연단에서 지난 수십 년 동안 자신을 이끌어 온 아침 습관을 공유했다. 그는 매일 아침 거울을 보며 자신에게 물었다. "오늘이 내 인생 마지막 날이라면, 오늘 하려는 일이 정말로 하고 싶은 일인가?" 며칠을 연이어 "아니오"라고 대답한다면 무언가를 바꿔야 한다.

이는 철학적 가식이 아니었다. 잡스는 나이 서른에 췌장암 진단을 받고 2011년에 결국 이 병으로 세상을 떠났다. 그는 이른 시기에 죽음과 마주하면서 어떻게 살아가고 혁신할 것인지에 관해 생각을 바꾸었다. 잡스는 정기적으로 죽음을 깊이 생각하면, 사회적 기대와 실패에 대한 두려움이라는 인위적 경계를 벗어날 수 있음을 깨달았다. 그래서 죽음을 생각하면서 침울해하거나 주저한 것이 아니라 절박하게 자기 일을 해 나갈 수 있었다.

이런 관점은 애플에서 그가 발휘한 리더십의 모든 측면에 영향을 미쳤다. 임

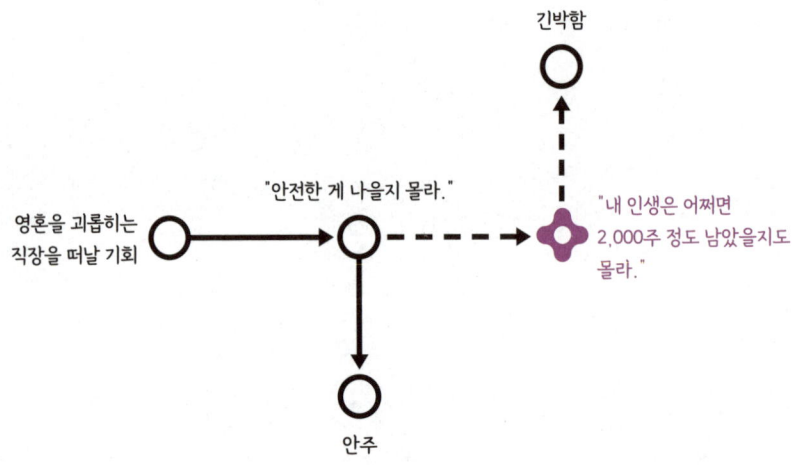

원진이 시장 점유율이나 분기별 이익을 놓고 걱정할 때 잡스는 오래도록 가치 있는 제품을 만드는 방향으로 시선을 돌렸다. 그는 사람들에게 시간에 제한이 있는 것처럼 일하라고 조언했는데 실제로 그랬기 때문이었다. 이 조언은 서두르라는 뜻이 아니라 두려움이나 사회적 압박처럼 최고의 역량을 발휘하는 데 방해가 되는 인위적 제약을 걷어 내라는 말이었다. 잡스식 접근의 힘은 일상적 실천에 있었다.

잡스는 죽음을 멀리 떨어진 추상적 개념으로 대한 것이 아니라 결정의 순간에 도움을 주는 친밀한 조언자로 삼았다. 정기적으로 자기 죽음과 마주하면서 죽음을 삶의 진짜 중요한 것을 비추는 도구로 삼았다. 이런 습관 덕에 잡스는 기술의 판도를 바꿀 수 있었다.

죽음을 두렵고 낯선 존재가 아니라 삶을 명확히 밝혀 주는 동반자로 대할 때 우리는 진정 중요한 것을 추구할 자유를 얻는다. 죽음을 마주하면 잠깐이야 불편하겠지만 이를 통해 외부의 기대는 걷어 내고 남은 시간을 온전히 자유롭게 누릴 수 있게 된다.

| 마음 기술 39 | **메멘토 모리**에서 인상적인 키워드 적어 두기 |

▍일일 실천 과제 ▍

요일		과제
월	☐	'메멘토 모리'를 읽고 충분히 익히자. 오늘 하루 이 개념을 마음에 새기고 1번 칸을 채우자.
화	☐	앞을 보지 말고 '메멘토 모리'를 자신만의 말로 정의하고 설명해 보자.
수	☐	죽음을 떠올림으로써 자신의 우선순위가 분명해진 3가지(과거, 현재, 미래) 상황을 열거해 보자.
목	☐	자신이 바라는 내용으로 묘비명을 작성해 보자. 그 문구는 어떤 가치와 행동을 강조하는가?
금	☐	이 기술을 적용할 만한 상황을 마음속으로 그려 보자. 상황에 맞게 2번이나 3번을 채우자.
토	☐	유한한 삶의 본질을 의식적으로 마음에 새기면서 중요한 결정을 내리자.
일	☐	이름만 보고 지금까지의 마음 기술들에 대한 내용을 기억해서 정리하고 복습하자.

이해도 체크리스트

- ● 0. 모름
- ○ 1. 연습
- ○ 2. 응용
- ○ 3. 안정

◆ 마음 기술

40 긍정적인 기회를 습관적으로 찾아라

Positive Magnification
긍정적 측면 키우기

우울, 의심, 질투, 절망, 감사 부족, 불안정, 비관주의, 슬픔, 수치심

자기 삶에서 긍정적인 기회, 특성, 행동을 습관적으로 인정하고 확대하여, 긍정적인 사건이나 강점을 무시하거나 깎아내리는 부정적 경향을 상쇄하는 것.

좋은 점을 인정해 나쁜 점을 약화하라.

비관적인 경향이 있는 사람이라면 습관처럼 자기 삶의 좋은 점을 무시하면서 자신에게 주어진 수많은 기회를 간과할 수 있다. 자존감이 낮거나 우울감으로 힘들어한다면 자신의 긍정적 행동과 특성은 깎아내리면서 사소한 실패는 하나하나 꼼꼼히 따지기 쉽다. 물론 그렇다고 이런 습관을 버리고 부정적인 면을 모두 무시하는 것이 목표는 아니다. 그렇게 하면 비관주의자가 자아도취에 빠지게 되는 것뿐이다. 목표는 자기 삶에서 좋은 점과 나쁜 점을 균형 잡힌 눈으로 보는 것이다. 이런 부정적 편향을 상쇄하려면 자신의 긍정적 특성, 행동, 기회를 알아차리고 이를 크게 키우면서 '마땅한 자격을 부여하는' 습관을 길러라. 명백한 손실이나 실패를 대할 때 자기에게 주어진 축복을 헤아려 보고 감사와 자부심을 표현하라. 좋은 것을 자기 삶에 더 많이 불러오는 가장 효과적인 방법은 이미 자기 삶에 존재하는 좋은 점을 알아보는 법을 배우는 것이다.

"

감사의 표현은 행복을 얻으려면 필요한 일종의 메타 전략이다. 사람마다 감사의 의미를 달리 받아들인다. 그것은 경이로움이고, 공감이며, 좌절의 밝은 면을 보는 것이고, 풍요로움을 깊이 헤아리는 것이며, 당신 삶의 누군가에게 고마워하는 것이고, '축복을 헤아려 보는' 것이다. (…) 감사는 부정적 감정의 해독제고 시기심과 탐욕, 적대감과 걱정과 짜증의 중화제다. 보통 사람들은 선물이나 혜택을 받았을 때 고맙다고 말하는 것을 생각한다. 나는 여러분이 감사에 관해 훨씬 더 넓은 정의를 고려해 보기를 권한다.

— 소냐 류보머스키, 《행복의 방법(The How of Happiness)》

1 "훨씬 더 엄청난 심리적 착시는 우울증 환자 일부가 중립적 혹은 긍정적인 경험인데도 끈질기게 부정적인 경험으로 바꾸는 경향이 있다는 것이다. (…) 나는 이런 행동을 '역전된 연금술'이라 부른다. 중세 시대 연금술사는 싸구려 금속을 금으로 바꿀 방법을 찾으려 애썼다. 만약 당신이 우울증을 앓고 있다면 정확히 그 반대로 황금 같은 기쁨을 감정의 납덩이로 바꿀 수 있다. 하지만 의도적인 것은 아니다. 당신은 자신에게 무슨 짓을 저지르고 있는지 자각하지도 못한다."
　　데이비드 번즈, 《필링 굿》

2 "다른 이들이 당신을 위해 얼마나 많은 것을 해 주었는지, 당신이 얼마나 많은 것을 이루었는지 깨달으면 당신은 더 큰 자신감과 효능감을 느끼게 될 것이다. 불행히도 우리는 대부분 실패와 실망, 타인의 무시와 상처에 더 자연스럽게 집중한다. 감사는 이런 습관을 버리는 데 도움이 된다. 좌절에 맞닥뜨리면 '내가 그렇지 뭐'라는 반응 대신, 감사를 통해 현재의 삶에서 소중한 것이 무엇인지, 상황이 더 나쁘지 않다는 사실이 얼마나 감사한 일인지 다시금 생각하게 된다."
　　소냐 류보머스키, 《행복의 방법》

3 "당신은 스스로에게 긍정적인 경험이나 행동, 자질이 중요하지 않다고 말한다. 예컨대, '그 프로젝트를 잘 해냈지만 그렇다고 내가 유능하다는 뜻은 아니야. 그저 운이 좋았지'처럼 말한다."
　　주디스 벡, 《인지행동치료: 이론과 실제》

소냐 류보머스키는 캘리포니아대학교 리버사이드의 연구실에서 10년 동안 행복을 연구하다가 직관에 반하는 한 가지 사실을 발견했다. 연구 참가자 중에서 가장 행복하지 않은 이들은 긍정적 경험이 가장 적은 사람들이 아니라, 자기 삶에 분명히 존재하는 좋은 것을 알아보는 눈 자체가 무뎌진 이들이었다. 류보머스키의 이 발견 덕분에 우리는 행복의 작동 방식을 달리 이해하게 되었다.

류보머스키는 이런 맹목성이 어떻게 작동하는지 기록했다. 행복 척도에서 낮은 점수를 기록한 참가자는 그저 비관적이기만 한 것이 아니었다. 이들은 '역전된 연금술'이라는 태도로 황금처럼 소중한 순간조차 납덩이로 바꿔 버렸다. 승진해도 "그저 때가 잘 맞았을 뿐"이라고 깎아내리고 타인의 친절한 행동은 하루가 지나기 전에 잊고 자기가 이룬 성취를 늘 외부 요인에 돌리는 식이었다. 류보머스키는 삶에 이미 존재하는 좋은 면을 알아차리고 키우는 법을 가르치는 것

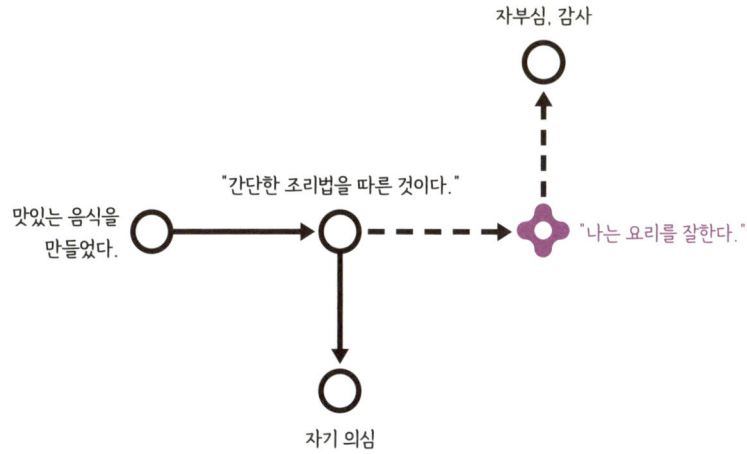

이, 실제 환경을 바꾸는 것보다 더 효과적으로 행복을 높일 수 있다는 사실을 찾아냈다.

관건은 이미 존재하는 것을 알아보고 감사할 수 있는 능력을 키우는 것이다. 류보머스키의 연구는 이런 기술을 체계적으로 키울 수 있음을 보여 주었다. 실험 참가자는 감사 일기를 쓰거나 긍정적으로 반성하는 일처럼 간단한 실천을 통해서 긍정적 경험을 부정하는 습관을 점차 극복할 수 있었다. 이런 식의 접근은 인위적인 낙관주의가 아니라 도전과 축복을 모두 깨닫는 인식을 기르는 데 초점을 맞췄다. 행복은 우리 삶의 좋은 것을 알아차리고 감사할 수 있는 능력에 있음을 보여 주었다. '긍정적 측면 키우기'로 우리는 삶에서 마주하는 여러 어려움을 무시하지도, 그렇다고 삶이 주는 선물을 간과하지도 않는 더 균형 잡힌 관점을 키울 수 있다.

마음 기술 40 **긍정적 측면 키우기**에서 인상적인 키워드 적어 두기

｜ 일일 실천 과제 ｜

월 ☐ '긍정적 측면 키우기'를 읽고 충분히 익히자. 오늘 하루 이 개념을 마음에 새기고 1번 칸을 채우자.

화 ☐ 앞을 보지 말고 '긍정적 측면 키우기'를 자신만의 말로 정의하고 설명해 보자.

수 ☐ 긍정적인 면을 인정해서 자신의 부정적 편향을 상쇄할 수 있는 3가지 상황(과거, 현재, 미래)을 열거해 보자.

목 ☐ 자신이 오늘 하루 일어난 좋은 일을 애써 부정적으로 보지 않았는지 살펴보고, 억지로라도 온전히 감사하려고 노력해 보자.

금 ☐ 이 기술을 적용할 만한 상황을 마음속으로 그려 보자. 상황에 맞게 2번이나 3번을 채우자.

토 ☐ 평소라면 무심히 넘기거나 깎아내렸을 긍정적 경험을 음미하고 확장해 보자.

일 ☐ 이름만 보고 지금까지의 마음 기술들에 대한 내용을 기억해서 정리하고 복습하자.

이해도 체크리스트

● 0. 모름
○ 1. 연습
○ 2. 응용
○ 3. 안정

◆ 마음 기술 **41** 사랑하는 것을 소유하려 하지 마라

**Non-Possession
비소유**

불안, 질투, 불안정, 시기, 원한, 슬픔

소유하지 않기.
사랑하는 사람을 향한 태도를 소유와 통제에서 수용과 감사로 전환하기.
타인을 소유하겠다는 생각을 내려놓고 그들의 성장과 자기실현을 도우면서 질투심을 줄여 나가는 것.

관계에 대한 통제권을 내려놓아라.

우리는 때때로 사랑하는 사람을 바꾸려 들거나 통제하고 싶다는 충동을 느낀다. 사랑하는 사람을 더 좋은 방향으로 이끄는 것이 자기에게 주어진 중요한 역할이라고 믿기도 한다. 그들이 다른 사람과 맺는 관계에 질투를 느끼거나 재능을 부러워하거나 당신을 떠날까 두려워하기도 한다. 이유가 무엇이든 당신은 성공하지 못한다. 다른 사람이 나아가는 방향이나 성장을 통제할 수 없다. 오히려 그런 시도는 관계를 해친다. 당신이 할 수 있는 선택은 그들과 함께하는 시간에 감사하고 앞길을 응원하거나 그 길을 가로막는 것 둘 중 하나일 뿐이다. 진정한 사랑은 소유가 아니라 감사라는 사실을 기억하라.

> 꽃을 사랑한다면 그 꽃을 꺾지 마라.
> 꺾는 순간 그 꽃은 죽고 더 이상 당신이 사랑하는 모습이 아니기 때문이다.
> 그러니 꽃을 사랑한다면 내버려 둬라.
> 사랑은 소유가 아니다.
> 사랑은 감사다.
>
> ― 오쇼*
>
> * 인도의 명상 지도자이자 영적 스승, 철학자다.

1	"나는 상반되는 존재-사랑(Being Love, 타인의 '존재'에 대한 이타적 사랑)과 결핍-사랑(Deficiency Love, 결핍에서 비롯된 이기적 사랑)의 역학을 설명해 왔다. (…) 존재-사랑은 의식 속에서 기꺼이 받아들여지고 온전히 향유된다. 이 사랑은 소유하지 않고 타인을 존중하기에 어떤 문제도 일으키지 않으며 대부분 기쁨을 준다. 존재-사랑을 지닌 사람은 서로에게 더 독립적이고, 자율적이며, 질투나 위협을 덜 느끼고, 덜 결핍되어 있으며, 개별적이고, 사심이 없다. 그러면서도 동시에 상대방이 자기실현에 이를 수 있도록 도움을 주고 싶어 하며, 상대의 성공을 자랑스러워하고, 더 이타적이면서 관대하며 상대를 성장시키려는 태도를 보인다."	에이브러햄 매슬로, 《존재의 심리학》
2	"'줄리가 힘겨워하는 모습을 보면서 내가 얼마나 슬픈지, 줄리가 내게 얼마나 소중한지 깨달았어요.' 에릭은 이렇게 말하면서, '그래서 그냥 그런 사실을 전하고 줄리를 한참 안아 줬죠'라고 말했다. 에릭은 쑥스럽게 웃으며 이렇게 덧붙였다. '이봐요, 타라. 지금 깨달은 건데 굳이 줄리를 바로잡아 주려 애쓰지 않아도 그냥 안아 줄 수 있다는 거예요.' 에릭은 도망치지 않았고 자신에게 불안 속에서도 여전히 수용적이고 친절한 태도를 지킬 수 있는 능력이 있음을 발견한 것이다."	타라 브랙, 《받아들임》
3	"참사랑 안에서 당신은 자유를 얻는다. 사랑할 때 당신은 사랑하는 이에게 자유를 선사한다. 반대라면 그것은 참사랑이 아니다. 사랑하려거든 당신이 사랑하는 사람이 자유를 느끼게 해야 한다."	틱낫한, 《틱낫한의 사랑이란 무엇인가?》

에이브러햄 매슬로는 심리학을 연구하면서 독특한 접근법을 취했다. 그는 정신 질환을 연구하는 대신 인구 중에서 가장 건강한 1%의 사람, 즉 이른바 '자기실현'에 이르렀다고 여겨지는 사람을 조사하기로 마음먹었다. 매슬로는 놀라운 패턴 중 눈에 띄는 것을 발견했다. 이들은 사랑하는 방식이 아예 달랐다.

매슬로가 조사한 자기실현 대상자는 가장 가까운 관계를 설명하면서, 사랑하는 사람이 자신을 위해 무엇을 해 주고 자신을 어떻게 느끼게 해 줬는지와 관련된 이야기는 거의 하지 않았다. 대신 자기가 사랑하는 사람의 성장과 발전을 지켜볼 수 있다는 점에 깊이 감사했다. 이들은 상대방이 더 온전하게 자신이 되어 가는 모습을 보면서 진심으로 기뻐했으며, 그런 발전이 전혀 예상치 못한 방향으로 흘러가더라도 마찬가지였다.

이런 관찰을 계기로 매슬로는 인간이 사랑하는 방식에 중요한 차이가 있음을

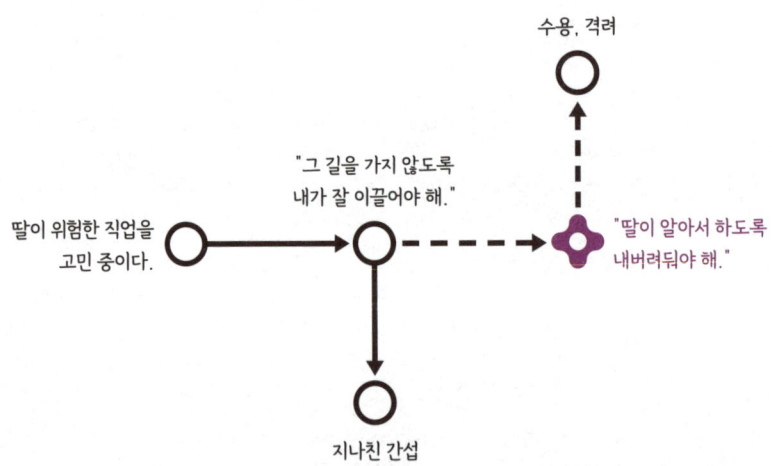

명확히 이해할 수 있었다. 매슬로는 흔히 볼 수 있는 형태의 사랑을 '결핍-사랑'이라고 불렀다. 이러한 유형은 타인이 나 이외의 사람과 맺는 관계를 질투하며 타인을 통제하거나 소유하려 한다. 반면, 자기실현 대상자는 '존재-사랑' 형태의 사랑을 보여 주었다. 소유하지 않고 감사하며 집착하지 않고 기뻐하며 요구하지 않고 지지했다. 매슬로는 광범위한 인터뷰를 통해 존재-사랑의 역량이 관계를 어떻게 변화시키는지 기록했다. 이들은 파트너가 혼자 이뤄 낸 성취를 위협으로 느끼지 않고 함께 축하했다. 사랑하는 사람이 다른 사람과 맺는 관계도 질투하지 않았고 자신이라면 하지 않았을 결정을 상대가 선택했을 때조차 흔들림 없이 지지했다. 이는 우리가 타인을 소유하려는 시도를 멈출 때 비로소 진정한 친밀감을 얻고 깊이 연결될 수 있다.

매슬로의 발견이 주는 시사점은 연인 관계를 넘어선다. 친구, 가족, 파트너 등과의 관계에서 감사와 소유 중 하나를 선택해야 할 때, 감사를 고르면 서로 함께 성장할 수 있다. 매슬로의 실험에 참여한 자기실현에 도달한 이들처럼, 타인이 우리를 위해 무엇을 해 주는지, 또 어떤 결핍을 채워 주는지에 집중할 게 아니라 그들이 어떤 존재가 되어 가는지를 바라보자.

| 마음 기술 41 | **비소유**에서 인상적인 키워드 적어 두기 |

| 일일 실천 과제 |

월	☐	'비소유'를 읽고 충분히 익히자. 오늘 하루 이 개념을 마음에 새기고 1번 칸을 채우자.
화	☐	앞을 보지 말고 '비소유'를 자신만의 말로 정의하고 설명해 보자.
수	☐	타인을 통제하겠다는 마음을 내려놓았을 때 관계가 더 돈독해졌던 3가지 상황을 열거해 보자.
목	☐	어떤 관계에서 소유욕이나 상실에 대한 두려움이 가장 강하게 일어나는지 살펴보고 이를 열거해 보자.
금	☐	이 기술을 적용할 만한 상황을 마음속으로 그려 보자. 상황에 맞게 2번이나 3번을 채우자.
토	☐	당신이 아끼는 사람이 당신이라면 하지 않았을 결정을 내릴 때, 진심으로 그 선택을 축하해 주는 연습을 해 보자.
일	☐	이름만 보고 지금까지의 마음 기술들에 대한 내용을 기억해서 정리하고 복습하자.

이해도 체크리스트

● 0. 모름
○ 1. 연습
○ 2. 응용
○ 3. 안정

◆ 마음 기술 **42** 증거만이 신념의 근거가 될 수 있다

Ideological Detachment
이념에서 거리 두기

취약함, 동기화된 편향,
자기 제한적 신념, 집단주의

욕망을 조절하고 상쇄하여 특정 신념을 맹목적으로 따르지 않고
오직 증거만을 신념의 근거로 삼아 동기화된 편향을 줄이고 명확한 사고와 정확한 관점을
갖는 것.

> **가치는 열정적으로 주장하되, 신념은 냉정하게 형성하라.**

자신이 현실을 객관적으로 판단하는 판사라고 여기고 싶을지 모르지만, 실제로는 자기 이익에 부합하는 판결을 얻으려고 싸우는 변호인에 더 가깝다. 자신의 동기화된 편향을 알아차리기 어렵지만 타인의 것을 찾긴 쉽다. 우리는 세상을 이해하고 싶어서 핵심만 추려 단순화하고 그 모형을 바탕으로 결정한다. 또한 어떤 집단에 소속되고 싶어 한다. 수용되고 존중 받고 사랑 받고 싶어 하며, 이런 욕망은 우리 신념을 그런 의지에 맞춰 왜곡한다. 이런 경향을 극복하기 위한 핵심은 놀라울 만큼 단순하다. 즉, 특정 신념을 따르려는 욕망을 줄이거나 '상쇄'하려고 노력하라. 자신이 어떤 관점을 강하게 고수하고 싶어 한다는 사실을 알아차리자. 그리고 반대 관점이 똑같이 원하는 것을 이뤄야 한다고 생각해 보자. 신념에 아무 욕망도 더해지지 않을 때 비로소 그 신념을 올바르게 형성할 수 있게 된다.

"

종교와 정치에 공통점이 있다면,

그것은 둘 다 사람이 지닌 정체성의 일부가 된다는 점이다.

사람은 자기 정체성의 일부가 된 주제를 놓고는

결코 건설적인 논쟁을 하지 못한다. 정의상 종교와 정치는 당파적이다. (…)

사람이 자기 정체성의 일부가 된 주제를 명확히 생각하지 못한다면

가장 좋은 방법은 자기 정체성으로 들이는 것을 가능한 한 줄이는 것이다.

— 폴 그레이엄(Paul Graham)*

* 영국 출신의 미국계 프로그래머, 벤처 투자자, 수필가, 기업가. 실리콘 밸리와 전 세계 스타트업 생태계에 큰 영향을 끼친 인물이다.

---

1 "우리가 동기화된 추론을 사용하는 이유는 더 나은 방법을 몰라서가 아니다. 스스로 기분 좋게 느낄 수 있는 능력과 어려운 일에 도전해서 끝까지 성취하려는 동기, 좋은 사람으로 보이고 상대를 설득할 논리를 갖추는 것, 공동체에 받아들여지는 일처럼 우리에게 중요한 여러 가지를 지키려 애쓰고 있기 때문이다."
줄리아 갈렙, 《스카우트 마인드셋》

2 "동기화된 편향은 시스템에 생긴 사소한 결함이 아니다. 오히려 시스템이 의도대로 작동하고 있음을 보여 주는 증거다. 음모론자나 광신도, 정치 선동가만을 말하는 게 아니다. 누구에게나 소중한 신념이 있다. 그리고 의지만으로는 이런 신념을 없애지 못한다. 이런 신념을 지속시키는 욕망을 끊어 내야 한다."
라이언 부시, 《마음설계자》

3 "뇌가 동기화된 추론으로 작동하고 있음을 포착하면 이전에는 보이지 않았던 실험의 결함이 갑자기 눈에 들어온다. 어떤 시나리오에서 큰 줄거리와 무관한 세부 사항을 바꿀 때마다 좋아하는 것이 바뀐다는 사실을 알아차리면, 처음 내린 판단이 객관적 진실이라는 착각이 무너진다. 이는 추론이란 조건에 따라 바뀔 뿐이며 최초의 판단은 탐구의 출발점이지 종착지가 아니라는 사실을 본능적으로 확인시켜 준다."
줄리아 갈렙, 《스카우트 마인드셋》

1980년대에 심리학자 필립 테틀록은 전문가의 판단을 주제로 연구를 진행했다. 저명한 여러 전문가로부터 향후 정치, 경제, 세계 정세에 관해 2만 7천 건이 넘는 예측 자료를 수집했다. 분석 결과는 충격적이었다. 전문가의 예측 정확도는 무작위 추측과 다르지 않았고 전문가의 자신감이 높을수록 틀릴 가능성이 더 컸다.

가장 흥미로운 결과는 전문가의 부정확성이 아니라, 그들이 범한 오류 이면에 놓인 양상이었다. 테틀록은 이를 '고슴도치'와 '여우'라는 두 가지 사고 방식으로 구분했다. 이 개념은 이사야 벌린의 유명한 글에서 빌렸다. 세계를 하나의 이념적 렌즈로 바라보는 고슴도치형은 경합하는 여러 관점을 동시에 유지하는 여우형보다 성과가 훨씬 저조했다. 이는 단순히 지적 유연성의 문제가 아니었다. 여우형은 일종의 '이념에서 거리 두기', 즉 신념을 갖지만 감정적으로 집

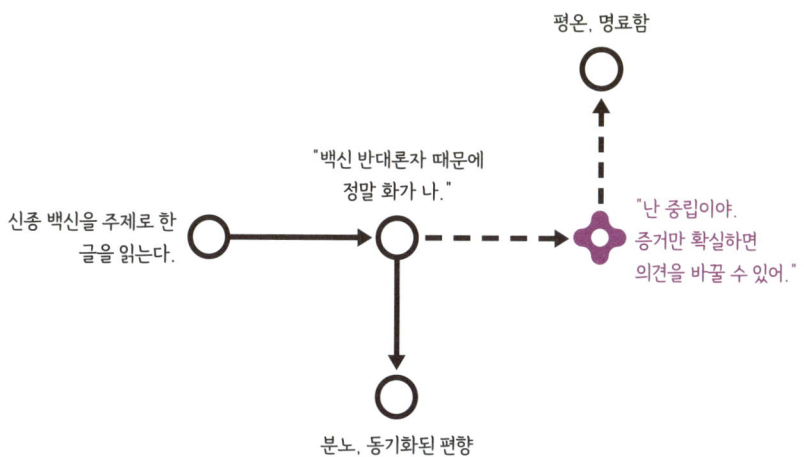

42. 이념에서 거리 두기

착하지 않는 능력을 갖추고 있었다. 새로운 증거가 자기 견해와 충돌할 때 여우형은 심리적 고통을 겪지 않고 자기 입장을 조정할 수 있었다. 여우형이 진실을 찾는 데 덜 박식한 것도 덜 헌신적인 것도 아니었다. 이들은 단지 자기 정체성과 신념을 따로 떼어 놓고 생각하는 법을 배웠을 뿐이다.

수십 년 동안 연구를 진행하면서 테틀록은 이런 거리 두기가 사고 방식을 어떻게 바꾸는지 기록했다. 여우형은 생각이 서로 모순되더라도 아무 괴로움 없이 받아들일 수 있었다. 이들은 상대의 주장을 허수아비 논증(상대방이 실제로 한 주장보다 약하거나 극단적인 버전으로 바꾼 뒤, 그 왜곡된 주장을 반박함으로써 상대방의 원래 주장을 공격한 것처럼 보이게 만드는 방식으로 '강화된 반론'과 반대되는 개념이다. — 옮긴이 주)으로 공격하는 게 아니라 강화된 반론(상대방의 주장을 가장 강력하고 설득력 있는 형태로 재구성한 후 반박하는 방법이다. — 옮긴이 주)으로 공격할 수 있었다. 이들은 자기에게 불리한 증거가 제시되면 호기심을 품고 접근했다. 여기서 무엇보다 중요한 것은 시간이 지남에 따라 자기 견해를 정교하게 가다듬었다는 점이다.

정치나 종교, 개인의 철학적 신념까지, 우리는 고슴도치처럼 집착할 것인지 아니면 여우처럼 거리를 둘 것인지를 두고 선택의 갈림길에 선다. 거리 두기를 선택하면 진정한 탐구와 성장의 여지가 생긴다. 테틀록의 여우처럼 자신의 주장을 행동의 기준으로 삼을 만큼 단단히 붙들어 두되, 증거가 드러날 때는 신념을 바꿀 만큼 느슨하게 유지할 수 있다. 확신과 유연성 사이, 헌신과 거리 두기 사이의 균형이야말로 세계를 더욱 명확히 바라볼 수 있는 중요한 열쇠다.

| 마음 기술 42 | **이념에서 거리 두기**에서 인상적인 키워드 적어 두기

_____
_____
_____
_____
_____
_____
_____
_____
_____
_____

| 일일 실천 과제 |

월 ☐ '이념에서 거리 두기'를 읽고 충분히 익히자. 오늘 하루 이 개념을 마음에 새기고 1번 칸을 채우자.

화 ☐ 앞을 보지 말고 '이념에서 거리 두기'를 자신만의 말로 정의하고 설명해 보자.

수 ☐ 신념에 감정적으로 몰입하는 것이 진실을 탐구하는 데 방해가 되는 3가지 상황(과거, 현재, 미래)을 열거해 보자.

목 ☐ 어떤 주제를 다룰 때 호기심보다 방어적 태도를 취하는지 주목해 보자.

금 ☐ 이 기술을 적용할 만한 상황을 마음속으로 그려 보자. 상황에 맞게 2번이나 3번을 채우자.

토 ☐ 논란이 되는 주제에 대한 증거를, 그 증거가 보여 주는 결과가 무엇이든 완전히 중립적인 태도를 유지하면서 연구해 보자.

일 ☐ 이름만 보고 지금까지의 마음 기술들에 대한 내용을 기억해서 정리하고 복습하자.

이해도 체크리스트

● 0. 모름
○ 1. 연습
○ 2. 응용
○ 3. 안정

마음 기술 43 불편한 존재에게까지 연민을 확장하라

Radical Compassion
자비심 확장하기

무관심, 분노, 의심, 좌절, 죄책감,
불안정, 외로움, 후회, 원한, 슬픔

중립적이거나 부정적 관계의 사람에게까지도 사랑과 용서, 자비심을 확장해 무관심과 원한, 증오와 같은 감정을 억눌러 없애는 것.

> 당신의 사랑을 최대한 멀리까지 확장하라.

생물학적으로 인간은 가족이나 작은 집단의 구성원에게만 사랑을 느끼고 공감하도록 타고난다. 한 번도 만난 적 없는 이들의 고통에는 공감하지 못하며 자신이 속한 집단에 반대하는 이들에게는 적대감을 느낀다. 하지만 당신의 자비를 일부러 '오용'하여 다른 집단의 구성원이나 심지어 싫어하는 사람에게까지 확장해서 당신이 추구하는 가치에 맞게 행동할 수 있다. 부처와 예수를 비롯해 위대한 스승은 누구나, 심지어 적에게까지 사랑과 자비와 용서를 베풀라고 가르쳤다. 습관처럼 보편적인 사랑을 훈련하면 분노와 증오 같은 부정적 감정을 몰아낼 수 있다. 다른 존재에게 아무 감정도 느끼지 못할 때는, 그들 역시 감각을 지니고 있고 힘겹게 살아가며 당신과 비슷한 존재라는 사실을 떠올려 보자. 타인에게 원한을 느낄 때는 그들을 용서하고 그들이 고통에서 벗어나 행복과 자유를 누리기를 바라자. 사랑은 타인뿐만 아니라 자신에게도 훨씬 더 큰 유익함을 가져온다.

> "너희는 원수를 사랑하라!
> 그들에게 선을 베풀라.
> 아무 대가를 바라지 말고 그들에게 빌려주어라."
>
> — 〈누가복음〉, 6장 35절

1	"어떤 경우든, 다른 사람을 속이거나 멸시하지 말라. 분노와 악의에 사로잡혀 다른 이가 해를 입기를 바라지 말라. (…) 마치 어머니가 자기 외아들을 목숨 걸고 지키듯, 모든 존재에게 한없이 자애로운 마음을 길러라."	《메타 수타 (Metta Sutta)》*
2	"자비의 특성은 안녕을 증진하는 것이다. 자비의 기능은 안녕을 선호하는 것이다. 자비의 징후는 짜증을 없애는 것이다. 자비의 가장 확실한 원인은 존재의 사랑스러움을 보는 것이다. 자비는 악의가 가라앉을 때 성공하며, 이기적 애착을 낳을 때 실패한다."	붓다고사
3	"타인을 향해 친밀함과 따뜻함을 기르면 마음이 저절로 평온해진다. 이것이 인생에서 성공하는 궁극적 원천이다."	14대 달라이라마
4	"사랑은 삶과 교감을 만든다. 사랑은 우리를 확장하고, 연결하고, 부드럽게 만들고, 고귀하게 만든다. 사랑은 다정한 관심에서 싹트고 돌봄의 행동에서 꽃핀다. 사랑은 우리 손이 닿는 모든 것에서 아름다움을 만들어 낸다. 우리는 언제라도 우리의 작은 자아를 넘어, 서로를 하나의 전체를 이루는 소중한 일부로 보듬어 안을 수 있다."	잭 콘필드

* '자비'를 수행하는 방법과 원리를 담은 초기 불교 경전을 말한다.

1세기 팔레스타인 땅에서 민족적·정치적 분열이 격렬히 일어나던 시기에, 나사렛 예수는 당시로서는 급진적인 한 가지 원칙을 들고나왔다. "너희는 원수를 사랑하라." 이는 단순한 미사여구가 아니다. 세상을 우리와 그들로 가르려는 인간의 성향에 정면으로 맞서는 일이다. 같은 시대의 스승 대부분이 정의나 관용을 강조했던 반면 예수는 자기를 따르는 이들에게 해를 끼치려는 사람에게도 적극적으로 자비를 베풀라고 말했다. 이 급진적 가르침은 잘못을 무시하거나 차이가 없는 척하라는 게 아니다. 오히려 범위를 넓혀 적에게까지 자비를 베풀면, 그들에게 이로운 만큼이나 우리 자신도 자유로워진다는 심오한 심리적 통찰을 담고 있다.

예수는 설령 그럴 만한 이유가 있더라도 누군가에게 원한과 증오를 품게 되면 결국 우리 자신을 고통에 묶어 두는 사슬이 된다고 가르쳤다. 이 가르침이 기

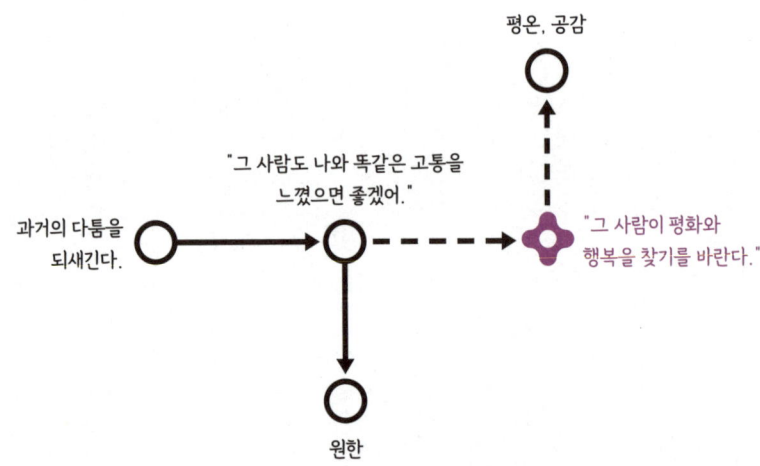

본적인 인간 심리를 어떻게 뒤흔들었는지를 생각해 보면 이러한 생각 자체가 얼마나 혁명적이었는지 알 수 있다. 우리는 가족과 집단 구성원에게만 공감하고, 분노로 자신을 지키며, 증오에는 증오로 맞서도록 타고났다. 예수는 이런 충동을 의도적으로 뒤집어 증오에는 사랑으로, 저주에는 축복으로, 폭력에는 자비로 대하라고 했다.

이 가르침은 소극적으로 잘못을 받아들이라는 뜻이 아니다. 우리에게 반대하는 이들에게까지 적극적으로 선한 소망을 넓히라는 것이다. 이는 단순히 따라야 할 규칙이 아니라 의식 자체를 바꾸는 실천, 즉 자비의 범위를 우리 본능의 한계 너머로 넓혀 나가는 실천이었다.

이에 담긴 함의는 종교에 국한되지 않는다. 대인 관계든 정치적 분열이든 국제 갈등이든, 어떤 상황에서도 우리는 본능에 따른 집단의 경계를 강화할 것인지 돌봄의 범위를 적극적으로 넓힐 것인지 선택해야 한다. 우리가 적으로 여기는 이들에게까지 자비를 넓히겠다고 마음먹으면, 우리 자신까지도 바꿀 수 있다. 예수가 가르친 이 실천은 윤리적으로 옳은 것뿐 아니라 심리적 자유를 향해 나아가는 실천적인 걸음이기도 하다.

| 마음 기술 43 | **자비심 확장하기**에서 인상적인 키워드 적어 두기 |

일일 실천 과제

- 월 ☐ '자비심 확장하기'를 읽고 충분히 익히자. 오늘 하루 이 개념을 마음에 새기고 1번 칸을 채우자.
- 화 ☐ 앞을 보지 말고 '자비심 확장하기'를 자신만의 말로 정의하고 설명해 보자.
- 수 ☐ 평소보다 자비심을 더 넓게 베풀어서 부정적 감정을 해소할 수 있었던 3가지 상황(과거, 현재, 미래)을 열거해 보자.
- 목 ☐ 당신에게 부정적인 감정을 일으키는 사람을 찾아, 그가 어떤 어려움과 고통을 겪고 있는지, 또 어떤 면에서 나와 같은지 살펴보자.
- 금 ☐ 이 기술을 적용할 만한 상황을 마음속으로 그려 보자. 상황에 맞게 2번이나 3번을 채우자.
- 토 ☐ 평소에 불편한 사람을 진심으로 사랑하는 연습을 해 보고, 그들에게 기쁨과 평화가 찾아가길 바라자.
- 일 ☐ 이름만 보고 지금까지의 마음 기술들에 대한 내용을 기억해서 정리하고 복습하자.

이해도 체크리스트

- ● 0. 모름
- ○ 1. 연습
- ○ 2. 응용
- ○ 3. 안정

◆ 마음 기술 **44** 감정과 현실을 분리하라

Feeling-Fact Defusion
감정-사실의 분리

분노, 불안, 우울, 왜곡된 사고, 의심, 질투, 취약함, 좌절감, 죄책감, 절망, 불안정, 시기, 외로움, 동기화된 편향, 후회, 분개, 슬픔, 자기 제한적 신념, 수치심

감정에는 언제든 오류가 있을 수 있으며, 반드시 현실을 반영하는 것은 아니므로 감정적 추론을 없애 부정확한 판단을 줄이는 것.

현실과 그에 대한 감정을 따로 떼어 생각하라.

사람은 자신이 느끼는 감정이 진실을 보여 주는 신호라고 여기기 쉽다. 자신이 부족하다고 느끼면 실제로도 부족한 사람이라고 생각한다. 상처받거나 모욕감을 느끼면 누군가에게 잘못된 대우를 받았다고 생각한다. 죄책감을 느끼면 자신이 뭔가 잘못했다고 생각한다. 당신의 감정이 진실에 대한 실마리가 될 수는 있지만 절대적이지는 않다. 특정한 감정은 오직 당신이 그런 감정을 느끼고 있다는 사실만을 증명할 뿐, 외부의 진실을 증명하지 않는다. 감정과 사실을 뒤섞고 있음을 깨달았다면 분리해서 따로 다루는 데 집중하라. 감정에 따른 추론을 없애면 자신의 감정과 사고 모두 한결 나아질 것이다.

"

많은 사회에서 현자라는 이들은 감정이란 언제나 설득력이 강하지만 그렇다고 언제나 믿을 만한 것은 아니라는 통찰에 이르렀다. 감정은 종종 현실을 왜곡하고, 통찰력을 앗아가며, 불필요하게 타인과의 관계를 해친다. 행복과 성숙, 깨달음을 얻으려면 감정적 추론이 제시하는 허위를 거부하고 자신의 감정을 의심하는 법을 배워야 한다. 감정 그 자체는 실재하고 때로는 의식하지 못한 진실에 주의를 환기하기도 하지만, 우리를 잘못된 길로 이끌기도 한다.

― 그레그 루키아노프, 조너선 하이트, 《나쁜 교육》

1	"당신은 자신이 느끼는 감정을 진실에 대한 증거로 받아들인다. '나는 쓸모 없는 사람처럼 느껴져. 그러니 난 쓸모 없는 사람이야'라고 추론하면 오해를 얻기 쉽다. 당신의 감정은 생각과 신념을 반영하기 때문이다. 만약 당신의 감정이 왜곡되어 있다면 그 감정은 절대 타당하지 않을 것이다(실제로 그런 일이 흔하다). 감정적 추론의 예로는 다음과 같은 것이 있다. '나는 죄책감을 느끼므로 뭔가 잘못했다', '나는 부담감과 절망감을 느끼므로 내 문제를 해결할 수 없을 거야', '나는 부족한 사람 같아. 그러니 틀림없이 쓸모없겠지', '지금은 아무것도 하고 싶지 않아. 그냥 누워 있는 편이 낫겠어' 또는 '나는 네가 미워. 이건 네가 형편없이 행동하고 나를 이용하려 했다는 증거야.'"	데이비드 번즈,《필링 굿》
2	"감정적 추론은 당신이 겪는 거의 모든 우울증에서 중요한 역할을 한다. 당신에게 모든 게 부정적으로 느껴지니까 실제로도 그렇다고 단정한다. 당신의 감정을 만들어 내는 지각이 정말 타당한 것인지 의심해 보려 들지 않는다."	데이비드 번즈,《필링 굿》
3	"감정적 추론: 당신은 무언가가 틀림없이 사실이라고 생각한다. 그것이 사실이라고 '느끼는' 감정이 너무 강해서 반대 증거는 무시하거나 깎아내리기 때문이다."	주디스 벡,《인지 행동 치료: 이론과 실제》
4	"당신의 감정이 당신의 가치를 결정하지 않는다. 그저 상대적으로 어느 정도 편안한지만을 보여 줄 뿐이다. 형편없고 비참한 내면의 상태는 당신이 쓸모 없는 사람이라는 증거가 아니라, 단지 당신이 그렇게 생각한다는 뜻일 뿐이다. 당신이 일시적으로 우울한 기분에 빠져 있기에 자신에 대해 비논리적이고 비합리적으로 생각하는 것이다."	데이비드 번즈,《필링 굿》

◆ ──────────

　스티븐 헤이즈는 단순한 공황 발작 연구자가 아니다. 자신도 직접 공황 발작을 겪고 있었으니까. 1970년대 후반 헤이즈는 임상심리학자로 불안장애를 연구하고 있었다. 그러다가 1978년 심리학과 회의 도중 심각한 공황 발작을 겪었다. 이후 2년에 걸쳐 발작이 점점 더 자주 일어났고, 개인적으로나 직업적으로 그의 삶에 큰 영향을 미쳤다. 고통은 격렬했다. 이 때문에 헤이즈는 감정과 현실 사이의 관계를 완전히 다른 방식으로 이해하게 되었고 궁극적으로 수용전념치료(ACT, 있는 그대로 고통을 수용하고, 자기 가치에 따라 살아가면서 심리적 건강과 풍요로운 삶을 얻고자 하는 치료법을 말한다. — 옮긴이 주)를 발전시키게 되었다.

　공황 발작을 겪으면서 헤이즈는 아주 중요한 사실을 깨달았다. 심장이 미친 듯 뛰고 끔찍한 생각이 머리를 가득 채우면서 곧 죽을 것 같다고 느껴졌지만, 외

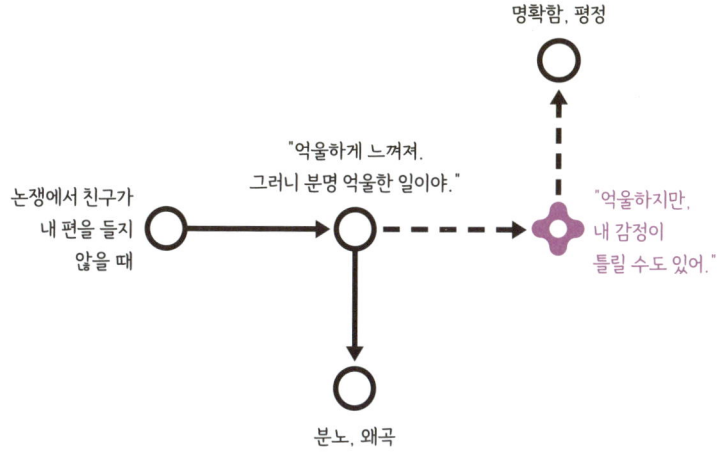

부 환경은 그대로였다. 이처럼 내면의 경험과 외부 현실이 극명히 다르다는 사실은 그에게 깊은 통찰을 주었다. 즉, 감정이 아무리 강렬해도 반드시 진실을 반영하지는 않으며 우리가 상황을 해석하는 방법과 어떤 신념을 가졌는지를 반영할 뿐이라는 것이다.

후속 연구를 통해 헤이즈는 감정과 사실이 하나로 뒤섞이면 거기에서 어떻게 고통이 생겨나는지 밝혀냈다. 사람은 불안하면 자신이 위험에 처했다는 결론을 내린다. 자신이 부족하다고 느끼면 쓸모 없다고 믿는다. 죄책감을 느끼면 뭔가 잘못했다고 여긴다. 사랑받지 못한다고 느끼면 사랑받을 자격이 없다고 단정한다. 이렇게 감정을 곧바로 사실로 해석하면 고통의 악순환으로 이어져 무한정 진행될 수 있다.

헤이즈는 우리가 감정을 현실에 대한 해석에서 '분리'하는 데 도움이 될 기법을 개발했다. 헤이즈는 감정과 다투거나 억누르기보다는 감정을 사실에서 분리해 관찰하라고 가르쳤다. 누군가 끔찍하다고 느끼더라도 동시에 자신이 안전하거나 쓸모 있다거나 무고하다고 생각할 수 있다는 것이다. 감정 그 자체는 실재이고 타당하지만 어떤 진실을 드러내지는 않는다.

이런 통찰 덕분에 불안과 우울증 치료가 크게 진전했다. 감정을 곧바로 사실로 받아들이지 않고 있는 그대로 경험하는 법을 배우면, 감정적 추론에서 벗어나 자유를 얻을 수 있다. 이런 접근법은 감정을 억누르는 것과 감정에 휘둘리는 것 사이에서 균형을 찾게 한다. 헤이즈 자신이 그랬듯, 우리도 감정을 인정하면서도 감정과 사실을 따로 떼어 생각하는 법을 배울 수 있다. 감정이 우리에게 영향을 미칠 수야 있겠지만, 그렇다고 우리 현실을 규정하지는 못한다.

마음 기술 44 — 감정-사실의 분리에서 인상적인 키워드 적어 두기

_____
_____
_____
_____
_____
_____
_____
_____

일일 실천 과제

- **월** ☐ '감정-사실의 분리'를 읽고 충분히 익히자. 오늘 하루 이 개념을 마음에 새기고 1번을 채우자.
- **화** ☐ 앞을 보지 말고 '감정-사실의 분리'를 자신만의 말로 정의하고 설명해 보자.
- **수** ☐ 감정적 추론이 잘못된 결론으로 이어지는 3가지 상황(과거, 현재, 미래)을 열거해 보자.
- **목** ☐ 감정에 바탕을 둔 강력한 신념을 두고 그 감정에 상반되는 증거를 찾아보자.
- **금** ☐ 이 기술을 적용할 만한 상황을 마음속으로 그려 보자. 상황에 맞게 2번이나 3번을 채우자.
- **토** ☐ 감정이 격양된 상황에서 감정과 사실을 따로 떼어 이를 각각 다른 열에 적어 보자.
- **일** ☐ 이름만 보고 지금까지의 마음 기술들에 대한 내용을 기억해서 정리하고 복습하자.

이해도 체크리스트
- ● 0. 모름
- ○ 1. 연습
- ○ 2. 응용
- ○ 3. 안정

◆ 마음 기술 **45** 첫 약속에 집중하라

Pre-Commitment
사전 약속

무관심, 갈망, 게으름, 무기력

유혹이 있음에도 중요한 행동을 끝까지 해내기 위해 자신이나 타인과 미리 약속을 맺고, 긍정적인 의도를 미리 확정하고 자기통제력을 높이는 것.

의지력에만 기대지 말고 이상을 지켜라.

있는 힘을 다해 희망과 다짐을 품더라도 최악의 상황에서 지키려면 무던히 노력해야 한다. 유혹적인 눈앞의 보상에 쉽게 굴복할 수도 있다. 일하거나 책을 읽거나 운동을 해야 할 때인데도 무기력하게 시간을 보낼 수 있다. 이때 자신에게 중요한 행동에 전념하면서 자기통제력을 키울 수 있다. 주변에 자기 목표를 알리고 지키겠다고 약속하면 책임감을 높일 수 있다. 어떻게든 이런 목표를 이행하도록 금전이 결부된 서약을 할 수도 있다. 심지어 자신이나 타인과 계약서를 작성해 자신의 의도와 지키지 못할 시 받을 제재를 공식적인 문서로 만들 수 있다. 자신과의 약속을 실천하지 못하고 있다면 먼저 결심하고 타인과 약속함으로써 더 나은 자신이 될 수 있다.

"

미래의 목표와 유혹 사이에 잠재적 갈등이 닥칠 때,
'선제적 자기 조절자'는 (…) 유혹적인 대안을 제거하고
미래의 선택지 가운데 목표와 관련된 대안의 비중을 높인다.
예컨대, 많은 도박꾼이 지갑은 호텔 방에 두고
카지노에는 정해진 현금만 가지고 들어간다.
돈이 다 떨어지면 도박을 더 하고 싶다는 유혹은 이미 제거된 셈이다.

— 로이 바우마이스터, 캐슬린 보스,

《자기 조절 핸드북(Handbook of Self Regulation)》

---

1 "정부가 법으로 시민에게 책임을 묻듯이, 우리도 '습관 계약'으로 자신에게 책임을 물 수 있다. 습관 계약이란 특정 습관을 실천하겠다는 다짐과 지키지 못했을 때 받게 될 벌을 명시한 구두 혹은 서면 약속이다. 그리고 한두 사람의 책임 파트너를 정해 그들과 함께 계약서에 서명한다."
제임스 클리어,
《아주 작은 습관의 힘》

2 "약속 계약은 자기통제에 실패하면 비용을 부과한다. 일반적으로 친구나 회사와 계약을 맺고 보증금을 맡긴다. 보증금을 돌려받으려면 합의에 따라 정해진 특정 기준을 충족해야 한다. 예컨대, 하루에 담배를 몇 개비로 줄여야 한다는 조건이 있을 수 있다. 기준을 충족하지 못하면 보증금을 잃는다."
스콧 영,
《자기통제 완벽 가이드(The Complete Guide to Self-Control)》

고대 그리스의 영웅 오디세우스는 아주 특별한 도전에 직면했다. 그는 세이렌 무리가 사는 바다를 지나가야 했다. 세이렌은 저항할 수 없는 노래로 뱃사람을 죽음으로 이끄는 존재였다.

오디세우스는 자신이 미래에도 의지력을 발휘할 거라 믿지 않았다. 그래서 기발한 전략을 꾸몄다. 자기 선원들에게는 귀를 밀랍으로 막게 하고, 그들에게 자신을 돛대에 단단히 묶어 놓으라고 했다. 그리고 아무리 풀어 달라고 간절히 애원하더라도 절대 풀어 주지 말라고 엄히 지시했다. 실제로 세이렌의 노래를 들었을 때, 오디세우스는 자신을 묶어 둔 결박을 풀려고 몸부림치면서 애원했지만, 과거의 지혜가 현재의 나약함에서 그를 지켜 주었다.

이 고대의 일화는 이후 행동경제학 분야에서 '사전 약속'이라 칭하게 될 심오한 통찰, 즉 미래의 자신을 현재의 의도에 묶어 두는 전략을 담고 있다. 수십 년

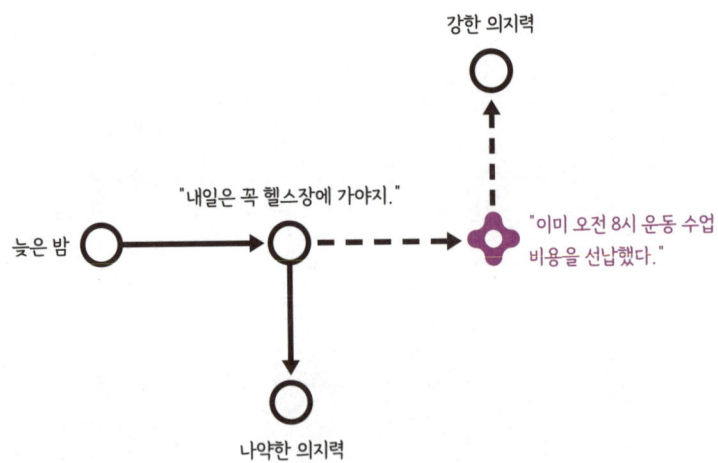

의 연구를 거쳐 여러 과학자는 이 원칙이 최선의 의도와 최악의 나약함 사이에 놓인 간극을 메울 수 있는 방법이란 것을 밝혀냈다. 사전 약속이 효과를 볼 수 있는 이유는 인간 본성에 대한 근본적 진실, 즉 우리의 선호와 의지력이 시간이 흐르면서 극적으로 변화한다는 점을 인정하기 때문이다. 아침 일찍 운동하겠다고 알람을 맞추는 자신과 알람이 울리면 다시 버튼을 끄는 자신은 다른 사람이다. 돈을 저축하려는 자신과 충동구매를 하려는 자신은 서로 다르다. 금연하려는 자신과 담배를 피우고 싶어 안달하는 자신도 서로 생각이 다르다.

현대적 연구는 오디세우스의 통찰력이 수많은 영역에서 유효하다는 점을 입증했다. 예컨대, 술을 끊겠다는 사람은 집에 가는 길을 술집이 없는 경로로 정해 두면 금주 성공률이 더 높아진다. 급여의 일부가 자동으로 저축되도록 지정해 두면 재산을 더 많이 모을 수 있다. 오디세우스를 묶었던 밧줄처럼, 이런 여러 전략은 우리의 가장 현명한 자아를 가장 약한 자아와 이어 주는 다리 노릇을 한다. 미리 유혹을 차단할 장벽을 만들면, 더 높은 의도가 더 낮은 충동에 맞서 싸울 기회를 얻게 된다. 핵심은 현재의 의지력을 키우는 것이 아니라, 의지력이 아예 필요하지 않게 미리 계획하고 결심하는 것이다.

| 마음 기술 45 | **사전 약속**에서 인상적인 키워드 적어 두기 |

| 일일 실천 과제 |

			이해도 체크리스트
월	☐	'사전 약속'을 읽고 충분히 익히자. 오늘 하루 이 개념을 마음에 새기고 1번 칸을 채우자.	● 0. 모름
화	☐	앞을 보지 말고 '사전 약속'을 자신만의 말로 정의하고 설명해 보자.	
수	☐	사전 약속을 하면 유혹으로부터 자신을 지키는 데 도움이 될 3가지 상황(과거, 현재, 미래)을 열거해 보자.	○ 1. 연습
목	☐	의지력만으로는 부족할 것 같은 3가지 목표를 세우고 이를 이루기 위한 사전 약속 수단을 마련해 보자.	
금	☐	이 기술을 적용할 만한 상황을 마음속으로 그려 보자. 상황에 맞게 2번이나 3번을 채우자.	○ 2. 응용
토	☐	지키기보다 어기기가 더 어려운 사전 약속을 구체적으로 정하고 이를 실행해 보자.	
일	☐	이름만 보고 지금까지의 마음 기술들에 대한 내용을 기억해서 정리하고 복습하자.	○ 3. 안정

마음 기술 46 모든 것은 변한다

Impermanence
무상(無常) | 분노, 불안, 좌절, 죄책감, 절망, 불안정, 슬픔, 수치심

어떤 사물이나 경험이든 그 본질은 덧없고 끊임없이 변한다는 사실을 깊이 생각하는 것. 미래가 현재와 같기를 바라는 욕망과 그런 욕망에서 생기는 고통스러운 감정을 완화하는 것.

삶은 덧없이 불안정한 것임을 받아들여라.

안전하고 안정적이며 영원한 것을 갈망하는 것은 자연스럽다. 그러나 그렇게 하면 충족될 수 없는 욕망과 불필요한 걱정거리가 생겨난다. 안정된 직업을 찾아 정규직을 구하지만, 언제든 해고당할 수 있다. 안정된 관계를 찾아 결혼을 선택하지만 결혼 또한 언제든 끝날 수 있다. 그렇다면 안정은 어디에 있는 것일까? 안정은 당신의 상상 속에 있다. 삶에 진정으로 영원한 것은 없으며 그것을 얻으려는 시도는 결국 실망과 환멸로 이어진다. 끊임없는 변화가 삶의 본질이다. 영원불변한 것은 없다. 당신이 가진 것은 모두 언젠가는 사라지거나 쇠락한다. 이를 거부하면 변화가 삶의 근본이며 매 순간 변화하고 있음을 이해하지 못하는 셈이다. 이 사실을 온전히 받아들이면 더 이상 그런 사실이 우울하지 않고 경이롭게 느껴질 것이다.

"
누구도 같은 강물에 발을 두 번 담글 수 없다.
그 강은 이미 같은 강이 아니고
그 역시 같은 사람이 아니기 때문이다.

— 헤라클레이토스

1 "찰나와 유동성이 그 본연의 성질인 우주에서 완벽히 안정된 상태를 바라는 건 모순이다. 앨런 와츠,
   하지만 이 모순은 안정을 바라는 욕망과 변화라는 사실 사이의 단순한 충돌보다 더 깊은 《불안이 주는 지혜》
   곳에 있다. 내가 안정된 상태에 있고 싶다면 곧 삶의 흐름에서 보호받고 싶다는 뜻이고,
   자신을 삶에서 분리하고 싶다는 의미이기도 하다. 그런데 바로 이런 분리되었다는 느낌이
   나를 불안정하게 만든다. (…) 더 분명히 말하자면 안정을 바라는 욕망과 불안정하다고
   느끼는 감정은 똑같은 것이다. 숨을 참으면 숨을 잃는 것과 같다."

2 "이 세계는 원소와 그런 원소로 만들어진 사물의 변화로 유지된다. 네게는 이것만으로 마르쿠스 아우렐리우스,
   충분하니 이를 하나의 자명한 이치로 대하라." 《명상록》

3 "세상은 죽음과 쇠락에 시달리나 현자는 세상의 본질을 깨달은 탓에 슬퍼하지 않는다." 부처,
   《숫타니파타》

4 "무상(無常) 덕분에 모든 게 가능해진다. 삶 자체가 가능해진다. 만약 옥수수 낱알이 틱낫한,
   무상하지 않으면 줄기로 자라지 못한다. 줄기가 무상하지 않으면 우리가 먹는 옥수수 《죽음도 없이 두려움도
   이삭을 주지 못한다." 없이》

고대 그리스 철학자 헤라클레이토스는 에페소스 근처를 흐르는 강을 관찰하면서 현실을 보는 중요한 통찰을 얻었다. 헤라클레이토스는 끊임없이 흐르는 강을 지켜보면서 변화란 가끔 일어나는 일이 아니라 존재 자체의 본질이라는 깊은 진리를 깨달았다.

헤라클레이토스는 강을 세심하게 관찰하니 겉으로는 고요한 것 같아도 실은 착각하고 있는 것임을 깨달았다. 자세히 살펴보면, 강은 끊임없는 흐르고 있으며 매 순간 바뀐다. 더 나아가, 관찰자 역시 끊임없이 변하고 있어 강과 마주치는 일은 매번 새롭고 반복되지 않는 것이다. 이처럼 역동적인 현실관은 이후 다가올 수천 년 동안 수많은 사상가에게 영향을 미쳤다. 이 통찰은 현실 이면에 변하지 않는 영원불멸의 실체가 있다고 믿었던 당시 그리스의 지배적 사상에 정면으로 맞섰다. 헤라클레이토스는 안정이라는 생각 자체가 환상이며 변치 않는 유

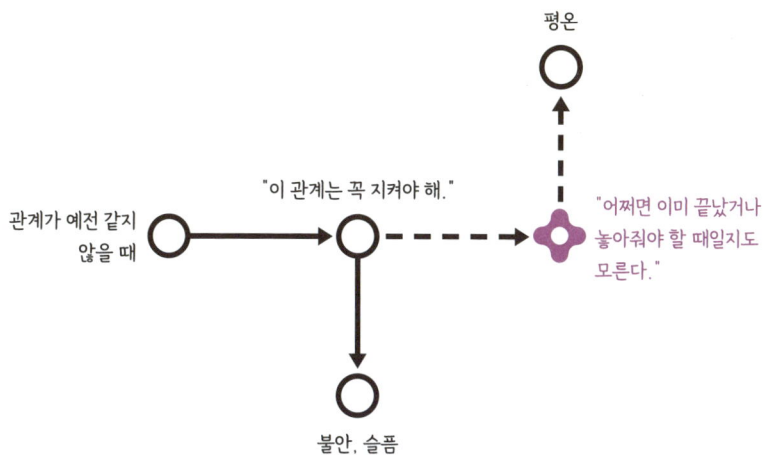

일한 것은 변화뿐이라고 주장했다. 이는 타오르는 불꽃이 겉으로는 안정된 것처럼 보여도, 실제로는 지속적으로 연소 중인 것과 같다는 뜻이다. 헤라클레이토스는 생각과 감정조차 아무리 붙잡으려 해도 끊임없이 변한다고 했다.

만약 모든 게 끊임없이 변한다면, 절대적인 안정이나 영원불멸을 찾겠다는 시도는 근본부터 잘못됐다. 헤라클레이토스는 사람이 변화에 불안을 느끼는 건 모든 것이 끊임없이 변한다는 기본적인 진리를 받아들이지 않기 때문이라고 주장했다. 우리가 고통 받는 이유는 사물이 변해서가 아니라 변하지 않기를 기대하기 때문이다. 영원한 안정을 찾겠다고 필사적으로 애쓰지만 변화는 불가피하기에 이런 시도는 오히려 더 큰 괴로움을 낳고 만다.

현대 물리학은 가장 근원적인 수준에서 헤라클레이토스의 통찰을 입증했다. 이제 우리는 물질도 고정된 실체가 아니라 역동적인 과정임을 잘 알고 있다. 그렇지만 여전히 변화에 저항하는 태도는 본능이며 직장, 인간관계, 소유에서 영원한 안정을 얻으려 한다. 고대 그리스인과 마찬가지로 우리 또한 경험이라는 강물 속에서 움켜쥘 수 있는 단단한 무언가가 있으면 좋겠다고 간절히 바란다. 이처럼 무상함에 저항하는 태도가 인간 고통의 근본 원인이다.

헤라클레이토스가 던진 메시지는 여전히 유효하다. 참된 지혜는 영원함을 추구하지 않고 실재의 역동적 본질을 이해하고 받아들이는 데 있다. 더는 변화에 저항하지 않을 때 삶이 끊임없이 펼쳐 내는 아름다움을 온전히 느낄 수 있고 그 영원한 흐름 속에서 평온을 찾을 수 있다.

마음 기술 46 · 무상(無常)에서 인상적인 키워드 적어 두기

_____
_____
_____
_____
_____
_____
_____

일일 실천 과제

월 ☐	'무상'을 읽고 충분히 익히자. 오늘 하루 이 개념을 마음에 새기고 1번 칸을 채우자.
화 ☐	앞을 보지 말고 '무상'을 자신만의 말로 정의하고 설명해 보자.
수 ☐	변화가 불가피하다는 사실을 받아들인 뒤 집착에 의한 고통이 줄어든 3가지 상황을 열거해 보자.
목 ☐	어떻게 현재의 경험이 매 순간 끊임없이 변화하는지 바라보자. 그리고 한순간도 같은 상태로 머무는 것은 아무것도 없다는 사실을 지켜보자.
금 ☐	이 기술을 적용할 만한 상황을 마음속으로 그려 보자. 상황에 맞게 2번이나 3번을 채우자.
토 ☐	자신이 소중히 생각하는 무언가를 지켜보자. 그것이 자기 삶에서 일시적인 존재일 뿐임을 온전히 깨닫자.
일 ☐	이름만 보고 지금까지의 마음 기술들에 대한 내용을 기억해서 정리하고 복습하자.

이해도 체크리스트

● 0. 모름
○ 1. 연습
○ 2. 응용
○ 3. 안정

◆ 마음 기술 **47** 의무에 집중할수록 분노는 커진다

Deshoulding
당위에서 벗어나기

분노, 좌절, 죄책감, 후회, 분개, 수치심

자신과 타인에게 적용되는 당위의 표현을 마음속에서 지우는 습관.
우리가 하는 행동을 의무에서 이상으로 바꿔 죄책감과 분노를 줄이는 것.

> **의무감에서 비롯된 죄책감을 내면의 동기로 바꿔라.**

자기가 정한 이상적 기준에 미치지 못했다고 느낄 때, "배려심을 더 보여야 해"라든가 "그 자리에 있어야 했는데" 같은 표현을 쓸 수 있다. 하지만 이런 습관은 쓸데없는 죄책감을 만든다. 타인이 마땅히 해야 할 의무를 다하지 못했다고 느낄 때, "그렇게 행동하면 안 되지"라든가 "친구라면 언제나 서로를 우선해야지"라는 표현을 쓸 수 있다. 이런 습관은 쓸데없는 분노를 만든다. 이런 '당위화' 경향을 멈추는 것은 더 쓸모 있는 대안으로 바꾸는 것으로 충분하다. 당위 표현에 의문이 들 때 "누가 그렇게 하라고 말했지?"라고 자문해 보자. 그리고 "이러는 편이 좋아"라든가 "그렇게 하는 게 이상적이야" 같은 표현으로 바꿔 보자. 이 방법을 익히면 기준과 동기는 그대로 유지되면서 분노와 죄책감은 누그러든다.

> 더는 '해야 하니까'라는 이유로 감정에 떠밀려 행동하지 말라. (…)
> 어떤 행동을 고민할 때 당신이 유일하게 할 일은 주어진 시간과 정보에
> 비추어 어떤 행동이 가장 나을지 판단하는 것이다.
>
> — 네이트 소아레스, 《죄책감 대체하기(Replacing Guilt)》

1. "당신은 '이건 해야 해'라든가 '저건 꼭 해야 해'라고 말하며 자신에게 동기를 부여하려 한다. 이는 당신에게 압박감과 분노를 불러일으킨다. 역설적으로 결국 무기력해지고 의욕을 잃는다. (…) '해야 한다'라는 당위 표현은 일상에서 불필요한 감정적 혼란을 수없이 만든다. 현실에서 자기 행동이 기준에 미치지 못하면, 자기혐오와 수치심과 죄책감을 낳는다. 때때로 이런 일은 불가피하지만 타인의 성과가 자기 기대에 미치지 못하면 격렬하고 독선에 사로잡힌다. 결국 당신은 기대를 현실에 맞춰 조정하거나 인간의 행동에 기대를 접고 지내야 할 것이다." — 데이비드 번즈, 《필링 굿》

2. "당위 표현은 자기나 타인에게 그릇되거나 비현실적인 기대를 부여하여 분노와 죄책감, 실망에 빠뜨린다. '~해야 한다', '반드시 ~해야 한다', '~할 필요가 있다', '~하기로 되어 있다'와 같은 표현은 모두 '~해야 한다'식의 사고 방식을 가리킨다." — 제프 리겐바흐, 《인지치료 도구상자》

3. "화나 내면의 혼란 없이 영향력을 행사하고 싶다면 차분하고 단호하며 적극적으로 접근하는 편이 가장 성공적이다. 반면 도덕적으로 '~해야 한다'는 주장은 오히려 화만 돋울 뿐이다." — 데이비드 번즈, 《필링 굿》

심리학자 카렌 호나이는 1940년대에 자기 환자의 독특한 자기 학대를 오랜 세월에 걸쳐 기록했다. 호나이는 이를 '당위의 폭정'이라고 불렀다. 이는 어떻게 생각하고 느끼고 행동해야 하는지를 두고 끊임없이 환자를 몰아세우는 내면의 독재자였다. 세밀한 관찰 끝에 호나이는 이런 내면의 목소리가 현실의 자아와 이상화된 자아 사이에서 어떻게 끊임없이 간극을 만드는지 알아냈다.

호나이의 획기적인 통찰은 "~해야 한다"라는 진술이 단순히 열망의 표현이 아니라 뚜렷한 형태의 자기 소외임을 인식한 데서 비롯되었다. 환자가 스스로 더 외향적'이어야 하고', 더 성공'해야 하고', 더 배려'해야 한다'고 말할 때 이들은 단순히 목표를 세운 게 아니었다. 현실의 자신을 거부하면서 불가능한 이상을 좇고 있었다.

호나이는 폭넓은 임상 경험을 통해 이런 당위의 진술이 감정에 혼란을 일으

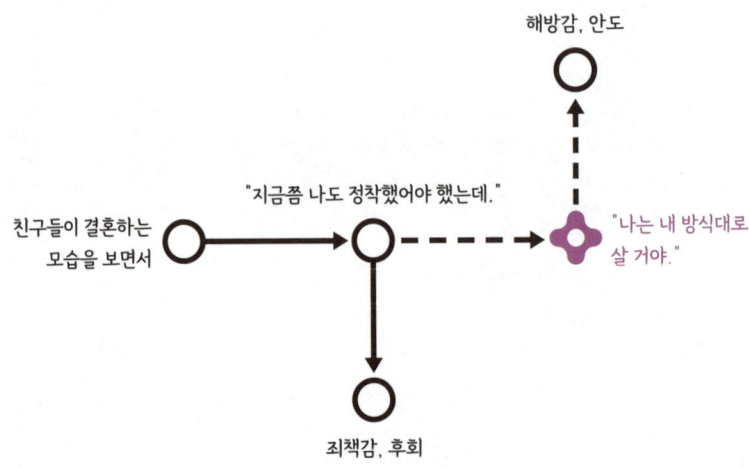

키는 방법을 기록했다. '~해야 한다'가 자신을 향하면 죄책감과 수치심을 낳고, 타인을 향하면 분노와 원망을 낳는다. 이런 진술이 삶 전체를 향하면 씁쓸함과 좌절감을 낳는다. 환자가 이런 진술을 많이 사용할수록 더 큰 고통을 받았다. 이런 통찰을 바탕으로, 호나이는 '~해야 한다'라는 진술을 대체하는 기법을 개발했다. 호나이는 환자에게 경직된 요구를 유연한 바람으로 바꾸라고 가르쳤다. "자신감을 더 가져야 해"가 아닌 "자신감을 더 기르고 싶어"라고 해 보는 식이었다. 기준을 대하는 방법을 바꾸는 것이다. 환자는 이 방법을 배우면서 감정적 고통은 줄어들었지만, 동기부여는 그대로였다. 환자는 현재의 자기를 거부하지 않고도 여전히 성장하려는 노력을 계속할 수 있었다. 타인에게 높은 기준을 내밀고 충족되지 않은 것을 분개하지 않을 수 있었다.

호나이가 보여 준 통찰은 치료에 국한되지 않는다. 대인 관계든 일터든 자기 성장이든, 우리는 모두 폭군과도 같은 요구와 유연한 바람 사이에서 선택의 갈림길에 선다. 유연함을 선택할 때 우리는 현실을 있는 그대로 존중하면서도 그 공간에 긍정적인 영향을 미칠 능력은 그대로 유지하게 된다.

마음 기술 47 : 당위에서 벗어나기에서 인상적인 키워드 적어 두기

_____
_____
_____
_____
_____
_____
_____
_____
_____

일일 실천 과제

월	☐	'당위에서 벗어나기'를 읽고 충분히 익히자. 오늘 하루 이 개념을 마음에 새기고 1번 칸을 채우자.
화	☐	앞을 보지 말고 '당위에서 벗어나기'를 자신만의 말로 정의하고 설명해 보자.
수	☐	당위적 생각을 없애고도 동기부여는 여전하되 죄책감이나 분노가 줄어든 3가지 상황을 열거해 보자.
목	☐	오늘 하루 자신이 말했던 '~해야 한다'라는 진술을 기록하고, 그중 자의적인 규칙은 어떤 것인지 적어 두자.
금	☐	이 기술을 적용할 만한 상황을 마음속으로 그려 보자. 상황에 맞게 2번이나 3번을 채우자.
토	☐	'~해야 한다'라는 진술 3가지를 골라, 중립적 관찰로 바꿔 보자.
일	☐	이름만 보고 지금까지의 마음 기술들에 대한 내용을 기억해서 정리하고 복습하자.

이해도 체크리스트

- ● 0. 모름
- ○ 1. 연습
- ○ 2. 응용
- ○ 3. 안정

◆ 마음 기술 **48** 자신만의 고유한 가치를 찾아라

**Differentiation
차별화**

불안, 우울, 의심, 시기, 감사 부족,
불안정, 질투, 수치심

어떤 사람의 능력과 성취를 줄세우기식으로 평가하는 태도에서
진정한 차별화를 강조하는 기준으로 전환하는 것.
오로지 자신만의 가치에 부합하는 삶을 추구하고 시기심이나 경쟁심에서 벗어나는 것.

**우월함이
아니라
자신만의
독특함을
지향하라.**

자신을 남과 획일화된 기준으로 비교하고 싶은 유혹을 느낄 수 있다. 하지만 이런 방식은 감사할 줄 모르는 태도로 가득하고 심지어 자기 본성에도 어긋나는 삶으로 당신을 이끌 뿐이다. 당신의 강점, 열정, 이상은 오로지 당신만의 것이다. 바로 이런 것이 당신이 어떤 삶을 살고 어떤 일을 해야 할지 알려 주는 청사진이 된다. 남에 견주어 자신을 평가하면서 최고가 되거나 가장 많이 이루겠다고 애쓰면 자신이 걷는 길에서 벗어나게 된다. 누가 가장 나은지 묻기보다 누가 가장 자기답게 살고 있는지, 자기 가치에 가장 부합하게 살고 있는지 물어라. 어떻게 하면 내 삶이 더 나아 보일지보다 어떻게 하면 내 삶을 나답게 만들 수 있을지 물어라. 누군가를 뛰어넘으려 애쓰지 말고 차별화하는 데 집중하라.

"
최고가 되려고 애쓰지 마라.
단 하나뿐인 존재가 되어라.

― 케빈 켈리(Kevin Kelly)*

* 미국의 저널리스트이자 작가이며 미래학자로, 세계적인 IT 테크 문화 잡지 〈와이어드(Wired)〉의 공동 창립자이자 초대 편집장이다.

1	"나의 형제여, 네게 어떤 미덕이 있고 그런 미덕이 진정 너 자신의 것이라면, 그것은 그 누구와도 나눌 수 없는 것이다."	프리드리히 니체, 《차라투스트라는 이렇게 말했다》
2	"다른 이가 내게 기대하는 삶이 아니라 나 자신에게 충실한 삶을 살 용기가 있었더라면 좋았을 텐데. 이것이 누구나 가장 흔히 후회하는 일이었다."	브로니 웨어, 《나의 오늘은 내일로 이어지지 않는다》
3	"부러움을 이겨 낼 가장 좋은 방법은 오직 경쟁 상대는 자신뿐임을 상기하는 것이다. 일차원적 기준이 아니라 자기만의 고유한 자질과 강점에 비춰 스스로를 평가하면, 부러운 사람을 만날 일은 거의 없다."	라이언 부시, 《마음설계자》

프리드리히 니체는 자기 삶에서 가장 창작열이 왕성했던 1880년대에 개성에 관한 급진적 철학을 발전시켰다. 니체는 그동안의 서구 사상의 전통과 결별하고 인간 발전의 중심을 각 개인만의 고유하고 차별화된 탁월성을 기르는 데 두어야 한다는 강력한 주장을 펼쳤다. 철학적 탐구를 거듭한 끝에 니체는 대부분의 사람들이 이미 정해진 기준을 따르느라 자기 잠재력을 허비하고 있다고 주장했다. 자기만의 고유한 자질과 역량을 개발하기보다 세간에서 말하는 성공의 기준에 맞추려 하거나 더 나쁘게 말하면 평범함에 안주하려고 애를 쓴다. 통속적인 성공을 이룬 이들조차 만족을 느끼지 못하고, 평범함에 안주한 이들은 자신만의 강점을 찾지 못한 채 살아갔다. 이런 통찰을 통해 니체는 "너 자신이 되어라"라는 개념을 발전시켰다. 즉, 각 개인은 일직선 위에 펼쳐진 척도로는 잴 수 없는, 자신만의 고유한 특성을 가지고 있다는 것이다. 니체는 성공이란 자신의 고유한

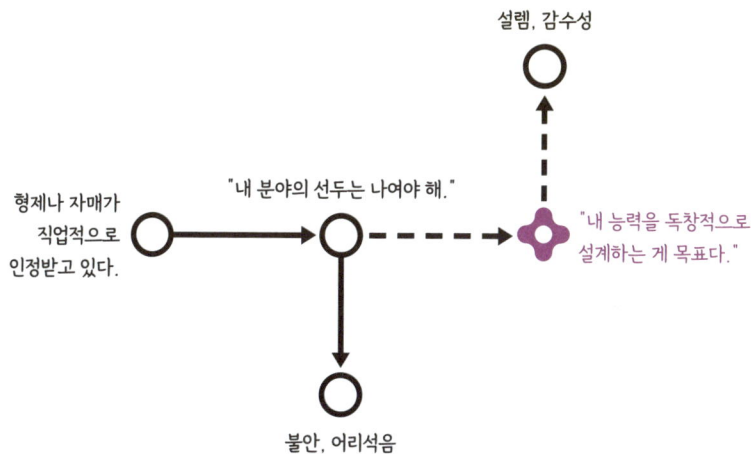

본성을 온전히 표현하는 데 있다고 주장했다. 모든 생명체에 저마다의 탁월함이 있듯, 각 개인도 성취에 이르는 제 나름의 길이 있다. 이는 성취와 비교에 대한 새로운 시각을 제시한다. "나는 남보다 더 나은가?" 대신, "나는 온전한 내가 되고 있는가?"라고 스스로 물어야 한다. 표준화된 기준을 놓고 경쟁하기보다 자신만의 고유한 재능과 특징을 개발해야 한다. 다른 사람의 성취를 부러워하기보다 진정한 자기표현을 이루는 데 집중해야 한다.

현대 심리학도 진정한 자기 발전의 중요성을 강조하는 니체의 통찰을 뒷받침한다. 연구에 따르면, 사회적으로 정해진 목표가 아니라 개인에게 의미 있는 목표를 추구하는 사람이 더 행복하다. 그렇지만 많은 이들이 여전히 비교하고 경쟁하는 함정에 빠져 있다. 니체가 전하는 메시지는 그래서 매우 중요하다. 즉, 진정한 탁월함은 흔히 통용되는 기준에서 최고가 되는 데 있는 것이 아니라 자신의 고유한 본성을 온전히 표현하는 데 있다. 남을 능가하려는 노력을 멈추고 더욱 분명히 자기 자신이 되어 갈 때, 우리는 진정한 위대함의 문을 열게 된다.

마음 기술 48 차별화에서 인상적인 키워드 적어 두기

| 일일 실천 과제 |

월 ☐	'차별화'를 읽고 충분히 익히자. 오늘 하루 이 개념을 마음에 새기고 1번 칸을 채우자.
화 ☐	앞을 보지 말고 '차별화'를 자신만의 말로 정의하고 설명해 보자.
수 ☐	차별화를 추구하는 것이 최고가 되려고 경쟁하는 것보다 나은 결과를 가져온 3가지 상황(과거, 현재, 미래)을 열거해 보자.
목 ☐	자신만의 가장 독특한 강점, 열정을 목록으로 작성해 보자.
금 ☐	이 기술을 적용할 만한 상황을 마음속으로 그려 보자. 상황에 맞게 2번이나 3번을 채우자.
토 ☐	자신의 강점을 훑어보고 여러 특징 사이에 연결고리를 찾아 어떤 새로운 조합이 가능할지 생각해 보자.
일 ☐	이름만 보고 지금까지의 마음 기술들에 대한 내용을 기억해서 정리하고 복습하자.

이해도 체크리스트

● 0. 모름

○ 1. 연습

○ 2. 응용

○ 3. 안정

마음 기술 49 일부러 실패할 필요가 있다

Deliberate Imperfection
의도적 불완전함

불안, 의심, 죄책감, 불안정, 완벽주의, 후회, 걱정

실수에 대한 두려움을 느낄 때마다 의도적으로 실수하거나 실수를 받아들임으로써 걱정과 미루는 습관을 없애는 것.

일부러 실수를 저질러 보면서 실수에 익숙해져라.

우리는 실수와 불완전함을 피하려는 함정에 너무 쉽게 빠진다. 혹시라도 자신에게 높은 기준을 적용하지 않으면, 평범함과 무기력에 빠져 실패할 것이라고 생각할 수도 있다. 하지만 어떤 일도 결코 완벽하게 해낼 수 없다. 게다가 자기 잠재력을 모두 발휘할 수도 없다. 경험을 통해 완벽함을 추구하는 것만으로는 충분하지 않음을 배워야 한다. 실수에 대한 극심한 두려움을 극복하려면 의도적으로 실수를 저지르는 연습을 해야 한다. 이메일에 오타가 있더라도 업무가 아니라면 고치지 말고 그냥 보내 보자. 일상 대화 도중에 일부러 말을 더듬어 보자. 자신의 불완전함을 빨리 받아들일수록 실제로 완벽함에 더 가까워질 수 있다.

> 완벽주의는 강박장애의 한 형태로도 개념화할 수 있다. 실수나 부족한 점을 끊임없이 확인하는 행동은 혹시라도 기준에 미치지 못하거나 충분하지 않을지도 모른다는 불확실성을 피하려는 강박 행동이다. 또한 지금뿐만 아니라 앞으로의 모든 시도에서 성공할 것이라는 점을 확인하려는 시도도 있다. 따라서 의도적으로 실수를 저지르거나 실수의 가능성을 인정하고 이를 확인하지 않는 것은 완벽주의를 다루는 매우 뛰어난 기법이 될 수 있다.
>
> — 마틴 세이프, 샐리 윈스턴, 《치료사라면 알아야 할 불안장애의 모든 것》

1. "인간이 오류를 범할 수 있다는 사실을 인정하고 심지어 이를 축하하는 문화의 일부가 되어 보는 것은 도움이 된다. 하지만 그것만으로 충분하지 않은 때도 있다. 자기 내면의 완벽주의에 대처할 전략이 있어야 한다. 자신의 실수와 실패를 정상적인 것으로 받아들이는 것이다. 나는 반(反)-완벽주의를 받아들이는 게 도움이 된다는 걸 깨달았다. 나는 1년에 몇 번은 꼭 실패하려고 한다. 실패 할당량을 정해 둔다. 완벽주의에서 벗어나려는 사람이 달리 무슨 일을 할 수 있겠는가? 나는 인간적으로 가능하기만 하다면 실패하는 데 능숙해지고 싶다." — 애덤 그랜트*

2. "나는 당신이 '평범해지기'를 시도해 봤으면 한다. 이런 제안이 따분하고 재미없게 느껴지는가? 그렇다면 딱 하루만이라도 시도하자. 이 도전을 받아들이겠는가? 그러면 나는 두 가지 일이 벌어지리라고 예상한다. 첫째, 당신은 '평범해지기'에 그다지 성공하지 못할 것이다. 둘째, 그럼에도 당신이 하는 일에서 평소보다 더 크게 만족할 것이다. 그리고 이런 '평범함'을 계속 유지하면 만족감이 더욱 커지다가 결국 기쁨으로 바뀔 것이다." — 데이비드 번즈, 《필링 굿》

3. "환자에게 자신의 과제가 '충분히 잘 해내는 것'임을 넌지시 알려라. 여기서 '충분하다'가 정확히 어떤 뜻인지 굳이 정의하지 않아도 된다. 확실히 실수를 피하는 유일한 방법은 아무것도 하지 않는 것임을 환자에게 상기시켜라. 따라서 완벽함을 추구하면 종종 꼼짝하지 못하는 마비 상태에 빠지게 된다. 완벽해야 한다는 생각은 마치 편도체를 직접 자극하는 것이나 마찬가지여서 불안감이 증가하고 더 광범위한 '경직 반응'으로 이어진다." — 마틴 세이프, 샐리 윈스턴, 《치료사라면 알아야 할 불안장애의 모든 것 (What Every Therapist Needs to Know About Anxiety Disorders)》

* 미국의 조직 심리학자이자 저술가. 펜실베이니아대학교 와튼 스쿨 경영학 교수이다.

1960년대, 심리학자 엘리엇 애런슨은 여러 제자와 함께 한 가지 연구를 수행했는데, 이 연구에서 뜻밖의 진실이 드러났다. 오히려 불완전함이 인간관계를 촉진할 수 있다는 것이다. 이 실험에 참여한 이들은 지적이고 능력이 뛰어나다고 묘사된 인물을 평가했다. 이 사람이 커피를 쏟는 등 작은 실수를 저지르더라도 흠잡을 데 없이 행동한 다른 사람보다 훨씬 많은 호감을 얻었다. 애런슨은 이 현상을 '실수 효과'라고 했다. 이는 불완전함이 오히려 우리를 인간답게 만들어 주는 요소라는 사실을 보여 준다.

이 통찰은 호감도 문제에 그치지 않는다. 예컨대 사회 불안은 실수를 저지르거나 가혹한 평가를 받을까 두려워하는 마음에서 비롯된다. 하지만 인지행동치료 분야의 연구에 따르면 가령 회의 중에 너무 뻔한 질문을 하거나 양말을 짝짝이로 신는 등 의도적으로 작은 실수를 해 보는 것은 그런 두려움에 맞서는 데 도

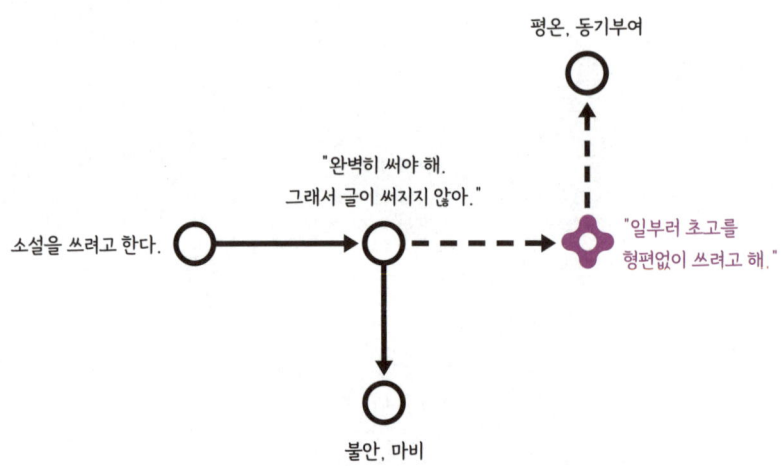

움이 된다고 한다. 시간이 지나면서 이들은 실수해도 상상만큼 끔찍한 결과가 벌어지지는 않는다는 점을 배운다.

실제 치료에서도 이 기법은 노출 치료나 행동 실험의 일부로 자주 사용된다. 연구에 따르면 사회 불안을 겪는 참가자가 의도적으로 '사회적 실수'를 경험하고 나면 불안이 줄고 자신감은 높아진다. 음료를 쏟든, 말을 더듬든, 펜을 떨어뜨리든, 참가자가 갖은 실수를 저질러도 그런 실수 때문에 배척당하지 않는다는 사실을 알게 된다. 오히려 이런 연습을 통해 회복탄력성과 자기 수용 수준이 높아졌다.

불안장애 분야의 전문가인 마틴 세이프와 샐린 윈스턴 역시 완벽주의에 대한 강력한 해독제로 의도적 불완전함을 권장한다. 이들은 완벽주의가 강박 성향과 닮았다고 주장한다. 즉, 불확실성을 관리하는 한 가지 방법으로 실수를 없애려고 끊임없이 확인하고 애쓴다는 것이다. 일부러 실수를 하거나 확인하려는 충동을 참으면 차차 경직된 통제 욕구가 무너지면서 심리적 유연성이 길러진다.

의도적으로 불완전하게 행동한다고 해서 기준을 낮추는 게 아니다. 그저 초점을 옮길 뿐이다. 이를 통해 아무 행동도 하지 못하게 만드는 불안에서 벗어나 창의성과 진정성을 꽃피울 수 있다. 이 기법을 연습해 보면 상상 속 재앙은 점차 줄어들고, 완벽함을 내려놓으면서 생기는 조용한 자신감이 그 자리를 차지하게 된다. 일부러 실수를 저지를 때, 우리는 두려움으로부터 주도권을 되찾는다.

마음 기술 49 | 의도적 불완전함에서 인상적인 키워드 적어 두기

_____
_____
_____
_____
_____
_____
_____
_____

| 일일 실천 과제 |

월	☐	'의도적 불완전함'을 읽고 충분히 익히자. 오늘 하루 이 개념을 마음에 새기고 1번 칸을 채우자.
화	☐	앞을 보지 말고 '의도적 불완전함'을 자신만의 말로 정의하고 설명해 보자.
수	☐	의도적인 실수가 완벽주의를 깨뜨릴 수 있는 3가지 상황(과거, 현재, 미래)을 열거해 보자.
목	☐	오늘 하루 무엇이 완벽주의를 유발했는지 살펴보고, 그 욕구를 가장 강하게 일으킨 과업이 무엇이었는지 기록하자.
금	☐	이 기술을 적용할 만한 상황을 마음속으로 그려 보자. 상황에 맞게 2번이나 3번을 채우자.
토	☐	일부러 사소하고 해가 없는 불완전함이 포함된 상태로 과업을 완수하고, 그 불편한 감정을 충분히 느껴 보자.
일	☐	이름만 보고 지금까지의 마음 기술들에 대한 내용을 기억해서 정리하고 복습하자.

이해도 체크리스트

● 0. 모름
○ 1. 연습
○ 2. 응용
○ 3. 안정

◆ 마음 기술 **50** 계획대로 되지 않는다고 자기 연민에 빠지지 마라

Self-Pity Shutdown
자기 연민 끊기

우울, 의심, 좌절, 죄책감, 절망, 불안정,
외로움, 후회, 슬픔, 자기 연민, 수치심, 토라짐

자기 연민이 쓸모 없고 부정적인 영향을 준다는 사실을 떠올려 끊어 내고,
일이 계획대로 흘러가지 않을 때마다 불평을 늘어놓고 투덜대고
자신을 안쓰럽게 여기는 습관을 버리는 것.

> **자기 연민이 아무 의미도 없음을 떠올려 그 감정을 끊어 내라.**

우리는 부당한 대우라고 느낄 때 본능적으로 불평을 늘어놓거나 그에 대해 집착하게 된다. 하지만 자기 연민은 하나의 선택일 뿐이고, 그런 선택을 했다고 결과가 꼭 좋은 것도 아니다. 자신을 안쓰럽게 여기는 마음은 우리를 자기 연민이라는 늪에서 허우적거리게 만든다. 입만 열면 자기가 얼마나 어려운 상황인지 불평을 늘어놓으면 주변 사람마저 등을 돌린다. 감정을 표현하는 단어 중에 자기 연민이라는 말을 지워도 우리가 잃는 것은 없다. 강해지라는 마음가짐이 매몰차게 느껴질 수 있지만 마음이 강해지면 회복탄력성과 평정심이 자라난다. 삶이 공평하리라고 기대하지 말라. 자신에게는 아무 고난도 겪지 않고 살아갈 자격이 있다고 생각하지도 말라. 나쁜 태도가 발목을 잡게 놔두지 마라. 불평을 늘어놓고 투덜대고 자기 고통에 빠져 허우적거리는 스스로를 알아챘다면 곧바로 그 악순환을 끊고 부정적 감정에 더 이상 빠지지 않겠다고 마음먹어라.

> 자기 연민은 관계를 파괴하고, 좋은 것이라면 무엇이든 무너뜨리며,
> 스스로 내뱉은 부정적인 예언을 모두 실현시킨 뒤 오직 자기 자신만을
> 남긴다. 자신이 억울한 일을 당했다고, 세상이 불공평하다고, 제대로
> 인정받지 못했다고, 기회가 주어졌더라면 상황이 나아졌을 거라고
> 상상하는 건 너무나 쉽다. 그중 일부는 사실일 수도 있다.
> 하지만 그런 이유로 자신을 불쌍히 여기는 것은
> 스스로에게 큰 해를 끼치는 일이다.
>
> — 스티븐 프라이

1	"불만, 불평, 비난, 자기 연민은 아무리 노력해도 좋은 미래의 토대가 될 수 없다."	에크하르트 톨레
2	"나는 동정과 자기 연민을 감정이라고 생각하지 않는다. 요컨대 우리에게 주어진 시간은 유한하다. 짧든 길든 중요하지 않다. 삶은 살아가야만 한다."	랜디 포시, 제프리 재슬로, 《마지막 강의》
3	"일어나는 모든 일은 참을 수 있거나 참을 수 없는 것이다. 참을 수 있다면 참아라. 그리고 불평을 그만둬라. 참을 수 없을 때도 불평을 그만둬라. 네가 무너지면 그것도 끝날 것이다."	마르쿠스 아우렐리우스, 《명상록》
4	"자기 연민은 처음에는 깃털로 만든 매트리스처럼 포근하다. 그러나 시간이 지나면 단단한 돌침대처럼 불편해진다."	마야 안젤루
5	"자기 연민은 우리의 최악의 적이다. 그에 굴복한다면 이 세상에서 현명한 일을 결코 해낼 수 없다."	헬렌 켈러

컴퓨터 공학 교수였던 랜디 포시는 췌장암 말기 진단을 받고 선택의 갈림길에 섰다. 나이 47세에 죽는다는 억울함에 매달려 남아 있는 몇 달을 보낼 수도 있었고, 그 시간을 의미 있게 쓸 수도 있었다. 그의 선택은 후자였다. 그는 '마지막 강의'로 알려지게 될 이야기를 전하겠다고 마음먹었다. 이 강의는 죽음이 아니라 진정으로 살아가는 법에 관한 이야기였으며 자기 연민이라고는 찾아볼 수 없었다.

포시는 삶의 마지막 1년 동안, 자기 연민이 파괴적인 악순환을 만드는 법을 보여 주었다. 그는 자신이 안쓰럽고 불쌍하다고 느끼는 사람은 소중한 시간과 에너지를 의미 있게 쓰지 못한다고 지적했다. 실제로 고통스러울 수 있지만 그들의 반응이 오히려 고통을 배가하고 정작 가장 필요한 사람마저 멀어지게 만든다는 것이다.

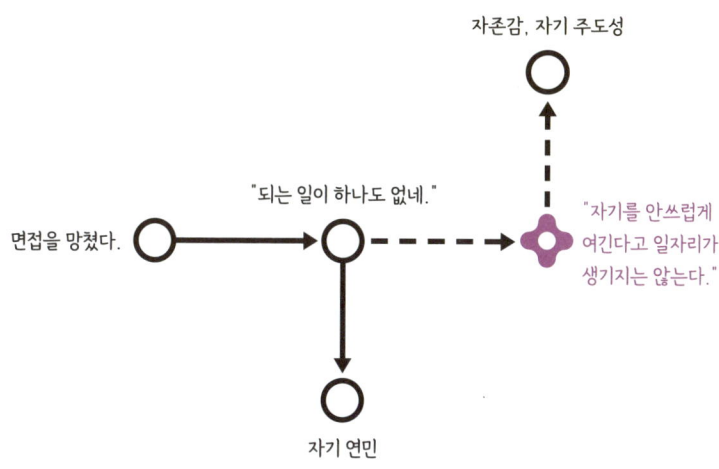

병이 진행되는 동안에도 포시는 현실을 냉철한 눈으로 받아들이면서 동시에 의미 있는 행동과 건전한 정도의 병적인 유머를 곁들인 삶을 선택했다.

그는 강의를 계속했다. 여러 차례 인터뷰도 했고 책을 썼으며 어린 자녀와 소중한 추억을 남겼다. 포시는 자기 연민을 거부한다고 해서 현실을 부정하는 것이 아니며 그저 힘든 상황에 불필요한 고통을 더하지 않겠다는 것임을 몸소 보여 주었다.

포시의 사례가 전하는 시사점은 말기 질병에 국한되지 않는다. 어려움이 크든 작든 자기 연민에 빠지면 효과적으로 대처할 능력이 줄어든다. 불평하느라 에너지를 소모할 뿐, 의미 있는 행동으로 돌리지 못한다. 자기 상황의 부당함에 매달리면, 그나마 바꿀 수 있는 남아 있는 기회를 놓치게 된다. 현대 심리학도 포시의 접근법을 뒷받침한다. 연구 결과에 따르면, 역경이 찾아왔을 때 수용하고 목적의식을 갖고 대응하는 사람이 자기 연민에 빠진 사람보다 더 나은 결과를 얻고 더 강한 인간관계를 맺었다. 그렇지만 여전히 많은 사람은 어려움 앞에서 자신을 불쌍히 여기는 데 익숙하다.

포시가 남긴 메시지는 여전히 강력하다. 우리가 상황을 선택하지는 못하지만, 자기 연민에 빠져 시간을 허비하지 않겠다고 마음먹을 수는 있다. 자기 연민에 빠져 있는 자신을 발견할 때마다 매 순간이 헛되이 보내는 시간임을 깨달을 수 있다.

| 마음 기술 50 | **자기 연민 끊기**에서 인상적인 키워드 적어 두기 |

일일 실천 과제

- 월 ☐ '자기 연민 끊기'를 읽고 충분히 익히자. 오늘 하루 이 개념을 마음에 새기고 1번 칸을 채우자.
- 화 ☐ 앞을 보지 말고 '자기 연민 끊기'를 자신만의 말로 정의하고 설명해 보자.
- 수 ☐ 고통에 빠져서 스스로 그 고통을 불필요하게 심화시키는 3가지 상황 (과거, 현재, 미래)을 열거해 보자.
- 목 ☐ 자신이 불평하는 순간을 포착해서 그것이 어떻게 경험을 악화하고 주변 사람을 떠나게 만드는지 살펴보자.
- 금 ☐ 이 기술을 적용할 만한 상황을 마음속으로 그려 보자. 상황에 맞게 2번이나 3번을 채우자.
- 토 ☐ 자기 연민이 생길 때마다 곧바로 건설적으로 행동하거나 수용하는 태도로 시선을 돌리려고 노력해 보자.
- 일 ☐ 이름만 보고 지금까지의 마음 기술들에 대한 내용을 기억해서 정리하고 복습하자.

이해도 체크리스트

- ● 0. 모름
- ○ 1. 연습
- ○ 2. 응용
- ○ 3. 안정

◆ 마음 기술 **51** 현실과 현실에 대한 인식 사이에는 차이가 있다

Non-Duality
불이(不二)

분노, 불안, 우울, 의심, 시기, 취약함, 좌절, 죄책감, 절망, 불안정, 질투, 외로움, 동기화된 편향, 공황, 후회, 원망, 슬픔, 자기 제한적 신념, 수치심, 집단주의

현실을 이해하기 위해 사용하는 개념적 세계와 현실 그 자체 사이의 차이를 성찰하기. 세계를 더욱 명확하게 바라보고 허구적인 개념에 기반한 감정을 다잡으라고 일깨우는 것.

현실을 그린 지도를 현실 그 자체로 착각하지 말라.

우리는 주변 세계가 집, 나무, 성별, 세대 등으로 이루어져 있다고 생각한다. 하지만 이런 사물이나 상황은 모두 인간 의식이 만들어 낸 것이다. 모두 우리가 살아가면서 사용하는 지도상의 항로일 뿐이다. 현실에는 사물도, 개념도, 구분도 없다. 세계는 하나의 크고 무차별적인 연속체로 우리는 그 일부에 불과하다. 비록 영원히 생각의 한계를 절대 넘어서지는 못하겠지만, 자각하는 것만으로도 큰 힘이 될 수 있다. 스스로 품고 있는 신념이나 정체성 또는 사물에 대한 애착을 알아차리고 이 모든 것들이 만들어진 것임을 기억하자. 말로 표현할 수 있는 것들은 실용적인 지도와 같다. 모든 구분은 도구일 뿐이다. 당신은 더 지혜롭게 생각하고 더 효과적으로 실천하며 더 나은 사람이 될 수 있다.

> 우리가 느끼는 극도의 복잡함은
> 그것을 분석하려고 시도하면서 만들어진 것이다.
> 우리는 눈과 귀를 수술용 메스처럼 사용해 분석한다.
> 그리고 모든 것을 해체한다.
> 해체한 조각 하나하나에 반드시 이름표를 달아야 한다.
> 그래서 우리는 해체하고 또 해체해서 마침내 원자에까지 이르게 된다.
>
> — 앨런 와츠

1. "지도는 영토가 아니다."
   알프레드 코지브스키

2. "사물이 다른 사물과 서로 독립적인 것처럼 보이더라도 실제로 그 사물의 존재와 성질은 다른 사물에 의존한다. 나무는 햇빛과 물뿐 아니라 다른 대상과도 접촉하면서 끊임없이 변화한다. 시냇물, 호수, 바다를 이루려면 비가 필요하고 비가 내리려면 다시 시냇물, 호수, 바다가 있어야 한다. 사람은 공기가 필요하지만, 사람이 들숨과 날숨을 쉬지 않는다면 그들 주변의 공기는 지금과 같지 않을 것이다."
   로버트 라이트, 《불교는 왜 진실인가》

3. "단 하나의 사실만 보는 것은 불가능하다. 사실은 최소한 쌍으로 존재한다. 하나의 물체를 그것이 놓인 공간과 떼어 생각할 수 없기 때문이다. 정의를 내리고 경계를 긋고 윤곽을 그리는 이 모든 행동은 언제나 구분하는 것이다. 경계를 정하는 순간 양쪽이 생겨나기 때문이다. 오랫동안 사물, 사실, 상황이 이 세계를 구성하는 요소이자 가장 확고한 실재로 생각해 온 이들에게 이런 관점은 상당히 놀라울 뿐더러 심지어 이해하기 무척 어려운 것이다."
   앨런 와츠, 《선(禪)의 길》

알프레드 코지브스키는 제1차 세계 대전에 참전한 뒤 귀환해서 군사 지도가 실제 지형을 어떻게 표현하고 있는지 연구하기 시작했다. 그 과정에서 그는 불교와 도가(道家)의 사상가가 여러 세기 전에 이미 알고 있었던 사실을 설명했다. 인간은 그려진 지도를 보고 현실 그 자체로 곧잘 착각한다는 것이다.

코지브스키는 인간 행동과 언어에 관한 광범위한 연구를 수행하면서 고대부터 이어진 이런 지혜를 체계적인 틀로 발전시켰다. 사람은 자신의 추상적 사고를 구체적 현실로 대하면 쓸데없는 갈등에 빠지게 된다. 국가는 오로지 지도 위에만 있는 국경을 두고 서로 전쟁을 벌였고 개인은 인간이 만들어 낸 개념을 두고 서로 다퉜다.

코지브스키는 이런 통찰에 힘입어 "지도는 영토가 아니다"라는 원리를 중심으로 한 일반 의미론을 발전시켰다. 그는 기본적인 사물의 범주부터 복잡한 사

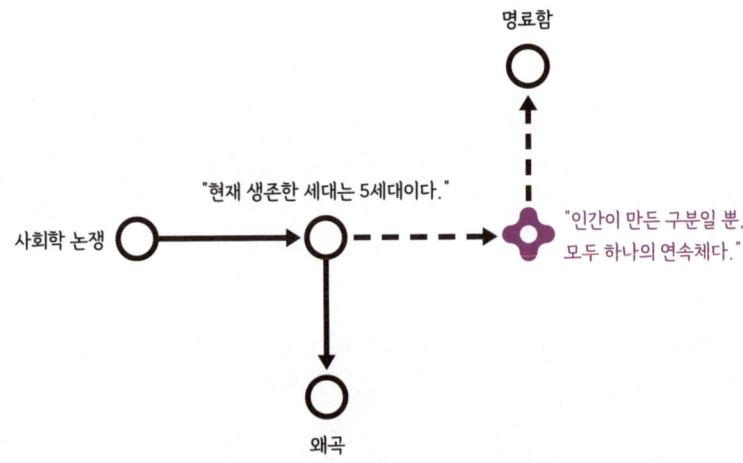

회적 정체성까지 우리가 쓰는 모든 개념은 탐색 도구이지 현실 그 자체는 아님을 보여 주었다. 개념은 원래 구분되지 않은 연속체를 단순화하고 구분한다. 이런 함의는 선(禪)과 도가의 가르침과도 맞닿아 있다. 우리가 마음속 지도를 영토 그 자체로 착각할 때 불필요한 고통을 느낀다. 임의로 만든 범주를 우주의 진리인 양 지키려 하고, 자기 마음속에만 존재하는 정체성과 구분에 집착한다.

현대 인지과학 역시 우리의 개념적 현실이 사실은 구성된 것이라는 통찰을 뒷받침한다. 우리의 지각은 뇌의 작용으로 이루어진 것이지 현실을 기록한 것은 아니라는 것이다. 그렇지만 우리는 여전히 정신이 만든 모형을 현실 그 자체라고 곧잘 착각한다. 물론 개념은 삶을 탐색하는 데 유용한 도구지만 이를 실재하는 것으로 착각하면 안 된다. 그래야 범주나 개념을 더 가볍게 유지할 수 있고 그 한계에서 오는 고통을 적게 겪을 수 있다.

마음 기술 51 — 불이(不二)에서 인상적인 키워드 적어 두기

| 일일 실천 과제 |

요일		과제
월	☐	'불이'를 읽고 충분히 익히자. 오늘 하루 이 개념을 마음에 새기고 1번 칸을 채우자.
화	☐	앞을 보지 말고 '불이'를 자신만의 말로 정의하고 설명해 보자.
수	☐	인식 속 현실이 아닌 실재를 바라볼 때 더 깊은 진실이 드러나는 3가지 상황(과거, 현재, 미래)을 열거해 보자.
목	☐	자신이 평소에 자주 사용하는 개념 3가지에 의문을 던져 보자. 그런 구분은 얼마나 현실적인가?(예 오전/오후)
금	☐	이 기술을 적용할 만한 상황을 마음속으로 그려 보자. 상황에 맞게 2번이나 3번을 채우자.
토	☐	마음이 인위적인 경계를 만드는 방법을 살펴보고, 실재의 연속성을 파악하는 연습을 해 보자.
일	☐	이름만 보고 지금까지의 마음 기술들에 대한 내용을 기억해서 정리하고 복습하자.

이해도 체크리스트

- ● 0. 모름
- ○ 1. 연습
- ○ 2. 응용
- ○ 3. 안정

◆ 마음 기술 **52** 고민은 당신을 더 건강하게 만든다

Antifragility
안티프래질리티

> 불안, 왜곡된 사고, 연약함, 절망, 불안정, 질투, 외로움, 슬픔, 자기 제한적 신념

연약함에 맞서기.
편안함과 쉬움이 아니라 역경이 성품과 회복탄력성을 기른다는 사실을 떠올리고, 불편함과 고통을 성장을 위한 도구로 바꿔 해석함으로써 평정심과 끈기를 기르는 것.

고난이 당신을 더 강하게 만든다는 사실을 기억하라.

우리는 자기 마음을 스트레스로부터 지켜야 할 섬세한 세공품처럼 여긴다. 그러면서 스트레로부터 꼭 지켜내야 한다고 믿는다. 그래서 역경은 피해야 할 대상으로 생각한다. 하지만 뇌는 스트레스로 깨지는 도자기가 아니다. 오히려 근육으로 보는 편이 더 적절하다. 근육도 찢어지고 다칠 수 있지만 운동을 하면 강해진다. 역경을 겪은 사람 대부분은 '외상 후 성장'을 한다. 평온을 위협하는 상황에 뛰어들면, 강해질 가능성이 훨씬 커진다. 어려움과 고통을 마주하면, 그것을 정상에서 벗어난 위협으로 여기지 말고 성장의 기회로 여겨라. 고난은 인격과 회복탄력성, 장기적인 평온을 길러준다. 피하지 말고 스트레스와 역경을 환영하는 습관을 들여라. 당신은 연약하지 않다.

"

가장 위대하고 아름다운 사람과 민족의 삶을 살펴보고,
스스로 물어보라.
거대한 높이로 자라야 할 나무가 악천후와 폭풍을 외면할 수 있겠는가.

— 프리드리히 니체,《즐거운 학문》

1	"안티프래질리티는 회복탄력성이나 견고함을 뛰어넘는다. 회복탄력성이 있는 사람은 충격에 저항하면서 똑같은 상태에 머무르지만, 깨짐을 두려워하지 않는 사람은 더 나아진다."	나심 니콜라스 탈레브,《안티프래질》
2	"너는 왜 선한 사람이 흔들려야 강해진다는 말에 놀라는가? 바람에 시달리지 않으면 나무는 뿌리를 깊게 내리지 못한다. 나무는 흔들릴 때 땅을 더욱 움켜쥔다. 햇살 가득한 골짜기에서 자란 나무는 연약하다. 그러니 두려움 없이 살려면 선한 이들조차 계속 인내심을 갖고 고난을 감내할 필요가 있다. 고난은 견디지 못하는 이에게만 해악이 된다."	세네카,《섭리에 관하여 (On Providence)》
3	"아이에게 고통을 겪으면 오래도록 상처가 될 거라고 가르치는 것은 그 자체로 해롭다. 인간에게는 육체든 정신이든 스트레스 요인이 있어야 한다. 그렇지 않으면 오히려 점점 더 나빠진다."	그레그 루키아노프, 조너선 하이트,《나쁜 교육》

대부분 외상 후 스트레스 장애에 대해서는 잘 안다. 하지만 더 흔한데도 많이 알려지지 않은 개념이 바로 외상 후 성장이다. 이 개념을 처음 제시한 연구자 리처드 테데스키는 인생을 바꿀 만한 어려움을 겪은 사람이 적응하고 성장하는 패턴을 밝혀냈다. 그런 사람은 다섯 가지 핵심 영역에서 성장한다. 인간관계는 더 깊어지고, 개인적 강점이 더 커지며, 새로운 가능성을 인식하고, 영적으로 성장하며, 삶에 더 깊은 감사를 느낀다는 것이다.

가까운 사람을 잃으면 처음에는 큰 상실감을 느끼지만, 그 이후 자기 자신과 더 깊은 관계를 맺는다. 큰 병에 걸렸다가 회복하면 건강에 깊이 감사하고 매일을 더 소중히 살겠다는 강한 의지를 다지게 된다. 실제로 깊은 슬픔을 겪는 이들조차 이전에는 몰랐던 힘이 자기 내면에 숨어 있었음을 알게 되었다고 말하곤 한다.

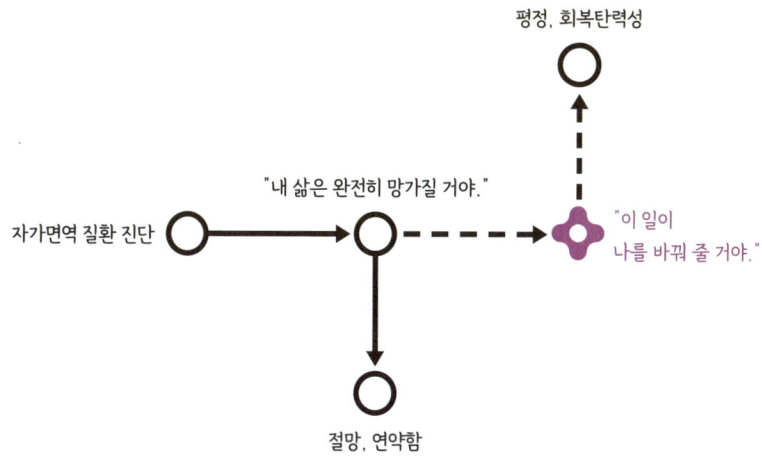

이는 역경이 쉽다는 말도, 반드시 성장하게 해 준다는 말도 아니다. 하지만 우리가 대응하는 방법에 따라 달라질 수 있다. 테데스키는 역경을 겪고 나서 성장한 이들은 그저 고통을 견디는 게 아니라 적극적으로 마주한다는 사실을 강조했다. 고난의 의미를 찾고 인간관계와 자원을 활용해 삶을 다시 일으켜 세운다. 이렇게 몰입하면 고통은 성장으로, 혼돈은 명료함으로 바뀐다.

안티프래질리티에는 극단적인 고난이 필요한 건 아니다. 새로운 기술을 배우거나 사람 사이의 갈등을 헤쳐 나가거나 어려운 목표를 붙들고 씨름하는 등 일상적으로 겪는 온갖 어려움은 성공을 거두는 데 필요한 능력을 키우게 한다. 불편함을 조금 감수하면 당신의 마음도 적응하고 점점 더 강해지는 법을 배운다.

역경이 닥치면, "왜 이런 일이 내게?"라고 묻지 말고 "이 일에서 무엇을 배우고 어떻게 성장할 수 있을까?"라고 묻자. 관점을 바꾸면 자기 주도적으로 성장하는 삶이 된다. 역경은 두려워하거나 피할 것이 아니다. 성장하기 위한 촉매제다. 올바른 마음가짐을 갖추면 고난도 회복탄력성과 강인함을 삶의 의미를 키우는 기회로 삼을 수 있다. 당신은 연약하지 않다. 인생의 폭풍우는 당신의 적이 아니라 기회다.

| 마음 기술 52 | **안티프래질리티**에서 인상적인 키워드 적어 두기 |

일일 실천 과제

월 ☐	'안티프래질리티'를 읽고 충분히 익히자. 오늘 하루 이 개념을 마음에 새기고 1번 칸을 채우자.	
화 ☐	앞을 보지 말고 '안티프래질리티'를 자신만의 말로 정의하고 설명해 보자.	
수 ☐	어려움이 오히려 자신을 강하게 만들어 주는 3가지 상황(과거, 현재, 미래)을 열거해 보자.	
목 ☐	과거에 겪었던 어려움 덕분에 자신의 인격과 역량이 성장했던 경험을 찾아보자.	
금 ☐	이 기술을 적용할 만한 상황을 마음속으로 그려 보자. 상황에 맞게 2번이나 3번을 채우자.	
토 ☐	현재 겪고 있는 어려움을, 강인함을 기를 기회로 해석해 보자.	
일 ☐	이름만 보고 지금까지의 마음 기술들에 대한 내용을 기억해서 정리하고 복습하자.	

이해도 체크리스트

● 0. 모름
○ 1. 연습
○ 2. 응용
○ 3. 안정